谢柏梁 主编

中国京昆艺术家传记丛书

艺融南北第一家
李万春传

周桓 著

上海古籍出版社

《中国京昆艺术家传记》丛书
指导支持单位与编纂委员会名单

丛书指导单位

中华人民共和国文化部

中国人民政治协商会议全国委员会京昆室

中国文学艺术界联合会

中国戏剧家协会

丛书财政支持与直接领导单位

北京市教育委员会

北京市财政局

中国戏曲学院

丛书顾问委员会

曾永义　龚和德　洪惟助　薛若琳　齐森华　廖　奔

季国平　赵景发　舒　晓　周　龙　巴　图　吕育中

丛书主编

谢柏梁

李万春

《八大锤》，李万春饰陆文龙

《战濮阳》，李万春饰吕布

《法门寺》，李万春饰赵廉

《投笔从戎》，李万春饰班超

《长坂坡》，李万春饰赵云

《恶虎村》，李万春饰黄天霸

《十八罗汉收大鹏》，李万春饰金翅大鹏

《火并王伦》，李万春饰林冲

《武松打虎》，李万春饰武松

《闹天宫》，李万春饰美猴王

《华容道》，李万春饰关羽

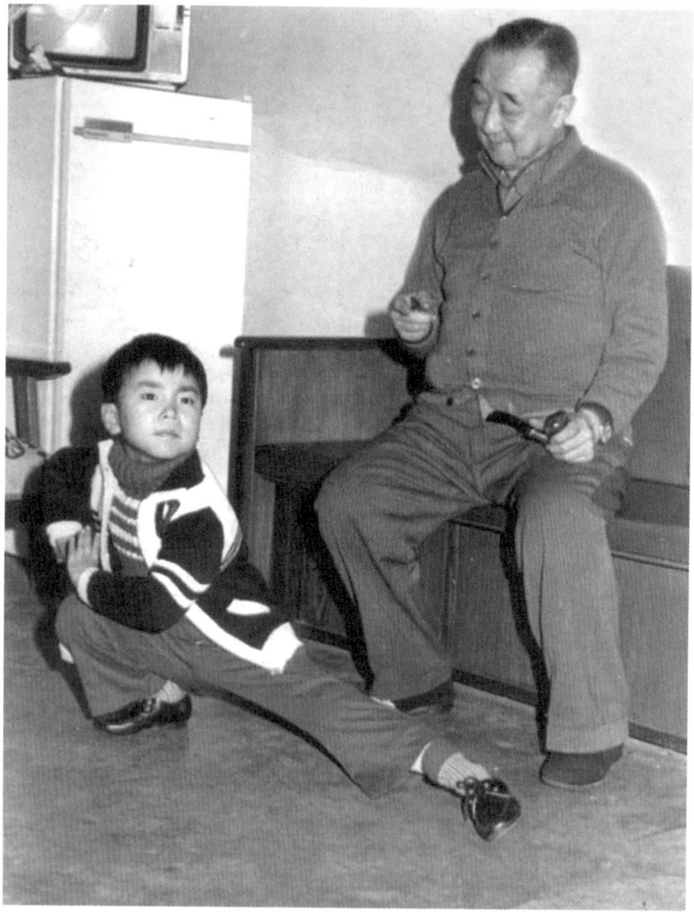

李万春先生指导孙儿李磊（李阳鸣）学戏

《古城会》，李阳鸣饰关云长

《闹天宫》，李阳鸣饰美猴王

《长坂坡》，李阳鸣饰赵云

《恶虎村》，李阳鸣饰黄天霸

李万春赠送给本书作者周桓的国画（1957）

李万春与本书作者周桓（右）合影（1985）

总　序

一

在宇宙的浩瀚星空中，我们人类所居住的地球，无疑是最有灵性的星球之一。

人类作为地球的主人，其源远流长的创造与发展变化的历史，主要由各行各业的杰出人物所代表，由各色各样的奋斗历程所体现。

在美丽地球的东方世界，在古老而又年轻的中国，历朝历代的历史大家们，一向以对各式各类人物事迹的记述与描摹作为己任。我国的人物传记体裁丰富多样，大致可以分为纪传（皇家大事记）、文传（文学化传记）、史传（历史家所写人物传记）、志传（各地方志中所记载的本地人物传记）这四大类别。四类传记彼此发明，互为补充，构成了中国传记文化的多元谱系。

从左史记言、右史记事的专业化分工，到《左传》、《国语》、《战国策》式的整体氛围感的描述，最后由司马迁振臂一呼，以人物传记体为中心的《史记》横空出世。《史记》记载了地球东方的上自传说中的黄帝时代、下至汉武帝元狩元年（前122）共3 000多年的华夏历史。概述历代帝王本末的十二本纪，记录诸侯国和汉代诸侯兴废的三十世家，描摹重要历史人物的七十列传，使之成为号称“史家之绝唱，无韵之离骚”的中国历史上第一部纪传体通史。

在《史记·孔子世家》所记载的夹谷会盟中，孔夫子面对“优倡侏儒为戏而前”的表演场面，在非常严肃而力图放松的外交场合下，做出了特别粗暴野蛮的极端化处理。这也成为历代梨园界对孔子不够恭敬的源头。此后历代史书方志,都不同程度地涉及优伶们的言行事迹。

魏晋以降,文史两家由混成到分野,自一体而两适。文者重藻饰心曲,史家倡材料事实,各臻其至,泾渭分明。隋唐而后,碑铭行传,五花八门,高手操觚,佳作如云。韩愈《祭十二郎文》情深委婉,柳宗元为慧能所作碑文机趣横生。

北宋乐史作《太平寰宇记》,分地区而织入姓氏人物,因人物又详及诗词、官职,“后来方志必列人物艺文者,其体皆始于史”(《四库全书总目提要》)。

太平世界,因人物而繁盛;梨园天地,赖优伶而生存。

美妙绝伦的中华戏曲艺术从唐代的梨园开始,至少存在了漫长的10个世纪。千百年以来,戏曲艺术一直在蓬勃兴旺地发展,成为中国人民雅俗共赏的朵朵奇葩、民族文化中不可忽视的重要部类、戏剧天地内中华文化的闪亮名片、国际社会审美天地中的东方奇观。

较早对优伶进行分类撰述的史书,是宋代大文学家欧阳修的《新五代史》。该书包含了分类列传四十五卷,这种分类传的体例较有特色,其中就包括了《伶官传》。一向被人们所津津乐道,甚至还被收入到中学教科书的《新五代史·伶官传序》云:“《书》曰:‘满招损,谦受益。’忧劳可以兴国,逸豫可以亡身,自然之理也。故方其盛也,举天下之豪杰,莫能与之争;及其衰也,数十伶人困之,而身死国灭,为天下笑。夫祸患常积于忽微,而智勇多困于所溺,岂独伶人也哉!”尽管欧阳修的本意是说祸患之起乃多方面的原因所累积爆发而成,但还是对表演艺术家们带来了较大的负面影响。

与东土中国的情形完全不同,西方世界对于戏剧艺术家的看法与评价完全不一样。对于以三大悲剧家和一人喜剧家作为代表的古希腊戏剧家,对于以莎士比亚、歌德、席勒等的西方戏剧界的灿烂星座,西方人给予了无限崇敬和由衷热爱。

晚清以来最早睁开眼睛看世界的中国人,是那些在西方世界出使、考察或者读书的官员士子。当他们瞻仰到西洋剧院的建筑艺术之华美绝伦、内部装饰之金碧辉煌后,不由地发出由衷的赞美,感叹西洋剧院其“规模壮阔逾于王宫”,特别是舞台上的机关布景之生动逼真,变幻无穷,“令观者若身历其境,疑非人间”;至于西方的戏剧艺术家地位之高贵,更是令国人叹为观止:所谓“英俗演剧者为艺士,非如中国优伶之贱”,“优伶声价之重,直与王公争衡”!

人类的艺术天地原本皆是可以共同分享的,何以东西方对于戏剧艺术家的认同度与景仰度,相差之大犹若天壤之别呢?泱泱中华,文明古国,难道就没有有识之士站出来振臂一呼，为戏剧艺术家们说几句公道话吗？

二

江山代有才人出，是非终有识者论。

我国历史上，首度给予戏曲艺术家们全方位高度评价的文人，是元代的钟嗣成（约1279～约1360）。这位祖籍大梁（今河南开封）的人士，长期生活在素有天堂之称的杭州城。他先在杭州官学读书，师从于邓文原、曹鉴、刘濩等名家宿儒，又与对戏曲有着共同爱好的赵良弼、屈恭之、刘宣子、李齐贤等人同窗攻书，其乐融融。有记载说，钟嗣成曾一度在江浙行省任掾史。他自己写过《寄情韩翊章台柳》、《讥货赂鲁褒钱神论》、《宴瑶池王母蟠桃会》、《孝谏郑庄公》、《韩信泜水斩陈余》、《汉高祖诈游云梦》、《冯驩烧券》等7种杂剧，但不知为何皆已散佚。

真正使得钟嗣成开宗立派、名传青史的著作，还是其为中华民族有史以来第一代剧作家描容写心、传神存照、树碑立传的《录鬼簿》。

《录鬼簿》上卷分"前辈已死名公有乐府行于世者"、"方今名公"、"前辈已死名公才人有所编传奇行于世者"三类，这三类名公才人之情形，乃其友陆仲良从"克斋吴公"处辗转所得，故"未尽其详"。下卷分为"方今已亡名公才人余相知者为之作传，以[凌波曲]吊之"、"已死才人不相知者"、"方今才人相知者，纪其姓名行实并所编"、"方今才人闻名而不相知者"四类。这上下两卷书大体依据时代之先后加以排列，一共记述了152位元杂剧及散曲作家的基本情况，同时也记录了400余种剧目。

我很欣赏钟嗣成的"不死之鬼"说。在他看来，天地开辟，亘古及今，自有不死之鬼在。何则？圣贤之君臣，忠孝之士子，小善大功，著在方册者，日月炳焕，山川流峙，及乎千万劫无穷已，是则虽鬼而不鬼者也。

不死之鬼，是为不朽之神或曰永恒之圣。在钟氏的神圣谱系中，那些门第卑微、职位不振的剧作家，那些高才博识、俱有可录的梨园才人，都值得传其本末，叙其姓名，述其所作，吊以乐章，使之名传青史，彪炳千秋，泽及后世。

因此，写作《录鬼簿》更为重要而直接的意义，还在于对于后学的直接指导和充分激励。"冀乎初学之士，刻意词章，使冰寒于水，青胜于蓝，则亦幸矣。名之曰录鬼簿。"惟其如此，则杂剧戏文创作之道，才可能被一代代年轻的才人们所自觉自愿地衣钵相传，推陈出新，生生不已，得到更加健康的发展。

元杂剧作为中国戏剧史上第一个黄金时代，需要有人进行认真的归纳和总结。从此意义上言，钟嗣成在中国的地位，因为其成书于至顺元年（1330）的《录鬼簿》之横空出世，甚至可以与西方的大学问家亚里斯多德的《诗学》等书相提并论。

有明一代，在贾仲明所增补的天一阁蓝格钞本《录鬼簿》之后，又附有约成书于洪熙、宣德（1425～1435）年间的《录鬼簿续编》一卷。该书直接受到《录鬼簿》的影响，以相同的体例记述了元、明之间一些戏曲家、散曲家的大致事迹，接续前贤，踵事增华，令人欣慰。

自兹之后，从总体上对于当代戏曲作家进行专门记载和研究的著作，从明清两代至中华民国，皆未得见。中华人民共和国建国以来，安葵的《当代戏曲作家论》和本人的《中国当代戏曲文学史》等相应的专著，都属于《录鬼簿》的悠远传统在新时代的传承、师范和发展。

三

与《录鬼簿》蔚为双璧的元代重要戏曲典籍，是生于元延祐年间、卒于明初的华亭（今上海松江）人夏庭芝所撰的《青楼集》。前书论作家，后者集演员，正好勾勒出元代戏曲艺术家中两个最为重要部类的旖旎景观和绰约风采。

《青楼集》成书于元至正乙未十五年（1355），该书记述了从元大都到山东，从湖广武昌到金陵、维扬以及江浙其他地方的歌妓、艺人共110余人的简约事迹。这些女演员们各自身怀绝技，有的在杂剧、院本、诸宫调方面负有盛名，有的在嘌唱、乐器和舞蹈等项目上造诣颇深。有的演员如珠帘秀的弟子赛帘秀在双目失明之后，依然能在舞台上正常表演，“出门入户，步线行针，不差毫发”；脚步地位，规范犹在，这是多么高深的艺术造诣！

也正是因为她们的色艺双绝，声名鹊起，所以才引起了社会各界的热切关注和诸多应酬往还。书中除了记载与她们有过合作关系的20多位男伶之外，还记录了她们与诸多戏曲散曲作家等文人士子的交情。甚至有50多位达官贵人、名公士大夫，都与这些女演员们有着或多或少、或深或浅的广泛交往。一部《青楼集》，作为第一部比较简练而系统的表演艺术家史传，对研究元代演剧、表演艺术、演员行迹与时代风尚等多方面的话题，都具备非常重要的史料价值和文化意义。

明清以来，与关于戏曲剧作家的记录相对寂寥的研究局面不一样，类似明代潘之恒《鸾啸小品》之类关于演员与表演艺术的文献相对较多。表演艺术家们的优美声容及其较大的社会影响力，使他们得到了较多的关注和充盈的记载。

清代，戏曲艺术进入另一个鼎盛时期，演员记录极为丰富。《清代梨园燕都史料》中所收录的《燕兰小谱》、《日下看花记》等几十种书，都对演员予以了主体性的关注。如小铁笛道人在《日下看花记》自序中论及其作传缘起云：

> 唐有雅乐部。宋时院本始标花旦之名，南北部恒参用之。每部多不过四、三人而已。有明肇始昆腔，洋洋盈耳。而弋阳、梆子、琴、柳各腔，南北繁会，笙磬同音，歌咏升平，伶工荟萃，莫盛于京华。往者，六大班旗鼓相当，名优云集，一时称盛。嗣自川派擅场，蹈蹻竞胜，坠髻争妍，如火如荼，目不暇给，风气一新。迩来徽部迭兴，踵事增华，人浮于剧，联络五方之音，合为一致，舞衣歌扇，风调又非卅年前矣。……录成一稿，名之曰《日下看花记》。梨园月旦，花国董狐，盖其慎哉。余别有《杨柳春词》一册，备载芳名，以志网罗，无俾遗珠之叹。凡不登斯录者，毋怼予为寡情也。

这段序言，既有史识在，又有人情浓，令人为之莞尔首肯。

民国以来，由于出版业的发达与报刊传媒业的勃兴，又使得关于演员的记载、评选和评论蔚为大观。民国二十七年(1938)由徐慕云编著的《中国戏剧史》(上海世界书局出版)卷一专列《古今优伶戏曲史》，以编年体形式，研究家的眼光，纵述自先秦以来直到民国戏曲演员的大的历史线索与知名演员，颇具史家眼光。

近些年来，北京学者孙崇涛、徐宏图等人合著的《戏曲优伶史》(文化艺术出版社 1990 年)和上海学者谭帆的《优伶史》(上海文艺出版社 1995 年)先后问世，这都是关于中国历代演员事迹的研究著作。

四

中华人民共和国成立以来，戏剧艺术家的位置得到了前所未有的大提高。在全国政协委员和全国人大代表的席位中，戏剧家特别是戏曲表演艺术家都占有一定的比例。

与此同时，关于戏曲表演艺术家的各种传记资料愈来愈繁盛起来。最负盛名的自传性著作，是梅兰芳的《舞台生活四十年》。盖叫天的《粉墨春秋》，也曾激励过业内外的诸多读者。

20世纪末叶到21世纪初叶以来，戏曲艺术家的传记纷纷面世。诸如河北教育出版社、中国戏剧出版社、中国青年出版社、文化艺术出版社等多家单位，都出版过不少戏曲家传记。

有鉴于目前出版的一些戏曲家传记，还存在着收录偏少、体例不全的遗憾，随着新资料的发现、新人物的涌现，社会各界迫切需要一套相对系统、完整些的戏曲人物传记资料。这既是对钟嗣成、夏庭芝等人开拓的曲家与伶人传记之风的现代传承，也是在国学与民族艺术学越来越受到全民重视的前提之下，从戏曲艺术家传记方面所做出的积极呼应。

在中国已经崛起为世界上第二大经济体的今天，在中国商品出口多、文化输出少的不对称情形下，在国际社会与世界戏剧界关于中国民族戏剧的热切关注下，一部系统的中国戏曲家传记丛书呼之欲出。

作为中国戏曲人才培养与学术研究的专业化最高学府，中国戏曲学院理所当然地应该担当起编纂中国戏曲艺术家传记丛书的重任。而且今天的戏曲艺术家丛书，既包括了演员与编剧在内，也同样不会遗漏著名的戏曲音乐家和舞美设计家等不同专业的代表人物。

中国戏曲学院的表、导、音、舞、美等不同系科，都对本专业的佼佼者了如指掌。在教师、研究生和本科生三结合的编纂模式下，在文献资料收集、当事人采访调查、专辑文本写作修改等较为漫长的过程中，学院都有着较为雄厚的人才基础。有道是铁打的校园水流的学生，也只有中国戏曲学院才能一直具备较为丰富而新鲜的专业化人力资源。

在北京市教育委员会的慧眼关照下，在上海文化基金会的支持下，在中国戏曲学院领导与师生的有效指导与大力参与下，在社会各界贤达众人相帮、共襄盛举的积极姿态下，《中国京昆艺术家传记丛书》终于正式立项。从2010年到2011年两年间，上海古籍出版社已经出版了12种京昆人物传记。从2012年开始，这套丛书将以月出一本的节奏，稳步运行，逐步推进。

2011年12月30日，《中国京昆艺术家传记丛书》新书发布会及学术研讨会在京隆重召开。此次盛会由全国政协京昆室、文化部艺术局支持，北京市教委、上海文化基金会、中国戏曲学院、上海世纪出版集团联合主办。中国戏曲学院戏文系和上海古籍出版社具体承办。

国务院艺术学科评议组召集人仲呈祥、全国政协京昆室负责人赵景发、王春祥、文化部外联局舒晓书记、中国戏曲学会会长薛若琳、副会长龚和德、王安奎、北京戏剧家协会名誉主席郭启宏、中国艺术研究院话剧所前所长田本相等40余名院内外领导与专家出席了会议并发表了讲话。《中国戏剧》主编晓赓、《中国演员》主编陈牧,《中国京剧》、《戏曲研究》、《光明日报》、《新民晚报》等多家报刊的相关编辑参与了盛会。中国戏曲学院李世英副书记、上海古籍出版社田松青主任分别致欢迎词。张永和、翁思再、和宝堂、陈珂、陈培仲、田志平等院内外传记作者代表分别就自己的撰写情形作了交流。大家共同期待这套丛书能够成为中国戏曲学院的诸多学术与专业品牌之一,为弘扬京昆传统、继承国粹艺术、深化联合国教科文组织人类口头与非物质文化遗产代表作的研究与推广,发挥其应有的作用。

我们打算用五年时间,首先推出京昆艺术家当中的重要人物传记。五年之后,评传工程将向着越剧、黄梅戏、豫剧和粤剧等地方戏的各大剧种之领军人物转移,持续推进。积之以时日,继之以心力,伴随着梨园界各方贤达和社会各界有识之士的支持,中国戏曲艺术家的系列传记就一定能够在太平盛世当中积少成多,聚沙成塔,共同托举出中华文化中戏曲艺术家的辉煌群像。

五

本套丛书首批推出的系列传记,都属于中国京昆艺术家的可观序列。

昆曲,既是京剧之前最具备代表意义的"前国剧",又是戏曲剧本文学性较强、表演艺术趋于典范精美的大剧种,还是2002年起首批被联合国教科文组织列入"人类口头与非物质文化遗产"名录、具备较大国际影响的古典剧种。

从1917年开始,吴梅先生在北大开辟了戏曲教学的先例。在他的指导、启发和参与下,由上海的实业家穆藕初赞助,昆剧传习所在苏州正式开班,培养了承前启后的"传"字辈演员。设非如此,兰苑遗音,古典仙音,险些儿做作广陵散,斯人去矣,芳踪难寻。至于北昆的韩世昌、白云生等人,也都是正式拜过吴梅先生的嫡传徒弟。这些人,这些事,不可不写,不可不传。

京剧,至今被公认为中国戏曲最具备代表性的剧种,海内外的不少人索性将其称之为"国剧",也被列入人类非物质文化遗产代表作,得到社会大众的认同。京剧表演艺术家，流派纷呈，各称其盛，具备非常广泛的群众基础，也在世界各国都具备较高的知名度。这些角儿，这些流派，不可不述，不可不歌。

因此，昆曲类传记中，首先推出的是近代戏曲学术大师吴梅、昆剧表演艺术大师俞振飞和素负盛名的昆剧“传”字辈老艺人；京剧类传记中，“四大须生”与“四大名旦”等名宿传记也规划较早。

细心的读者很快将会发现，在本套丛书中，大多数都是众所公认的戏曲界大师，但也还有部分正处在发展过程的中年名家。或许有人要问：既然曰传，树碑立传，盖棺才能论定，中年才俊尚还处于发展过程之中，缘何仓促为之写传？

此问有理，但又不全正确。须知任何一时代较有影响的人物，首先是被同时代的人们所热爱。举例说来，于魁智、李胜素和张火丁等人都还处在发展前进的艺术路上，可是他们也确实拥有大量的观众群。那些忠实的粉丝们，迫切需要知道他们心中偶像的更多情形。那么，为同时代的人们的戏曲界偶像树碑立传，实属必要。再比方今天我们的诸多梅兰芳传记，实际上更多的是具备历史文献的意义，因为现存的大部分观众再也无缘得睹梅大师演出的现场风采了。

更有甚者，我们与《中国京剧》的朋友们总是计划某月某日去采访某一位德高望重的艺术家。可是每当我们如期去实地采访时，常常会发现老人家年事已高，对于昔日的风采与精彩的艺术，已经很难清楚地加以表述了。英雄暮年，情何以堪？

至于有时候看到讣告上的名家，原本已经列入我们要拜访的日程表上，但是拜访者尚未成行，受访者却已经远行，远行到另外一个遥远而不可及的世界中去也！天壤永隔，沟通万难，那就更属于永远的遗憾了。

有鉴于此，我们提倡两次写传法或曰多次写传法。此次先写名家的壮年时期，未来再补足传主的晚年事迹，这样的传记，也许更加齐备可靠一些。若必要年老而可写，若必等盖棺而论定，却使后人对前辈艺术家知之甚少，叙之渺渺，称之信史，恐也非理想之传记。

传记的生命力在于讲述一个个真实的故事，演出一幕幕人生的大戏。但是如何讲好故事，怎样使得故事讲得精彩动人，令人读后余香满口，味道袭人，实属不易。《史通》说：“夫史之称美者，以叙事为先，至若书功过，记善恶，文而不丽，质而非野，使人味其滋旨，怀其德音，三复忘疲，百遍无斁。”

戏曲艺术家们在舞台上创造了富于美感的各色人物形象，但在生活中却还是一位凡人，或者说往往是一位烦恼更多的凡人。如何使得生活中的凡人和舞台上各色才子佳人、贤士高官和其他或正或邪的人物形象有机地对接起来，更是亟需在传记写作过程中不断探索的难关。

传记包括家族身世、教育承传、艺术人生和舞台创造等部分，也酌选精彩而有历史价值的照片，以期图文并茂，赏心悦目。传记强调文献记载、口述历史与适度评述相结合。附录包括大事年表、源流谱系、研究资料索引等。每位传主的评传大约15万字，俱以单行本方式印行出版。

二百年来，风云变幻，梨园天地，名家辈出。区区一套丛书，尽管编者力图使之相对完整系统一些，但挂一漏万、沧海遗珠的现象，还是不能避免。即便收入本丛书中的名家大师，由于多侧面历史的诸多误会以及材料的相对匮乏，由于诸多热情有余、经验不足的年轻人的参与，错讹之处，在所难免。尚求方家不吝指正，遂使学问一道，有所长进；梨园群星，光芒璀璨。这也正好呼应了马克思的人物传记理想，那就是写人物应当从感情气势上具备“强烈色彩”、“栩栩如生”，力求达到恩格斯关于人物形象应当“光芒夺目”的审美理想。

尽管为梨园界的艺术家们作传，从理论上看厥功甚伟，但实际工作却常常举步维艰。甚至梨园界的一些同仁乃至某些传主的家属学生，也都会存在着一些不一致的想法。尽管前路漫漫，云雾遮蔽，甚至常常山重水复，坎坷难行，但是坚定的追求者和行路人还是会历经千辛万苦，抹去一路风尘，汇聚锦绣文章，迎来晨曦微明。

彼时彼刻，仰望戏曲艺术的长空，那一颗颗晶莹的晨星正在深情地闪烁着动人的光华。晨钟响起，无限芳馨远播，那正是全体传记写作人和得以分享传记的读书人，以及关心本套丛书的戏迷和社会各界朋友们的无量福音。

谢柏梁

2012年元旦

（本丛书主编为中国戏曲学院戏文系主任，北京市特聘教授与教学名师，国务院政府特殊津贴专家，中国戏剧文学学会副会长）

目　录

一 今时名净　苦练成材出雄县
来日宗师　异地降生在冰城

常言道:“树从根脚起,水打源如流。”要想介绍、评价李万春的生平、艺事,就不能不从他的父亲——李永利先生说起。

李永利老家在河北省雄县,祖上系满族,在清代时是正黄旗的旗人。虽然李氏一家“在旗”,但祖辈家里却很穷,一直靠做豆腐、打草鞋为生。李永利的父亲即以此为生,母亲则给人家浆洗、缝补衣服贴补家用。李永利在幼年时就帮助父亲赶集市、庙会,卖豆腐和草鞋。那时,集市和庙会上总有戏班子在露天的台子上演戏,称“野台戏”。幼年的李永利爱热闹,也喜欢看戏。小永利每次看戏回家,都按照戏里的模样在家中的院子里练翻跟斗。因常被家中的长辈们制止,于是他就索性跑得很远,来到荒地里去练。练翻跟斗,必须得跑得跳,时间久了,难免费鞋。小永利练了些日子,才发现鞋袜磨破,又怕回家被父母责怪,就不再穿鞋练,干脆把鞋袜脱下来放在一边,光着脚练。有时挨摔,有时把脚磨破,他都不在乎。这样时间一长,幼小的永利已经能翻出不少花样儿的跟斗来。

过去的戏班,不论大小,班子里的人都不多。演占人多的武戏时,就在当地雇几个翻跟斗的人。这些临时雇佣来做演员的人既不抹彩,也不扮戏,只是头上包一块黑色的包头布,下身穿一条彩裤,上身则什么都不穿。小永利练会翻跟斗后,再看“野台戏”时,就常被雇去翻跟斗。至于扮演的角色,多是在《泗州城》、《金钱豹》这样的戏里扮小妖。这么样,小永利既过了翻跟斗的瘾,台下又有人给叫好儿,而且还挣一点钱,比自己单练更开心,真是“英雄”有了用武之地。他父亲一见高兴极了，心想：这可比自己卖豆腐、打草鞋强多了。从此也就由着永利，不再加以制止和干涉了。这时，小永利心里也在想以后自己就干这行，以此为业。

果然，由于小永利跟斗翻得好，冲，花样多，不少戏班里的人都知道了他，名声也就越来越响亮了。久而久之，雄县城里演出的戏班子和来此地演出的外地戏班子，都把他找去翻跟斗。再以后，李永利随着戏班子从雄县转到天津，在各个戏班串班演出，在京剧界有了这么一号。由李永利开始，李家就算和京剧沾上边儿了！

从野台子到正规戏园舞台上演出，李永利又闯过了一道关口，进入新的境地。以前，他在家乡演戏时是光着脚上台，没人管，但如今在正规戏院的舞台上，即使是应翻跟头的活儿，也得穿上叫做“薄底儿”的戏靴，否则不许上台！李永利过去为省鞋光着脚翻惯了，如今穿上戏靴便不像过去翻得那么利落了。他只得再一次埋头苦练，久而久之，便逐渐适应了在舞台上穿鞋翻跟头。

自从进入正式的戏班，李永利就想不能总停留在翻跟斗这种属于武行的活儿上，自己也要成为连翻带打的“角儿”。于是他在同行的教导和帮助下，在打把子上下功夫。不久，他就可以在一些武戏里担任一些零碎活儿，扮演一些带名的角色。由于李永利身材魁梧，又有接近“花脸”的嗓子，戏班就把他归入了净行，让他在《白水滩》里扮演青面虎，在《嘉兴府》里扮演鲍赐安。他翻得冲、帅、漂亮，打得猛、勇、火爆，所以得到内外行的一致好评。此后，他又学演了一出《收关胜》，这三出戏就成了李永利的拿手好作。在《白水滩》“打滩”时，青面虎的跟斗过人；在《嘉兴府》和《收关胜》中，鲍赐安和关胜的云里翻，都是他的独有技巧，尤其是“云里翻”最见功夫。这种技巧的翻法是：演员在摞起来的几张堂桌（一般为三四张）上，脸朝前方，面对观众，腾空起跳，跳时屈膝、抱腿，往后翻，旋转360度，然后落地。“云里翻”的难度在于起跳时往往前跳得远了，劲头就泄了；跳得不够尺寸，往回做后空翻时，后脑海就会磕在堂桌上。武花脸头上有盔头（帽子），嘴上有髯口（胡须），腰上有大带（鸾带），脚下是厚底（靴子），都是翻跟斗过程中的障碍物，功底不深，技巧掌握不好，不仅不利落、不干净，而且还会摔伤。李永利把这种特技掌握住，用在戏里，经常为演出增色不少。

早年，演《嘉兴府》或者《龙潭鲍骆》的全戏，多从“靠窗望月”、鲍赐安“夜盗私娃”开始。只有这样，才能把鲍赐安劫法场搭救骆宏勋的缘起交代清楚。这部戏的全部内容是：王怀义之子王伦在嘉兴府为官，庇护坏人，草菅人命。恶人梅滔想谋夺家财，便诬陷婶母梅脩氏孀居却有私生子。骆宏勋见事不平，痛打梅滔。梅滔告到王伦处。王伦以公谋私将骆宏勋下狱。鲍赐安之婿濮天鹏探知消息，入衙营救骆宏勋，也被擒入狱。鲍赐安夜入嘉兴府，盗取私娃以为凭证，并往法场营救。李永利把“云里翻”用在“盗私娃”中，在舞台的下场处摞起三至四张堂桌，后来还在堂桌前挡上楼窗景片。他扮演的鲍赐安从后面上去，推开窗户，手提盖有红布的竹篮（也用过盖有红布的提梁水桶），内装代表私娃的“喜神”（布做的娃娃），使“云里翻”翻下，翻下的过程中“喜神”不能掉在台上。这一技巧使戏大为生色！这个“云里翻”用在《收关胜》中难度更大，因为关胜身扎硬靠，头上还有甩发，且翻时必与锣鼓严密结合，因此每演至此，台下必然“炸窝”，观众的掌声与喝彩声如同暴风骤雨一般。

李永利在天津越演越红，不断有外地戏班前来邀请，他便以天津作为基地，经常去外地演出。合同期满，仍回天津。最远到过中俄边界的海参崴（即符拉迪沃斯托克）。在他20岁出头时也攒下一些钱，这时经人介绍与一位名叫孙炳才的女子订婚。孙炳才的父亲原是瓦匠，已去世多年，家中只有母亲带着四个女儿给人浆洗缝补衣服，艰苦度日。孙炳才排行最大，当时15岁，手脚麻利、吃苦耐劳，是母亲的好帮手。双方互相中意，就举行了婚礼。成婚后，李永利就担负起供养岳母一家的重担，以当时他的收入还绰绰有余。婚后不久，哈尔滨新舞台邀请李永利去演出，他就带着岳母、妻子及三位小姨妹一同去了哈尔滨。

李永利的夫人孙炳才婚后第二年就生下了一个孩子，但没有出满月就夭折了。1911年10月3日，旧历辛亥年八月十二日——中秋节的前三天，孙炳才又在哈尔滨产下了一个男孩，父亲李永利为这个男孩取了“长顺”的乳名，以示长久顺利之意。后来又按当时盛兴的“伯、仲、叔、季”为长幼次序的叫法，为小长顺取了“李伯”的学名。这就是我们的传主，日后享誉梨园界的武生名家李万春。

在小长顺4岁的时候，李永利又应上海亦舞台经理沈少安、王佑良之邀来到上海。上海的观众对带有翻跟头的戏极为爱好，因此江南翻跟头出色的演员也有很多。李永利以《嘉兴府》、《白水滩》、《收关胜》三出打炮，结果一炮走红，上海的观众点头称道，拍手叫绝。于是，李永利与当地以翻跟头享誉的刘春利、刘永利、王永利三位武净并驾齐驱，合称为“四利”。从此受聘亦舞台长期坐班，成为“坐班班底”。“坐班班底”比一般的“底包”高一个档次，他们长期在此，有固定的演出和收入。在没有外地演员或名角来时独立挑班唱戏，在有外地名角来时，就彼此合作，共同担当主演。不适合合作的，他们也可以暂时休息，或者去别的地方演出。当年金少山、裘盛戎都在上海等地担过较长时间的“坐班班底”。

小长顺从出生到4岁都是在东北度过的，父亲李永利不仅在哈尔滨，还到东北许多城市演出。他在家里看父亲练功，到戏院看父亲演戏，家里外头接触的都是京戏班里的人，于是也就喜欢上京戏。但是小长顺与父亲不同，不喜欢翻跟斗，却喜欢唱和表演，尤其是“亮相”。每逢看戏回来，总要反复模仿戏里的各种“亮相”。李永利看了非常高兴，就跟妻子说：“真是‘龙生龙，凤生凤，老鼠的儿子会打洞’，你瞧这孩子‘亮相’还真是那么回事！过些日子让他练功吧，赶明儿个也干我这行！”但是妻子的想法是：不论干哪行，都得让他先念书，不能跟咱们似的当睁眼瞎！念书还得明白事理，往后不会被人家骗。李永利却不很同意，只以“到时候再说吧”应付。

那时候正经上学念书最早也得到孩子六七岁。到上海不久，儿子还只5岁时，李永利就开始教他练武功基本功：搬腿、压腿、撕腿，然后看着耗腿、吊腿、蹓腿、踢腿，以及翻跟斗和喊嗓子。6岁时，李伯的母亲终于说服李永利，让孩子到学校念书。可能李伯生来没有念书的命，该当吃这碗戏饭。上学不多日子，跟同学一块儿踢球玩，不小心一头栽到搁花盆的架子上，在眉心摔了个大口子，血流不止。老师把李伯送到医院，缝了七针。此后李永利便坚决反对李伯上学，下定决心要把儿子培养成为“名角”。李伯便跟着父亲继续练功，只是父亲的要求比从前更加严格了。可巧，这时李永利又收了一个同班武行演员的孩子，名叫蓝小喜，比李伯小一岁，两个小伙伴从此一起结伴练功。李永利以“望子成龙，盼徒成名”的心情，让这两个孩子经受了痛苦的磨练。

二 望子成龙 延师授艺大世界
得父斡旋 借台助演白牡丹

梨园界有“四大名旦”、“四大须生”，尽人皆知，至于“四大名爹”、“四大名妈”，知道的人就不多了。“四大名爹”指的是：李万春的父亲李永利、李少春的父亲李桂春、谭富英的父亲谭小培和荀慧生的父亲荀凤鸣。这四位老人中，除了荀先生的父亲荀凤鸣是“外行”，不大懂在业务上如何培养教育儿子学戏外，其他如谭小培、李桂春、李永利都是望子成龙，尽心竭力培养儿子成为“好角”的内行。谭小培是谭鑫培老先生的公子，因其艺术远不及其父，只在戏班中做“挎刀”老生，便对自己的儿子谭富英精心培育，终于使得谭富英成为一代须生名家，名列“后四大须生”之中。当时报刊上曾登出过一幅漫画，画的正是谭鑫培、谭小培、谭富英祖孙三人。画中谭小培对父亲说：“你儿子不如我儿子，”转面又向儿子说，“你父亲不如我父亲。”看后令人发笑，又耐人寻味。所谓“四大名妈”，指的是四位培育女儿成材的母亲。他们分别是李万春续弦夫人李砚秀的母亲喜彩凤，后来定居台湾的名角梁秀娟的母亲梁花侬及吴素秋、李玉茹的母亲。喜彩凤是梆子（陕西梆子，即秦腔）的名角，梁花侬原为京剧丑行演员，另两位的母亲则是“外行”了，并不是出身梨园的演员。

在“四大名爹”中李永利是出了名的严父，每天从早到晚监督儿子和蓝小喜练功，而且要求严格的程度已接近苛刻和残酷。李永利发现儿子李伯有一条好嗓子，觉得不能埋没天才，便让他兼学文武。李伯的母亲怕儿子练功吃苦，见此机会就说：“既然长顺嗓子好，就让他学文的吧！”但出身武戏演员的李永利怎么肯答应？

当时李永利的家就住在上海“大世界”附近，每天天还没大亮，李永利就把儿子和小喜叫起来，到偏僻之处练武功、喊嗓子。天亮以后再回到家里，稍作休息便又带孩子到“大世界”舞台上练功。那时跟李伯一块练功的还有王晓芳、张翼鹏、黄志斌、张志斌和一位名叫“粉菊花”的武旦女演员。

在文戏方面，李永利经李石甫的介绍，请来了一位叫徐德增的老先生。徐先生是北京人，当时已是六十来岁。李永利让儿子叫徐先生“大爷”（伯父）。徐先生教的头出戏是《珠帘寨》，主角李克用是花脸、老生“两门抱”的活儿，在教小李伯时是按老生的路子教的。当时给他们吊嗓子、练唱的厉彦芝，也就是后来武生名家厉慧良的父亲。徐老先生为人和蔼可亲，平时总是笑呵呵的。即使李伯和蓝小喜唱得不对，琴师厉先生大发脾气时，徐先生也总是拦着说：“别着急，慢慢来……”

李永利得知徐先生对孩子太善，便亲自监督，不论孩子学戏、吊嗓子，他都手里拿着“刀坯子”站在孩子背后，只要发现不对，便立刻拿刀坯子往孩子身上猛打。为了希望儿子和徒弟文武并进，李永利还想出来个法子：在屋顶上钉了一个钩子，用粗绳子拴上滑轮，在孩子吊嗓子之前，先让孩子把脚伸进绳子套里，用滑轮把腿吊起来，然后开始吊嗓子。每次吊嗓子都是从头至尾吊一出大戏的唱，得一个小时左右。吊完这出，把腿放下来，在地上稍蹲一会儿。接着换上另一条腿，吊上去之后，开始吊第二出戏的唱，而且都是先吊“西皮”，再吊“二黄”。连吊腿再吊嗓子，两下夹攻，必然很吃力。因此，小李伯每吊完一出，必然通体流汗。苦确是苦，可是真见功夫！孩子们跟徐老师学会《珠帘寨》，接着又学《洪洋洞》、《逍遥津》、《斩黄袍》、《状元谱》、《盗宗卷》。小李伯学《逍遥津》时，由于对戏里汉献帝“想起了朝中事好不伤悲”、“二皇儿年幼小孩童之辈”的大腔不得要领，身上不知挨了父亲多少次的刀坯子。尽管徐老师一再说：“小孩子，刚学，在气口上别太较真，以后慢慢会好的。”李永利仍然不肯善罢甘休。

由于徐先生和李永利教戏的要求不同，教了一段时间后就离开了。李永利又请来了一位叫崔凤鸣的先生，这位崔先生比徐先生年轻很多，当时大约三十来岁，李永利让孩子们叫他“叔叔”。崔先生对孩子极为严厉。他在桌子右方放着一块红木板和一根竹筷子。这块红木板是专为教戏而制作的，长短与量布的尺子一样，但又厚了很多，而且还很沉。教戏时，崔先生坐在桌子后面的椅子上，手里拿着红木板拍“板”，小李伯站在桌旁学唱。崔先生一字一板地“抠”，唱对了，他点点头，但从不带笑容；唱不对，则必须重来。如果学一遍没学对，他立刻板起脸来。再学一遍，还不对，他就让孩子把手放在桌子上，手心朝上。再学的时候，红木板就往手心上敲了。唱对了，敲得轻；唱不对，敲得重。越唱不对，敲得越重。一会工夫，手就被打得又红又肿。这只手肿得鼓溜溜的不能再打了，就让孩子上另一只手，仍然如此，唱不对就打。有时候全天课上完了，小李伯的手肿得跟小馒头似的，火烧火燎，疼痛难忍，吃饭时，筷子根本拿不住。崔先生桌上那根筷子又比红木板厉害得多！每学唱念，嘴皮子、腮帮子没使上劲、字吐不清时，崔先生立刻沉下脸，冷冷地说："把上嘴唇往下绷着使劲重来一遍！"这遍如果还没使上劲，他就把筷子朝小李伯的人中上扎。遇到崔先生大发脾气时，能把人中扎破，流下鲜血。有时候他听到嘴里没使上劲，嚷着说："嘴里使劲，重来！"说到第二次还不见效，崔先生就厉声命令："把嘴张开！"这时他就把筷子伸进孩子的嘴里，点着说："这儿，使劲；这儿，使劲……"如果孩子们再唱还是不能让崔先生满意的话，崔先生便大发雷霆，干脆把筷子伸进孩子嘴里滥杵、滥搅，孩子上膛、牙床子就都破了，以致喝不了水，吃不了饭。至于用红木板和筷子打孩子嘴巴，就更是家常便饭了！

李永利对于崔先生这种体罚的教学方式非常赞成，但李伯的母亲却非常不满意，常为此找崔先生理论。崔先生则说："李老板让我对孩子狠着点儿。再说，您不是也指望孩子今后成材吗？舒舒坦坦可出不来好角儿！'要得人前显贵，必得背后受罪'，这话您不会不知道吧？"话说到这个份儿上，孩子的妈妈也不便再说什么。崔先生也跟李伯说："我打你，是为你好！咱们远日无冤，近日无仇，而且我跟你父亲还是好朋友。我这样对你，就是为你日后成好角儿，眼下你恨我，往后你会明白我的用心！等你成了好角儿，听到台底下给你叫好的时候，你会感激我的！这就是'良药苦口利于病，忠言逆耳利于行'的道理！如果我现在哄着你，由着你的性儿，让你舒舒坦坦，我就是误人子弟了！对不起你父亲，也对不起你！"小李伯当时听了这些话，并不完全理解，成了名才领悟其中的道理。每听到别人赞扬"您的唱、念，嘴里怎么那样有劲，字字清晰"时，他都会想起这位崔先生。

后来，崔先生最终还是与李伯母亲想法不同，离开了。李永利又为孩子请来一位名叫项鼎新的先生。凡认识这位项先生的人，都说他是好脾气，从来都是和颜悦色，没与别人发过火。项先生跟李永利相处得很好，李伯的母亲也觉得他是位好老师，李伯、蓝小喜更是喜欢这位项先生。项先生虽然受到各方面的称道，以脾气好闻名，但在教孩子戏时，也是严格要求，只不过不施体罚，而是从道理上启发，以身作则。这样教戏既受到好评，也教出了好效果，所以李永利对项先生很信赖。在和项先生相处的日子里，李伯和蓝小喜跟项先生学习了《乌龙院》和“三斩一碰”（《斩黄袍》、《辕门斩子》、《斩马谡》和《碰碑》）。此外，又重新加工了一些过去和徐、崔二位先生学过的戏。

但是李永利亲自教孩子的时候，还是没改“念、背、打”的老方法。在孩子练功时，他依然手里拿着板子监督。看到孩子偷懒惜力，或者动作不准确的时候，仍然没头没脑地狠打。那时候练“毯子功”，由于买不起毯子，只能在地上铺麻袋，在上边练习耗顶、踢腿、翻跟斗或者别的技巧。练“飞脚”、“旋子”、“扫堂腿”、“乌龙绞柱”都得练正、反两方面。反的比正的难练得多，因此挨打也多。孩子挨打，都是趴在长板凳上，李永利用板子打孩子大腿根儿、打屁股，每次都打得皮开肉绽、鲜血淋漓。李伯的母亲心疼孩子，就偷偷在孩子大腿根垫上自己纳的鞋底，绑紧。鞋底是布做的，一层又一层，比较厚，而且还有弹性，这样可以护住皮肉，腿就不会被打破。练“乌龙绞柱”时，脑袋得顶着地上的麻袋转圈儿。时间长了，李伯的脑瓜顶就磨破、出血，最终结了血痂。再练，血痂被磨破、揭开，血流得更多，疼痛难忍。母亲就让孩子戴上毡帽练，毡帽破了，就再补上。最难的是练“倒扎虎儿”，翻歪了，脸就蹭了地，常是碰得嘴唇、“人中”和下巴颏上流血、结痂。对此，孩子的母亲可就没办法了。尽管发怵，李伯也只能咬着牙练，因为父亲从来不管那一套，始终在一旁拿着板子监督，偷懒就得继续挨打！不过后来，当李伯长大成人，他明白了当年练功时吃的苦，终于取得眼下的艺术成就，尝到了苦后的甜，并且认识到如果从学生的立场来说，应该感谢过去师长和父亲的严格要求，所谓“严师出高徒”，正是如此！

正由于父亲的严要求，李伯 7 岁时就已经学会很多戏。这时，父亲就想让他到舞台上闯练闯练。但是，初登舞台不宜单独演一出戏，最好是能扮一个戏里不太重要、出场不多，但能讨观众喜欢、引起观众注意的角色，于是李永利就在各班社和自己熟悉的名角中为李伯寻找这样的机会。

不久，机会来了！时称“三小一白”的四位名角联袂到上海演出。“三小一白”指的是杨小楼、尚小云、谭小培和当时还以“白牡丹”为艺名的荀慧生四位先生。荀先生年幼初学梆子，曾得前辈“老十三旦”侯俊山的教导，艺术极好。但由于从梆子转入京戏，受到门户偏见，颇受歧视。然而，素有“国剧宗师”、“武生泰斗”之誉的杨小楼先生对荀慧生却很是器重，于是当上海来人邀他赴沪演出时，他向来人提出在谭小培、尚小云二位之外，再加上这个“白牡丹”，而且说他“花旦、刀马旦都好,肯定受欢迎”。杨先生的意思是:按照以往的惯例,一个演员在北京小有名望之后,到上海如果演红了,再回到北京便会身价十倍。果然不出杨先生所料,荀氏在上海一炮打响。这一期演完,“三小”离沪返京,“一白”的“白牡丹”荀慧生却被挽留继续演出。

荀先生善于革新,常有新戏公演,而且在新戏里创新腔,特制新型服饰。他在上海首演的《三戏白牡丹》,更使用了灯光、布景,而且戏里角色的名字又与演员的艺名相同,越发引人关注。《三戏白牡丹》这出戏演的是八仙之一的吕洞宾与一个名叫白牡丹的修道女子相爱,终成眷属的事。戏一开始,要有五个仙童在台上表演“五子夺魁”,荀先生了解李永利的意思,就对李永利说:“让孩子在这出戏里扮个仙童,戏不多,可挺有俏头!”李永利连忙高兴地说:“太好啦!我给他找的正是这路活儿。我想几岁的孩子一点火候没有,刚上台就唱一出,万一唱砸了,来个‘开门黑’,往后就不好办啦!不如让他先在台上长点经验,咱们也瞧瞧他上台是不是这块料。”荀先生笑着说:“那就这么定了!只是孩子上台用个什么名儿呀?”李永利心想:如果用李长顺,太俗气!用李伯呢,当时梨园界又很少有用两个字当艺名的。于是就说:“您瞧先使‘客串李’,行不行?”“客串”是旧时的票友和业余演员在正式戏班里演戏时常用的一个词,表示与专业演员有所区别,有在戏班里“友情客串”的意味。李永利的这个提议得到了荀先生的认可,于是“客串李”就成了一位未来“武生宗师”的第一个艺名。

三 西子湖畔 万春名代客串李
黄浦江边 温如艺传小侄儿

白牡丹演“白牡丹”，演员名和戏名、戏里的主角名都一样，冲着这一点就叫座儿。在这出戏里，荀慧生先生使用了别致的灯光和布景，于是更加吸引观众。演出当天，李永利带着儿子，很早就到了后台。戏中“五子夺魁”中的另外四个都是“客串李”在“大世界”一起练功的小伙伴，他们是张翼鹏、张志斌、黄志斌和师弟蓝小喜。这“五子”的装扮都很简单，上身光着，只系了个红肚兜；脑袋上有梳抓髻的，也有在光头顶上粘一个“冲天杵”小辫的。这些小演员出场很别致：开演前，舞台正中已摆好一个用竹子编的大寿桃，五个孩子都坐在大寿桃里；大幕拉开，场面上起音乐，音乐奏到一个段落，寿桃由咧嘴到慢慢张开，五个孩子就出现在观众面前了。这时，由“客串李”饰演的角色手里托着一个红托盘，盘了上盖着一面红“门旗”，旗上放着一顶紫金冠。他先从寿桃里跳出来，余下的四个孩子也跟着跳出来。此时“客串李”在前边跑，其余四个孩子在后面追，通过跑圆场抢夺紫金冠，这就是“五子夺魁”了。在“夺魁”中，孩子使用了很多武功技巧，最后集体“亮相”，没有唱、白。没想到凭借孩子们纯熟的武功技巧以及表演，这个“五子夺魁”居然获得“满堂好”。

当五个小演员在台上表演“夺魁”时，荀先生和李永利都在台帘里密切注视着台上孩子们的表现。当见到小小的“客串李”在舞台上不怯场、放得开，而且脚下稳当、利落时，荀先生笑着跟李永利说：“这孩子行，有饭，是干咱们这行的坯子！底下可以给他弄出戏唱唱啦！”在一旁的李永利也觉得孩子唱一出不会“砸”。于是，没过几天，就在他坐班的亦舞台为儿子贴了两场戏：头天是《捉放曹》，第二天是《打棍出箱》。仍用“客串李”的艺名，李永利还请来和自己一同坐班的花脸演员董俊峰捧场，分别在儿子主演的两出戏中饰演曹操和葛登云。董俊峰先生是有名的花脸，与裘盛戎的父亲裘桂仙齐名。有董先生捧着，头天的《捉放曹》唱得很是顺利，得到了观众和前后台的一片夸奖之声，都说：“这么点儿的孩子不但嗓子好，唱出来也有味儿，而且字正腔圆，嘴里有劲、不飘，脸上、身上有戏，沉着，可真是不错！”

第二天的《打棍出箱》，借着头一天的热乎劲儿，“客串李”出场竟得了“碰头好”，接下来也是一切顺利。但是没想到戏演到半截“闹府”的时候出了岔子。戏中范仲禹寻找失散的妻儿，来到告老太师葛登云的家中，结果被葛登云骗至府中。这时葛登云有个示意范仲禹坐在“大边”座位上的手势，范仲禹也需随之坐在椅子上。但那时候演出前从不排戏，都是“台上见”。还是“童伶”的“客串李”在台上一看，坏了！椅子太高，自己根本坐不上去。如果是咬牙够着往上坐，必然招致观众大笑，于是“客串李”便没敢够着坐比他矮不了多少的椅子，当然也就只能就地不动地站在原处。这时，董先生也发现了问题，但在现场也想不出其他的办法，如果范仲禹不坐下，后面的戏也不好进行。事出无奈，董先生只好把面前只有8岁的“范大相公”抱到椅子上坐下。见此情景，台下观众立即哄堂大笑，就连在后台扒台帘看戏的内行也都“喷”了！

自打《捉放曹》和《打棍出箱》唱红了，“客串李”的名字也就慢慢地传开了。一来二去，几个台口都邀他去演出。演多了就不能总唱这两出了，于是李永利又给“客串李”陆续贴出了《黄金台》、《凤凰山》、《摩天岭》、《珠帘寨》等戏。这段时间，“客串李”不论到哪里演戏，都是白演，不跟戏园子要钱，也不跟班社要钱。这在当时叫“借台演戏”，也有叫做“借官台，演私戏”的，目的主要是为了长见识，长经验，扩大影响。

不过白演也不是长久之计，虽然李永利每月收入三百多元，经济上还算宽绰，但“客串李”毕竟不是真正意义上的票友，也不能总以票友的身份演出，干光唱戏不挣钱的事。但是李永利也知道，从白演戏到唱戏挣钱，不能在上海当地突然转变，只能是外出演些日子，等再回到上海，那是就“重打鼓，另开张”了。正巧，这时外埠又有几个戏园子来邀李伯去演出，于是李永利应了芜湖、安庆、无锡、扬州、苏州等地戏院之邀，打算让儿子先在这些长江两岸的“小码头”去小试牛刀。李永利原想亲自带儿子去“跑码头”，但李永利所在的班社说他的戏吃重，要是走了必然影响上座率。班主也一再说：“你可千万不要走，你走了，这里的营业收入要受影响的……”李永利是长期坐班的演员，官身不由自主，无法带儿子外出演出。但是小李伯才8岁，一个8岁的孩子出远门，家人怎么可能放心呢？最终决定由李伯的老姨带着李伯和他的师弟蓝小喜，同行者还有给他们连练功带跟包的“二大爷”刘金瑞和专门给李伯扮戏的“小三子”。

比起上海来，这次去的都是“小码头”。很多人知道“客串李”在上海很出名，所以慕名而来。看过演出，更是口碑载道。这样一趟演下来，也挣回不少钱。杭州戏园子的经理得知“客串李”在扬州、苏州演出的盛况，在他还没有返回上海的时候，就已同李永利商定，邀李伯去杭州再演一期。这样回到上海不久，李伯就又奔了杭州。这时，李永利所在的戏班正好接来主演，于是征得班主的同意，请了假，父子二人一同作为主角奔赴杭州。

李永利过去就常到杭州演出，在那里熟悉、知道他的老观众很多。这时小李伯和师弟蓝小喜在上海、扬州、苏州演出的消息早已传到杭州，所以他们一行人刚到杭州，就有很多人登门拜访。角儿还没登台，就已经显出红火劲来了。

尽管也听大人说过杭州有闻名天下的西湖，但李伯却没敢想去游玩，而是在住处积极地做着演出前的准备工作，同时还得养精蓄锐，以求能再接再厉，在天堂杭州一炮打响。在杭州的演出，开始是由李永利演大轴，李伯和师弟在前边垫一出。“打炮”三天，戏园子门口总是人山人海，等着买“飞票”的大有人在，把园门堵得水泄不通。此后就改为李伯和师弟跟李永利轮换着演大轴、压轴。过去演戏，日场一般从下午1点起，一直演到掌灯。夜场戏天不黑就开始，一直演到午夜12点左右。不论日场、夜场，从头到尾都不下六个钟头。但是观众从头到尾看的并不多，常是随着演随上座儿。那时的说法，头一二出叫“帽儿戏”，第三四出叫“小轴子”，再往后是“中轴子”，倒数第二出叫“压轴儿”，最后一出叫“大轴儿”。“讲究”一些的观众一般都是“中轴子”快演完时才入场，甚至还有掐着钟点来只看“大轴儿”的。然而，这一次李氏父子的三天“打炮戏”却破了这个例。开演前，场面“打通儿”时就来了不少人，戏开场不一会儿，台下人就满了！到李伯、蓝小喜出场的时候，台下已经是黑压压一片，连“池子”两旁、最后一排后头、紧靠大墙的地方都站满了听“蹭戏”的，而且演出过程中叫“好儿”声接连不断，此起彼伏，每天如此。

在杭州当地有位叫赵平伯的老大夫，是远近驰名的中医大夫，听戏入迷。早年就跟李永利交好，只要李永利演出，他每场必到。这次从“打炮”起，他每天必来，还是从头到尾一出挨一出的看。散戏后，必到后台给大家道“辛苦”。李永利卸装时，他就坐在一旁闲谈。一是谈当天晚上的戏，逐一点评。二是夸赞李伯，他跟李永利说：“你可真是烧高香，行善积德了，生了这么个好儿子！这孩子刚这么点儿，就红得摸不得了，往后准成一流的好角儿！我把话搁在这，骑驴看唱本，咱们走着瞧！”

一天晚上，散了戏，这位老中医像有什么急事似的，风风火火地进了后台，见了李永利连气都不喘一口地说：“大侄子唱了这么些日子戏，红得发紫，怎么不给他取个名字，不能总叫‘客串李’呀！”

李永利说：“往后是得改！”

“别往后了，尽快改吧！”没容李永利说完，这位老中医就抢着说。

听李永利说一直没想到合适名字的时候，赵伯平立刻说：“问我啊，我有合适的！”然后把脸凑近李永利，“我也是刚琢磨出来的！听大侄子唱得好，动了真感情，就跟作诗一样，叫做‘情动于衷，妙手偶得’！”没等李永利张嘴，赵伯平又紧接着说，“我这可是几经考虑，仔细推敲出来的。你听了保准满意！”

“您就快说说，孩子叫什么好？”

老大夫把左手举起，伸出食指，从嘴前头一点，说：“叫万春！李万春！你看怎么样？”老大夫面有得色，继而解释说：“这是取‘五风十雨皆为瑞，万紫千红总是春’的意思。”这时一些卸完妆，以及正在卸妆的演员也都围上来，七嘴八舌地捧场。

“嘿，这个名不错！”

“响亮！”

“究竟是老大夫，有学问！”

李永利也含笑点头说：“倒是挺响亮，好听！”

“不单响亮、好听，这里面还有着一层寓意！说孩子玩艺儿好，有发展，有前途，前途无量，万古长春！”

听老大夫这么一批解，大伙儿又是一片赞扬。

有人立刻撺掇李永利：“就使这个名儿吧！”

李永利含笑，冲赵大夫深施一礼，说：“我这儿谢谢您赐名儿啦！借您吉言，就让孩子叫这个名啦！”接着就冲儿子说，“还不谢谢赵大爷。”

小李伯还没开口，老大夫又说："别忙，这是孩子一辈子的大事，先问问他自己愿意不愿意！"

"愿意，愿意！谢谢赵大爷。"小李伯赶紧把话说出来。

老大夫哈哈大笑，一本正经地对孩子说："你们父子俩满意了，从明天起就用'李万春'三个字啦！"又拍着李伯的肩膀说，"今后走到哪儿，红到什么份儿上，可都不要改啊！"

李永利马上说："这您只管放心，到什么时候也不改！再说，哪儿还有比这个好的名儿啊！"

赵伯平和李永利当晚就通知"报子房"，从第二天就开始用"李万春"三个字了。只不过头些日子，底下还用括号注明"即客串李"，等来看戏的观众慢慢都知道了，才取消了这个说明性质的"注解"。与此同时，李伯的师弟蓝小喜也改用了"蓝月春"的艺名，为的是两个人的名字中都带一个"春"字，更像师兄弟。

从杭州回到上海，李永利和李万春、蓝月春父子、师徒一行可谓载誉归来，上海也早已传遍了他们在杭州演出的盛况。李永利怕孩子为此骄傲自满，一方面照过去一样，狠狠地督促两个孩子练功学戏；另一方面也不断教训刚刚改名的"万春"："别尽听外人夸你，别尽听台底下给你叫好儿。人家都是按你的岁数衡量你的玩艺儿，论真格的，你还差着十万八千里呢！要想往后有出息，对得起赵大爷给你取的'万春'俩字儿，你还得苦练、多学。有前劲没后劲可不成！"对此，小万春也牢牢地谨记在心。以后的几十年中，李万春始终都抱着虚心求学的态度，认为自己应该多看戏，谁的戏都应当看；不论看谁的戏，都能学到东西，对自己技艺的提高都有帮助。几十年来，他已经养成习惯，始终把看戏当作业务学习。

当时上海有名的武生很多，各有各的绝活儿。李永利为了让儿子博学广纳，掌握各种技巧，就带着他四处投师，找各位老师学习，其中以武戏居多，文戏则仍由项鼎新先生教。正在万春广泛学习之时，从北京来了一位刚从"富连成"科班出科（毕业）的青年老生，此人就是后来大名鼎鼎、名列后"四大须生"之首的马连良（字温如）。马连良很爱看李永利的戏，因此他们二人随着交往也友谊日深，李永利就请他教小万春老生戏。

四 饱学离沪　父子献艺天津卫
载誉进京　兄弟搭入斌庆班

过去走江湖、跑码头的演员，大都是一专多能。如果会的戏少，搭班演出就容易"翻头"，也就难于维持生活。与此同时，好角儿都得有"绝活"；否则，就没办法跟不相上下、水平相当的演员争观众，时间一长也就很难立足。对于这些实际情况，李永利自然了解，于是他打算在会戏多、有绝活两个方面把儿子培养成戳得住的名角儿。当时著名的武生演员杨瑞亭是李永利在艺术上的老搭档，李永利就让小万春跟杨瑞亭学《战马超》和《战冀州》这两出马超戏。杨瑞亭身姿矫健，特别是腰腿功夫堪称一绝，梨园界中素有"杨瑞亭的腿，白玉昆的嘴"之说。杨瑞亭和李永利合演《战马超》，工架、气势旗鼓相当，开打紧凑，是当时的一绝。在李万春向杨瑞亭学《战马超》里马超的同时，李永利也给徒弟蓝月春说了这出戏中的张飞，为的是师兄弟能够同台演出。《战冀州》的马超是以翻摔为主的武生戏，尤其是城下的"三摔"更是戏中的看点，这出戏也是杨先生的拿手好戏，小万春学得很瓷实。

杨瑞亭不但擅演武生戏，还能演老旦戏，李永利认为儿子也应该学学老旦戏。当时在上海享有盛名的老旦名家叫应宝莲。这位应先生又精通老旦、老生两个行当，既演老旦戏，又能来老生。在《目莲救母》这出戏里，应先生以老旦应工扮演目莲（也作目连）僧傅罗卜的母亲刘清提。这出戏的故事讲的是：刘清提因丈夫和儿子都信佛，久不归家，而迁怒于佛教，竟在家中把佛经禁毁。地狱鬼卒乃捉刘清提魂灵入地狱受惩，在六个阎罗殿"游斗"。目莲来到地狱寻母，刘清提忏悔不已，后目莲搭救母亲出离地狱。这出戏又叫《游六殿》，也叫《五鬼捉刘氏》。在演"游六殿”时，应宝莲有鬼卒抛叉、刘清提接叉摔“锞子”的特技，类似于《金钱豹》中豹精抛叉、孙悟空接叉摔“锞子”的演法。但在《游六殿》里应宝莲的演的刘清提比《金钱豹》的孙悟空更有难度。应先生的刘清提是站在“两张高”的桌子上，鬼卒站在对面的下方往上扔叉，待刘清提接叉后从“两张高”上摔“锞子”下来，有时甚至还要摞到“三张高”、“四张高”。在李永利的监督下，小万春也学会了这种技巧，后来在他创办“鸣春社”科班时，他还把这出戏传授给了学老旦的王鸣永。但是应宝莲先生却由于长期超负荷地摔“锞子”，致使他左肩上长出一个大肉瘤，并逐渐大如馒头，以致无法再演这出他曾经的拿手好戏，最终沦为戏班中的“旗锣伞报”，只能应些零碎的活儿维持糊口。这位身怀绝技的应先生在旧社会“不养小、不养老”的戏班中竟落得家境萧条，死后还是由好友凑钱买的棺材安葬的。

这一时期，小万春还向张德禄先生学了《潞安州》、《汤怀自刎》。张先生在《潞安州》中饰演陆登，自尽时的表演特点是：在上场门下马，扔枪，进门，看到夫人在下场门尽节而亡时，上椅子走“抢背”变“僵尸”，动作干净利落。同时，小万春还向王金元先生学了《火烧裴元庆》、《螺丝峪》，主要是学戏中的“耍锤”。还跟何月山先生学了《三江越虎城》、《金钱豹》和《长坂坡》。何先生在《长坂坡》里的绝技是：他扮的赵云在当阳桥见张飞唱“上天入地去寻主人”一句时，在唱完了前四个字后，抬左腿，把左手里的枪放在左脚上，挑枪，枪到脚面上，停的工夫较长。等胡琴重新起“过门”时，再接着唱后面的“寻主人”。唱完腿仍不落地，在场面上的三锣里把腿三次蜷伸，从左腿下面“掏裆”，把枪扔个大“钓鱼”，用手接着再倒过来，用左手攥枪头，身子冲观众来个大“垛泥”，单腿“亮相”，又纹丝不动了。观众只见鼓师打过“四击头”后，把鼓楗了掖在鼓

《长坂坡》，李万春饰赵云（1940）

架子上，从检场人手中接过手巾擦汗，然后划火柴点着烟卷，吸上两口后，从从容容地抽出鼓楗子再接着打。等锣鼓响了，何月山右手左右三摆，右腿跟着交叉摆动，之后脚才落地！在这么长的时间里，何先生的腿和身体始终都是泰然自若、稳如泰山，如果没有过硬的腰腿功夫，一般演员绝难办到，因此，何先生的这出戏每演至此，只听见舞台下一阵又一阵鼓掌、叫好儿声，此起彼伏，如同暴风骤雨一般。再是见糜夫人的一场戏，何先生在“急急风”中上场，在台口拉回来，连“走”九个“鹞子翻身”，而且讲究的是靠旗要扫到台毯。然后趋步回来，戳枪，用左脚踢枪，再走一个“鹞子翻身”要“背花儿”，之后背枪。这出《长坂坡》是何月山每到一个“台口儿”的“打炮戏”，第二天多是演《珠帘寨》，第三天演“双出”，前面演老旦戏《钓金龟》，后面演武生戏《铁公鸡》。

还有一位有绝活的是袁小楼先生，他扮演《泗州城》里的孙悟空，在见观音一场戏中，他在上场门一侧摞好的“一张半”（即一张堂桌上再摞上一把椅子）上搬“朝天蹬”三起三落，然后“踹鸭儿”、“探海儿”，把猴棍立在台上，棍的顶端顶在肚子上，棍拄在台毯上，俩手攥住棍，蹦到台中间，松开手，张开两臂，人仍趴在棍上，用两腿学青蛙跳跃的动作，拄着棍在台上转一圈。最后用腿一悠，身体像拧“旋子”似的再转一圈。双脚落地，用手抓棍“亮相儿”。袁先生的这一绝技让观众看得目瞪口呆，叹为观止。可以说，除了袁先生没有第二位能做到。这种绝技不易学习和掌握，但李永利也督促小万春学了下来。

正在小万春广泛学武功技巧时，北京的马连良先生应亦舞台之邀来到上海演出。李永利在他的戏前头演“压轴”，马连良早就听说李永利的三出戏是拿手杰作，总是在扮好戏后，站在台帘里看李永利的演出。李永利也知道马连良是京剧老生行的后起之秀，所以也总在演完戏后尽快卸妆，为的是不误看马连良的演出。这两位彼此慕名，从此建立起了深厚的友谊。李永利比马连良大十多岁，马连良以“大哥”称呼李永利，并常对李永利说：“您武功这么好，翻得利落，又有嗓子，真是全才，我得好好跟您学！”马连良比李万春大整十岁，由于排行第三，李永利就让儿子叫马先生“三叔”，并多次跟马先生说：“三弟，往后我就把大侄子交给你了，有功夫你教他几出。我瞧他文的走你的路子合适！”马连良满口答应。

旧社会在戏班欺生、排外之风很是盛行，一个新角儿到上海演出不易。马连良是北京“富连成”科班的前身“喜连成”时期坐科的学生，按照科班“喜、连、富、世、元、韵”排名，是第二科。他在科班学戏、演戏时就极认真，上台从不敷衍将就。学生演戏，行头服装都是公用的，谁上场，管理服装的箱倌就给谁用，下场后再交由箱倌保管。本来水袖、护领是雪白的，大伙儿都用，时间一长就容易变脏，如果箱倌没有及时清洗，本来白的水袖、护领也就不白了！别的演员使用这些“官中”的东西，认为上台就一会儿，凑合、将就一下也就过去了。马连良可不然，他总是事先从箱倌那儿把自己要用的水袖、护领领出来，洗干净，熨平整，把水袖缝在自己要用的服装上，护领则由自己保管，等上场前再拿出来用。舞台上穿的厚底靴都是很厚的白底儿，大家伙儿穿时间一长，白底也就发黑了，马先生在演之前总是用白粉擦一通。即使是戴的“髯口”（胡须），他也要在上场前自己用热水烫一遍，洗干净。由于马先生平时注重这种细节之处，所以扮演出来的角色，不论大小、重要与否，扮相从来都是让人耳目一新，与众不同，哪怕就是扮个“院子”（老佣人），都显得那么干净、利落，有精神。

马连良当时在北京已是小有名气，这次又是被邀请来到上海的，但没想到在上海仍遇到些波折。亦舞台的前台老板（经理）见他年纪只有二十出头，暗想：这么小岁数“玩艺儿”（艺术）能好吗？要是唱“大轴儿”可别砸了。于是前台老板开始并没有给马连良在亦舞台安排“打炮”，而是让他先去各个票房拜访、清唱，之后又让马连良去演“堂会”，为的是了解这个二十出头的小老生究竟有多大的本领，也就相当于今天带有摸底性质的考核。堂会是过去大宅门里有钱有势者办喜庆事时举行的内部晚会，多是在自己的府邸临时搭起舞台，或者是在有舞台的会馆、饭庄子举办，观众则大都是堂会主办方请来的客人。马先生先在票房清唱了几次，上海的票友、戏迷都觉得他唱得不错，为了想看看他台上怎么样，于是就在一次堂会上给他安排了一出《黄金台》。《黄金台》虽然是一出开锣小戏，但唱做并重，通过这出戏可以看出演员艺术是否全面。结果马先生把这出《黄金台》唱得有声有色，台下观众掌声不绝。这出戏唱红了，亦舞台才开始跟马先生商量安排唱“打炮戏”的事。

最终商定，马连良先生在上海“打炮戏”的头一天是演《南阳关》。因为在堂会上马先生演出的《黄金台》给上海观众留下了很好的印象，所以“报子”（广告）贴出时间不长，戏票便抢购一空。到演出当天，不但有“碰头好”，而且唱中间几乎一句一个“好儿”。另外，马先生这出戏里还有个独到之处：在辞别夫人准备上路时，唱“听说成都领兵到”时把手里的“令旗”扔起来，飘向下场门方向，他转身奔下场门接令旗，下场动作干净利落，帅气极了。全场又是一片掌声、喝彩，如同“炸窝”一般。亦舞台老板根本没有料到这么个年轻的演员竟有这么高的艺术水平，可谓是“开门红”，由此也对马先生刮目相看。继《南阳关》之后，亦舞台和马先生又商定贴出以唱工为主的《失·空·斩》，唱做并重的《群·借·华》、《盗宗卷》和文武并重的《定军山》。贴一出满一出，唱一出红一出，这样亦舞台也赚了大钱。一期演完了，经理恳请马先生再续一期，结果一连续了几个月，而且每续一期都涨一回“包银”。

自从李永利跟马连良提过教李万春戏之后，马先生也一直把这件事放在心上，主动提出头出戏就教《南阳关》，并且亲自到李永利的家中来教。每次教戏至少呆半天，先听小万春吊嗓子，之后就给说身段。到该上戏园演出时就拉着小万春的手，溜溜跶跶地走去。一路上也不闲着，而是接着给李万春说戏。马连良教戏，从不放过每一个小节骨眼，他常说：“唱戏，千万不能粗针大麻线，只有咱们把戏唱细致、做细致了，听的主儿才能入味儿，才能满意，觉得没白花戏票钱。咱们要是草草了事，唱不出味儿来，人家能听出味儿来吗！那不如同蒙人家钱一样吗！一个唱戏的（演员），有没有戏德，就看这个啦！”小万春不但从马连良那儿学习很多戏，也学习了很多做人和演戏的道理。马连良在上海连演了几个月，也就教了小万春几个月的戏，爷儿俩感情越来越好。马连良在即将离开上海时对李永利说：“这个孩子天赋条件好，聪明又好学，有心路，肯钻研，将来绝错不了。不过不应该总呆在上海，得上北京挂个号。北京名角比上海多，让他去见见世面，也多点儿学习的机会。”马连良的话给李永利提了醒儿，也坚定了他带儿子北上的信念。

为了到北方演出，李永利继续督促儿子学戏。在旧社会跑码头的演员中如果仅是翻来覆去地演那么几出戏，时间久了，观众就会看烦。挑梁的头路角儿要讲究连演几个月不翻头，配角也得如此，否则主角就没法儿挑班唱戏，配角也没法搭班演出。假使搭班进入一个新班，人家派下“活儿”来，你不会，甚至连见都没见过，这个班你还有脸待下去吗？不等人家请你走，自己就得辞班走人了。所以这一阶段，李永利进一步带着儿子遍访名师，跟张德禄学了《驱车战将》，跟张国斌学了《火焚绵山》、《扫松下书》、《马前泼水》、《路遥知马力》。《火焚绵山》属于文戏武唱，演到介子推被烧死前，浑身哆嗦，走“转悠悠”从“三张高”上摔“僵尸”。张德俊是张云溪的父亲，他的短打武戏最精彩。李永利让小万春跟他学了《花蝴蝶》、《四杰村》和《快活林》。还有位刘奎童，和周信芳曾是郎舅，演“麒派”戏儿可乱真。李永利又让儿子跟他学了《萧何月下追韩信》和《徐策跑城》。小万春学了这么多的戏，李永利觉得差不多了，北上也算是有了本钱。由于打算在北方多待几年，所以一家大小一起动身，去时李万春的母亲又生了一个女儿，取名“石榴”。除了一家人外，李永利还约请了教过李万春的项鼎新先生一同北上。

从上海到北京，中途必得到天津，一是在天津稍做停歇，二是为打基础，第三还要就近探听一下北京的情况。由于李氏父子就在上海江南一带活动，初到北方，他们便成了“无名之辈”，所以只能先在离天津市区较远的一个在公园里叫“桃园”的十分简陋的园子里演出。“打炮戏”是李万春和蓝月春兄弟俩的《战马超》，结果兄弟二人一鸣惊人，从此观众越来越多，名声也慢慢传播开来。不久，天津市里就来人约他们进市区演出。在天津第一个园子是“三不管”地区的“上平安”，因为上座极好，后来又挪到了新民大戏院，从此李万春就成了天津叫得响、有一号的角儿了。

1922 年，小万春 11 岁。这年年底，已经不在位的大清皇帝溥仪“大婚”，迎娶皇后婉容。由杨小楼、梅兰芳、余叔岩等名家在北京演三天“堂会”，主办方慕名也把李万春和师弟蓝月春约到北京。在大合作《虮蜡庙》里派了李万春一个贺仁杰，又让他和蓝月春合演了《神亭岭》。从北京回到天津，李万春的名气就更大了。这时正赶上北京的“斌庆社”科班经营欠佳，想邀请一些新角儿给观众换换口味，借此提高上座率，于是派李少亭到天津跟李永利谈“公事”，邀李万春、蓝月春师兄弟二人到“斌庆社”搭班演出。李永利正想带儿子到北京“挂号”，所以双方很快就达成了协议，彼此签订了演出合同。

五　进华北园　两度无端遭冷遇
演战马超　一举成名誉奇才

"斌庆社"是北京的知名科班,由著名武生俞振庭创办。俞振庭是前辈著名武生俞菊笙的第五子。俞菊笙外号"俞毛包",俞振庭外号就叫"小毛包",又被尊为"俞五爷"。他与杨小楼、尚和玉同为师兄弟,《金钱豹》是他的拿手戏,他在戏里的"要牙"堪称绝技。变化多端,无人能比。他在这出戏里用的"蹿桌子"也是一绝,蹿上蹿下,如履平地,极为轻巧,而且有股狠劲儿,下场时不松劲儿,不"懈场"。俞振庭在下场时,下场门那儿总有几个人拦住他,一同把他拦住,有时还被他撞得斜楞身子。但是下场后,他便像一滩烂泥,在衣箱上躺着一动不动。等该再上场的时候,他又"噌"地一下蹿起来,冲上场门奔去,到场上又如生龙活虎。俞振庭的另一个特点是从不穿"薄底靴",除了穿"厚底儿",就穿带穗子的戏靴。

由于武功退化,四十出头的俞振庭就不再上场了,但因组织能力强,先办了一个"双庆社",遍邀名角儿搭他的班社演出。谭鑫培、杨小楼、余叔岩、梅兰芳、尚小云、程砚秋、荀慧生,以及王又宸、高庆奎、马连良和南方的盖叫天、瑞德宝、黄润卿都在俞振庭的班社里演出过,他也因此赚了很多钱。1917 年起,俞振庭又办了"斌庆社",从教学到演出都以武戏为主。当时称为"童伶"的少年演员,凡有名气的都应邀来此演出,如有"五龄童"之称的王文源和王少楼、杨宝森,以及俞振庭自己的弟弟俞华庭、俞赞庭、外甥小振庭(孙毓堃)、儿子俞步兰,还有旦行的魏莲芳、筱翠花(于连泉)、小桂花(计艳芳)、小荷花(于连仙)。俞振庭还办了两件革新的事:

一是改革只演日常旧制，增加晚场；二是改革男班没有女角儿、女班没有男角儿清一色的旧习，实行男女合演。

李永利带领一班人马从天津上火车，大伙儿都想，在上海、天津都那么受欢迎，又是“斌庆社”派人去接来的，到北京一定当上宾看待。一路240里，大家有说有笑地就来到了北京。那时上下火车的旅客都走前门东侧的火车站，叫做“东站”；前门西侧的车站叫“西车站”，是专走运货车的。李永利一行到了东站，就见“斌庆社”派来接站的人迎上来，笑笑嘻嘻，握手言欢。谁知从东站出来，态度就变了，由热情而冷淡，脸上笑容也没了。原因是接站的人发现接的这一行人穿着不起眼，又没带衣箱，只是每个人手里提着大小不同的包袱，还有小万春的母亲和姨妈这样的家庭妇女，怀里还抱着“石榴”这样儿的小怯丫头儿。经李少亭引荐，接站人再一瞧接来的这两位角儿，不过是十几岁，还是乳臭未干的小毛孩子。这哪是角儿啊？简直是一群来逃难的难民！结果大失所望。

从东站出来，众人分别坐上人力车，转过高大的前门、箭楼，穿过宽阔的“五牌楼”，一直往南，不大一会儿到了珠市口；往西一拐，没几步就到了煤市街南口外头的“文明茶园”（后改为华北戏院，现为丰泽园饭庄的一部分）。这是一家中型戏园，虽然也是楼下池座、边座，楼上包厢、散座，但地方不大，设备简陋。茶园有内外两道大门。外门临街，为牌楼式门楼，上额有块黑底金字牌匾，匾上“文明茶园”四个字由于日久年深，都褪了色。进了头道门，罩棚下是一个四方的天井，里面就是第二道门了。这道门旁有个售票室，再往里走就是池座观众席了。来接站的人把李永利一行人领到票房，推门让李永利等人进去。李永利一看就知道这是两间又矮又窄的小屋儿，由于早不在这里售票了，房间里阴暗、潮湿。接站的人板着脸，冷冷地说：“你们就住这儿吧！”一点客气的意思都没有了。

李永利一行人一连住了好几天，可是从来没有人跟他们谈演戏的事。李少亭自从下火车后便很少露面儿，偶尔来一回，不过寒暄数语，李永利跟他谈演出的事，他便支支吾吾，总说：“来一趟北京不容易，多歇两天儿，到处逛逛……”后来李永利还是从到这儿串门的熟人嘴里得知，原来是因为“斌庆社”的几位负责人瞧不起李万春这样的小毛孩子，认为接他们来是走错了一步棋，打算敷衍几天，找个辙，把合同推了，再把他们送走。这样不过是赔俩车钱，赔几天饭钱，但如果真要让这两个毛孩子演出，非赔大钱不可，还给自己丢面子。有人甚至还说：“瞧这俩不起眼的孩子，跟小怪物似的，指着他们叫座儿，那不瞎扯吗！”于是，李永利一行人就被晾在北京了。

虽说“斌庆社”有把李永利一行人送走的想法,但撕毁合同并非易事。合同受法律保护,单方不履行,需要赔付对方损失。另外借口也并不好找,况且李永利在戏班里混了多少年,也是走南闯北的行家,有经验,不同于外行,戏班里的事蒙不了他。李永利听说内幕后,就跟李少亭挑明,又直接找俞振庭交涉,终于争得了演出的权利,确定阴历七月二十八,阳历9月18日,在前门外“三庆园”(原在大栅栏东口内路南,现已拆除)举行首场演出。开场由俞振庭的兄弟俞华庭演出《恶虎村》,接着由杨宝森演出《上天台》,压轴由俞振庭之子俞步兰和“五龄童”王文源演出《御碑亭》,大轴是李万春、蓝月春的《战马超》。看得出来,这场戏的戏码很硬,角儿都是好样儿的,表面上看是捧李万春,实则是想看小万春露一手儿。前头有那么多的好角儿,又是那么多、那么硬的戏,大轴戏确实不好接。只要是压不住台,观众一“抽签”(观众散戏之前就退场),就算是演砸了,李万春也就算“栽”了。

《四郎探母》,李万春饰杨延辉(1924)

李万春年龄虽然不大,但随父走南闯北跑过不少码头,他深知此时必须冷静,不能有怯阵的心态,梨园行叫做“怯场”。演员上台,看到台下黑压压一片的观众,如果再发现有前辈、名角、名流,心里一慌,注意力自然就被分散了,演员一“怯场”戏绝唱不好。当时在“斌庆社”可谓是人才济济,好角儿在前头,个个受欢迎,自己一直被人认为只是个小毛孩子,如果再“怯场”,把戏唱砸了,让人家找到借口,第二天甭等人家开口,自己就得主动给人家把“包银”退回去。经济上蒙受损失,生活上难以维持不说,北京也就待不下去了。在北京栽了,没挂上号,回到上海自然也就失去了往日的光彩,必将从此一蹶不振。幸好李万春一向不怯场,台底下越有懂行和有头有脸儿的观众,他就越撒得开。这回上场前,李万春又嘱咐自己:千万沉着,非把戏演好不可!况且李永利也一再提醒他们:既不要"怯场",也别大意。这话也起了作用。

那时的《战马超》比后来的长得多,都是从马超的父亲马腾被害,马超反出西凉,投奔张鲁借兵演起,是一出前文后武的大戏。头场张鲁垫一下;二场马超内唱【闷帘导板】"怒气冲天三千丈",之后四个小马童出场"斜一字"站门,先上马岱,马超随后出场。这一天,李永利给儿子"把场",临近儿子出场时,李永利还在嘱咐:"别慌,上去稳着点儿,今儿个内行多,挑刺儿的多,况且北京懂戏的又多,你踏踏实实,沉住了气,规规矩矩往下唱。"小万春毫不犹豫,毫无顾忌地跟父亲说:"您放心吧!"等唱完【闷帘导板】,马童、马岱出场后,台下响起了热烈的掌声,还真是满堂"碰头好儿"。小万春心里非常高兴,心想:这回成了!台下承认了我,可能是听出我的嗓子好,唱得"响堂",有味儿。开头热火朝天,往后就好唱了。但没想到小万春刚出台帘,就听台下由"叫好"变成了"场笑"。这把小万春吓了一跳,心想:刚出来就错了?哪儿错了?穿戴,父亲一再检查过;台步,心里有数,都不会有错,现在"场笑"是为什么呢?于是赶紧告诫自己:千万别为了这个分神,一分神真得出错!于是就不再理这个茬,该怎么唱,接着往下还怎么唱。事后李万春才弄明白,原来是观众认为"碰头好儿"叫早啦!因为马童出场后,跟着出来的是马岱,最后马超才出场。那天扮马岱的是"斌庆社"大师哥耿斌福,他久在北京演出,大家都熟悉他。叫过"碰头好"一瞧,是熟人,所以乐了。下边小万春出场,大伙一瞧,是个矮小的小孩,甚出意料!原想:"斌庆社"邀来的一定是非常有份儿的名角儿,不想竟是个小孩儿,给他叫"碰头好",岂不吃亏了!故而接着茬儿又乐了。

那时候科班里的学生演出多在白天,也叫日场,演出时间长,演着演着天就黑了,戏园里就得掌起灯来。旧时老式戏园子的戏台是方形的,前边台口两侧各有一根很粗的柱子,天黑了就在两侧柱子上各挂一盏汽灯。那天,当李万春和蓝月春演到《战马超》马超和张飞准备夜战时,汽灯亮了。正好符合戏里的"挑灯夜战",在灯光照耀下演出,比白天更容易让观众入戏,演员更容易讨好。再加上李永利给孩子们说戏时,把武打技巧、唱念尺寸、韵味、语气、做派(表演)等小地方都细抠了一遍,孩子们表演又提高了。马超、张飞开打时,几乎每一个动作、每一个"亮相"都得了"满堂好",还有几位观众从座位上站起来大声喊好。夜战时,戏里演员挑的灯笼和台柱子上挂着的汽灯两相呼应,更烘托着两个孩子的表演技巧,台上台下的情绪都达到高潮。后台不少人趴在上、下场门看,连前台职工和在园子里卖香烟、瓜子的小贩，都不再走动，各自站在得看的地方注目台上。

小万春师兄弟这次“打炮”出现如此盛况，不仅“斌庆社”的人大呼意外，连李永利也没有想到。当天散戏后，小万春和师弟月春刚进后台，俞振庭立刻迎上来，拍着两个孩子的肩膀说：“不错，唱红啦！有出息！”这时，正赶上李永利走过来，俞振庭便对他说：“您这一个儿子，一个徒弟，可给您露脸了。从小看大，往后这两孩子全错不了。”说着俞振庭冲李永利挑起了大拇指，高高举在他面前。李永利也抑制不住满心欢喜，说：“那可还得仗着您栽培啊！”

“那没错，万春是唱武生的，往后我教他，还可以再给他请好老师。月春是唱花脸的，可就得瞧您的了。”说罢，收住笑容，一本正经地接着说：“今儿个这俩小子把这出《战马超》唱红啦，唱绝啦！这俩孩子在台上旗鼓相当，还真有大将风度，我想就给这出戏改名为《两将军》吧！您看怎么样？”李永利乐不可支，立即说：“从他俩这儿改名儿，您可更抬举他们了！”

“该抬举就得抬举。只要您认可，咱们就这么办了。下回再贴这出，可就是《两将军》啦！”

接下来，李永利又给万春、月春排出了《狮子楼》、《神亭岭》等“对儿戏”。他俩分饰武松、西门庆和孙策、太史慈。这两出戏都因配合默契，开打紧凑、火爆而受到好评。尤其是《神亭岭》，两个孩子“夺戟”的“开打”，内外行一致认为别致、可观。许多内外行、广大观众都赞扬：“小万春仅是一个十几岁的孩子，居然脸上、身上，举手投足都有戏，并且把人物感情变化交代得清清楚楚。能做到这个地步，太不容易了！”由此，李万春也博得了“童伶奇才”的赞誉。

六 问艺余门 深得器重赠寓所 投师杨氏 备受青睐认螟蛉

世上自来就是锦上添花者多,雪里送炭者少。自从“打炮戏”《战马超》获得好评,第二天上午,李少亭和前些日子到火车站接李永利一行的几个人,一同来到文明茶园票房。一进门就喜笑颜开地跟李永利说:“前些日子可委屈你们了,都是因没找到合适的房子,您可得多包涵。今儿个,已经给您找到京华客栈,离这儿不远,就在观音寺口里头。”还没等李永利开口,李少亭又接着说:“咱们急不如快,我们现在就给您往外拿东西。车也雇好了,就在门口等着呢!早搬过去,早踏实,到了那,您好得歇啊!”说着就七手八脚地为李永利一家搬东西,出了文明茶园,坐上人力车,直奔观音寺。

其实两地相隔不远,从文明茶园东侧,进煤市街南口;穿过这条街,到十字路口;往东走是京城最热闹的大栅栏大街,三庆园、庆乐园、同乐园、广德楼、大观楼等几家有名的戏园子、电影院都在这条街上;往西便是观音寺街,京华客栈在这条街中间路上。这里的条件并不太好,但比起文明茶园的票房来,可就强多了。李永利一家在这里住了一些日子,由于小万春他们越演越叫座,名声越来越大。“斌庆社”负责人认为住在这里与演员的身份不太相称,于是就给李永利找了一所住房。这个住处离京华客栈不远,在观音寺西口外李铁拐斜街南口的大外廊营胡同里头,与著名老生谭小培、谭富英父子的寓所正是斜对门,旁边是《大陆晚报》社。这里是一座小四合院,屋子宽阔,院子较大,可以练功、排戏。缺点是没有电灯,晚上孩子们练功,得由李永利在一旁,手里端着煤油灯,连照亮带看功。有一回,小万春与师弟蓝月春练对打，瞧见房檐底下有个马蜂窝。休息时就拿枪捅马蜂窝，这下闯了大祸！马蜂炸了窝，倾巢而出，都奔人来了！俩孩子吓得撒腿就跑，李永利还没弄明白是怎么回事，院子里就剩下他一个人，加上李永利的手里还端着灯。马蜂既奔人又奔亮儿，就都往他那儿靠拢。他的脑袋和手顿时又红又肿，疼痛钻心。马蜂的毒汁注入血液，从此李永利卧病在床，过了很久才脱离危险。后来万春的妹妹小石榴得了病，就死在这个院子里。李永利夫妇便认为这所房子不吉利，不愿再住下去。但一时找不到合适的房子，一家只得又住旅馆，这一次他们住的是樱桃斜街上的华兴旅馆。

京华客栈、大外廊营、华兴旅馆都离小万春他们每天演出的三庆团不远，来往十分方便。小万春他们越唱越红，而且几乎每天白天都有戏。日子长了，不总唱武戏，李永利就让孩子添上点文戏，与武戏插花着唱。小万春常唱的是《打棍出箱》、《捉放宿店》、《托兆碰碑》、《辕门斩子》和《珠帘寨》。其中《珠帘寨》唱得最多，戏里程敬思由王少楼扮演。王少楼学的是正工老生，而程敬思是“里子”活儿，但他和李万春是盟兄弟，所以很愿意帮李万春，这样一来也使演出的质量提升了不少。

《珠帘寨》这出戏，过去徐德增先生教的时候，已经把不同派别的几种唱法都教给了小万春。小万春在上海看何月山演这出戏，知道他的演法又有不同。何是在第二场时，换黄帔，头戴“九龙冠”，手里拿扇子。这种扮相在唱“贤弟抬头来观瞧”这段“数太保”时显得很俏皮，于是小万春也就学下来了。另外在前面，李克用与程敬思对唱后，末尾有一段“昔日有个三大贤”，结束时有“贤弟休回长安转，就在这沙陀国内过几年”这两句，余叔岩在“过几年”后又加上“落得个清闲”五个字，唱出来也很潇洒，于是小万春也学着这么唱。

此时，马连良在北京比在上海时更加关心小万春，经常来三庆团看小万春的戏。散戏之后又多是一同回到小万春他们住的兴华旅馆，对李万春当天的演出加以点评，指出哪儿好哪儿不是，并边说边做示范。关心小万春武戏的还有“四大名旦”中的尚小云先生。有人奇怪，尚小云是唱旦角儿的，怎么会关心李万春的武戏呢？其实尚小云最早学的就是武生，武功底子非常好，自改演旦角儿以后还不断反串武生戏。他创编的不少歌颂巾帼英雄的旦角戏，戏里吸取武生很多技巧。尚先生最崇拜杨小楼，私下学了很多“杨派”的身段和武功技巧，他把这些一一用在了自己的戏里。

尚小云和俞振庭、李永利都很要好，也是几乎天天看小万春的戏，看过戏，就一同到他们住的旅馆切磋交流。尚小云喜欢吃花生，进房后，便把路上买的花生搁在床上，盘腿坐下，边吃花生边说当天的戏。马连良也经常在座。如果是文戏就听马连良的，尚小云也插话；如果是武戏就以尚先生为主了。与马连良一样，尚小云也是一边指出不足一边做示范。尚小云说武戏是头头是道，马连良都听得入神。每当他说完了，马连良都跟他说："你的旦角戏，唱得太出名了，不然我非撺掇你唱武生不可！"尚小云还竭力主张李万春拜杨小楼为师，说"杨先生可是当代著名武生，后辈演员，尤其是唱武生功，应该把他的玩艺儿都学下来！"尚小云说这话时，正赶上俞振庭也在座。此时李万春已拜俞振庭为义父，尚小云便向俞振庭说："我让你干儿子学'杨派'，你不会不赞成吧？"俞振庭立刻说："这你还不清楚，我一向没有门户之见，谁哪点好，就学谁哪点儿。这样才能发展，创出新东西来。他们年轻的应该走这条道儿！"马连良用手一拍床栏杆，马上说："太对啦！既然这样儿，改天就把万春带到杨先生家里去，先见见面儿！"尚、俞二位都同意，只是还没确定日子。正在这个时候，《大陆晚报》社的社长张汉举与袁德亮又对李永利说，准备介绍小万春跟余叔岩学戏，而且决定次日就带小万春去见余叔岩。

余叔岩先生最好古玩、字画，自己也写也画，并且常为友人题写扇面，他还喜欢养鸟、养蛐蛐（即蟋蟀），还爱吃烤柿子。每逢冬季，家里升上火炉，炉子上总烤着几个朱红色大柿子。李万春随张汉举、袁德亮去时正是冬天，一进屋，小万春就瞧见火炉上烤的柿子，再就是墙上挂满了名人字画，房梁上挂着鸟笼子，还不时传出清脆的鸟叫声。张汉举投其所好地问余叔岩："又淘换着什么好的了？"张汉举这句话指的是蛐蛐，因为蛐蛐照例是不在明面摆着的。张汉举一问，余叔岩的兴趣果然来了，满面春风地说："你瞧瞧吧！"说着就把蛐蛐罐拿出来，放在桌子上。余先生的蛐蛐罐非常讲究，都是"赵子玉"的。因为是冬天，罐外都罩着精致的棉套儿，套上挂着白色象牙小坠儿，上面写着蛐蛐的名字。余叔岩亲切地跟小万春说："听说过我有这个爱好吗？来，一块儿瞧瞧！"说着，逐一打开棉套，小心翼翼地打开蛐蛐罐儿的盖儿，让来人欣赏。

说到小万春的事，余叔岩笑着对小万春说："听说过有你这么一号，可是还没听过你的戏，哪天我得听听去。"小万春马上说："我有些戏是按您的唱法唱的，《珠帘寨》就全走您的路子。哪天请您赏光，以后还得求您指教！"此后，小万春不断到余叔岩家里，先后学了《状元谱》、《盗宗卷》、《伐东吴》、《打渔杀家》等戏。《珠帘寨》则在原有的基础上，由余叔岩加工并做了一些改动。

正在这时，“斌庆社”应邀到济南给军阀张宗昌演“堂会”。梅兰芳、尚小云、程砚秋、杨小楼和余叔岩都应邀前往，住在铁路宾馆。这次“堂会”中余叔岩有一出《断臂说书》，余先生就对小万春说：“小子，这是个好机会，借这个机会，我把这出戏给你说了。你再瞧瞧我怎么唱，这么学起来就快多啦！”由于机会合适，所以这出《断臂说书》余叔岩教得格外细致，也可以说是小万春在余门学的最瓷实的一出戏。这出戏里王佐的“吊毛”是重点，必须“走”得干净俏皮。余叔岩就在床上做示范，并告诉小万春：“仔细瞧，看明白了，照着样儿‘走’！”余先生还把床单铺在地上，爷儿俩一前一后“走”这个“吊毛”。余叔岩的演法是：唱完了“顾不得生和死天作主张”后，双腿起“范儿”，露出左膀子，右手拿剑拍桌子。用剑削左膀子，甩发往前甩。“走”这个“吊毛”的时候，宝剑从身上过去，紧跟着把假胳膊扔向下场门，这一切做得是天衣无缝、干净利落，让观众瞧着紧凑。小万春最初在学这一系列连贯动作的时候，不是动作慢，就是“走”的不利落。对此，余叔岩从来都是一遍遍耐心教，又掰开揉碎，做出些示范。看到小万春学的合乎要求了，余先生才高兴地点着头说：“不错，不错！我没白费劲儿！”

余叔岩觉得小万春既聪明又勤奋，也很喜欢他，于是把李万春收为义子，还跟李永利说：“我有两个女儿，让万春选一个，给我当个女婿吧！”李永利考虑到当时家境不好，条件差，恐怕平时娇养惯了的小姐受委屈，日后反而影响两家的关系，于是实话跟余叔岩说了，余先生也就没有勉强。

余叔岩在骡马市大街上的大吉巷有个前后两层院子的四合院，一次他跟李永利说：“你们老住旅馆，终非长久之计。我看你们就搬到我在大吉巷的房子去住。那儿房子空着，有人住比没人住更有利房子保养！”李永利见余叔岩实心实意，就千安万谢地接受了。不久，李永利一家人便搬进了大吉巷，后来李永利还是坚持给了余叔岩先生4500块钱，算是买了过来。此后李家一直住在这里，直到十年浩劫时期被扫地出门，李万春才与这处旧居永别。

在与余叔岩见面后，俞振庭又把李万春带到杨小楼先生家里。杨先生没有亲生儿子，抱养了一个养子，取名杨克明。据李万春回忆说，由于杨小楼认为没有人能够继承其艺术，故而未曾正式收过徒弟，他的技艺多由他的女婿刘砚芳和外孙刘宗杨继承。杨先生见到李万春十分喜欢，立刻给了他四样见面礼：两个荷包里分别装着金、银小元宝，一个风磨铜的护身佛，还有一本“推背图”。其中的金、银元宝和护身佛据说都是在清宫演出时得到的皇家物品。尽管杨小楼喜欢小万春，却没有收他为徒，只是和俞振庭说："他不是你干儿子吗？我也收他做个干儿子吧！"

杨小楼从来不喜欢给别人说戏，这倒不是因为保守，而是觉得一直没有看中能继承他技艺的人，刘砚芳能得到他的技艺是源于翁婿之情和刘砚芳平时在侧的耳濡目染，杨的外孙刘宗杨则是"隔代"亲情的缘故。至于李万春，一方面是受到俞振庭的重托，并碍着尚小云、马连良的面子，一方面也是觉得李万春条件还不错。因此先后给他说了《长坂坡》、《铁笼山》、《状元印》、《艳阳楼》、《连环套》、《落马湖》、《恶虎村》、《安天会》、《鄱阳湖》、《麒麟阁》等十几出戏。杨先生教戏开始从不使把子，而是用些小物件代替，只不过是点到而已，给学生做个样子看看。等到小万春学得有些眉目了，才把他带到后院正式教。那年正赶上冬季，杨先生穿着棉裤，外面再套上棉套裤，穿上棉袜子，从门后拿出刀、枪把子，把小万春带到后院，先由自己示范一遍，然后让小万春照样儿做一遍，指出不对的地方，之后就让他自己去复习了。

杨小楼演戏强调表达感情，要求演出人物的性格，一言一笑、举手投足都要有思想基础，都要有目的性。当时杨先生已到半百之龄，更加强调"武戏文唱"，演武场子不能只重翻、打，这些对李万春启发很大。李万春自小就知道要从"唱念做打"等方面把角色内在思想感情表达出来。杨小楼在教李万春《安天会》时，曾送给他一副黑色的"狐尾"，在猴王头一次出场戴"草王盔"、穿"蟒"时用。这一副"狐尾"，李万春一直用到晚年。尽管"狐尾"已经很陈旧，也掉了很多毛，但仍舍不得更换，他常说："每当看到它，用上它，就如同看到了杨先生慈祥面容，更会想起老先生当年的严格教导，也更加怀念这位技艺精湛的前辈。"

李万春自入余、杨两家门之后，便很少再有空闲的时间。除了演戏，就到这两家去学戏。如果到杨先生家，正赶上先生家有客人或者有其他事，就赶往余先生家，如果余先生也不得暇，就到大马神庙胡同王瑶卿先生的家中，向王先生和其弟王凤卿学戏。这一时期，尚小云、马连良、俞振庭三位也仍在不断教导李万春。因此他艺术日益精进，"斌庆社"也就越发器重他，给他排演重头戏。

七 关羽出世　大罗天宫斩熊虎
三国连台　生死桃园一赶三

李万春在“斌庆社”演出时，尚小云在“双庆社”排了一出新戏《五龙祚》，也就是《白兔记》。说的是李三娘磨房产子、井台打水的故事。俞振庭就安排李万春在这出戏里扮演李三娘的儿子“咬脐郎”。10月19日日场在广德楼首演。11月16日，尚小云在吉祥戏院演出《刺巴杰》，俞振庭安排李万春演其中的骆宏勋。这两个角色都与主角旗鼓相当，也可以看出俞振亭和尚小云对李万春极尽提拔之力！当时李万春已有很高的“叫座力”，尚小云在戏里加上他，可谓锦上添花。尚小云满意，观众也乐于购票，两场戏票一抢而光。演出中台下“叫好”声不断，叫响了“斌庆”、“双庆”两社的牌子，又增加了收入，显示出俞振庭超乎常人的经营之道。这两出戏演过后，俞振庭给李万春单独排演大戏，头一出是《关羽出世》。

关羽戏后来成为李万春的代表作之一。这是由于李万春先后得到了扮演关羽的前辈名角程永龙、林树森、李洪春的教导，加上他自己的发挥，使得他与老三麻子（王鸿寿）、小三麻子（李吉来）、周信芳、夏月润、程永龙、林树森、李洪春齐名，成为“八大老爷”（即关羽）中的“小老爷”。

以往演关羽戏，演员都得到一定的年龄，否则演不出“威”来。李万春却破了这个例，15岁就演出了《关羽出世》。这出戏以往大多演《斩熊虎》一段，说的是蒲州恶霸熊虎、熊祥父子，抢掳平民张继昌之女，关羽见事不平，告到县衙。县官苗信与熊氏父子勾结，不予公断。关羽大闹公堂，杀死苗信和熊祥后逃生。熊虎带人追赶，关羽进古庙藏躲。观音菩萨点化清泉，关羽以泉水洗脸，脸色变红，斩熊虎后，得以脱身。李万春排这出戏时，前边加了《大罗天宫》，说的是关羽原为天庭的普化天尊，因错行雨被斩，到凡间托生在关家庄关氏家中的一段故事。李万春先扮普化天尊站在斩仙台上，台上立有两人高的“斩仙台”景片，后边是比之高出很多的一扇景片。行刑后，后边的景片向前倒下，盖住斩仙台，遮住普化天尊，露出“喜神”（即小布娃娃）。下面就是《关羽出世》了。关羽上场时为俊扮，名字是关寿长，有上学、招亲和一家失散等情节；往下就是打不平，斩熊虎了。

《斩熊虎》中，关羽的变脸有几种不同的方法。林树森演出时是藏在大香炉里，出来时戴面具；李万春则是在观音唱中到后台勾脸。此戏久不见于舞台。1983年李万春到保定给弟子李伯培排《桃园三结义》，便带上了《斩熊虎》一段。自新中国成立，李万春删去戏中荒诞、迷信的内容，表现关羽变脸不再上观音点化，而是为关羽向神灵祷告后饮酒、烤火。熊虎带人烧庙时，关羽酒力加上烤火，再加上怒气，脸色变红。关羽脸色变红是在神像后藏躲时揉的彩。

在京剧舞台上，关羽这个角色可以由红生、红净“两门抱”，如果是红生应工多为揉脸，如果是红净应工则一般采取勾脸。李万春为武生应工演出红生戏，他认为勾脸颜色太重，既脱离生活，又妨碍面部表情动作，所以采取揉脸（也叫搓脸）。方法是先用白粉在脸上打底，用干粉定妆，扫完了，搓一遍红色，后来又进展到分出深浅色：脸膛和眉窝色重些，两颊轻些，这就与生活中的人接近了。从戏上说，《古城会》以前，由于年龄，搓红色彩稍重，但到了《水淹七军》和《走麦城》时，红色就淡了，再勾上黪眉窝和两鬓以及黪色髯口的映衬，就表现出关羽的年纪高迈来了。1983年，李万春在给弟子李伯培排这出戏时，采用的就是这个办法。

李万春的“老爷戏”也曾由杨小楼先生指点过，不过杨小楼演“老爷戏”非常少，只演过《灞桥挑袍》和《华容道》。演《长坂坡》不带《汉津口》，原因是杨小楼先生平生信奉道教，早年还在北京白云观受戒，且与观中的道长素有往来，行内有人以“杨老道”称之。同时，旧时的戏班又把关羽作为神仙敬奉，凡演关羽的演员在演出前必须洗澡净身，勾（搓）脸后便不再与人交谈，上场前还要向关羽牌位磕头，且身上揣着神主码。在舞台上还不能叫关羽的名字，往往自称“关某”，对方演员也称之为“关公”而非“关羽”。即便如此，杨小楼仍然认为欠恭，再者他有次演关羽戏，演过之后，就觉得头疼。他认为这是关羽显灵，于是自己决定以后不再演“老爷戏”了。

李万春演《大罗天宫》、《斩熊虎》时，是1926年，当时李万春15岁。此后随梅兰芳到上海演出时，又向林树森学了《古城会》、《斩华雄》、《战长沙》、《走麦城》四出“老爷戏”。因返京，其中《走麦城》只学到了“劝军”一场。回北京后，李万春又跟程永龙学了《关公月下斩貂蝉》。这出戏的内容不见于《三国演义》，但有两种演法：对貂蝉有“斩”和“赞”不同的处理，程永龙演的是对貂蝉持否定态度，以“斩”处理；李洪春却以“赞”对待，肯定貂蝉的功绩。程永龙向有“泥胎老爷”之称，他注意造型，模仿庙中关羽的塑像，颇见功夫。又因他身材魁梧，真有神像感，在舞台上端坐，观众就会为他的“相儿”而喝彩。李万春在向程永龙先生学戏的过程中，受其影响，越来越注重造型的功架美，因此在演出《白马坡》时，坐在土山上，也凭着“亮相”能够获得掌声。

夏月润排行第八，梨园中人都称他为“夏八爷”，这位“夏八爷”演关羽戏也有独到之处。在《走麦城》中，夏月润扎硬靠，且靠旗由通常的四杆加到八杆，其中四面大靠旗、四面小靠旗，相间地插在背后。观众据此，在“夏八爷”的基础上改称他为“夏八根”。在《走麦城》的末场，关羽被擒时，他不仅戴“黪三”髯口，而且带黪甩发。脸上只勾眼窝、鼻窝为红色，其他部位都是本色。李万春没有跟夏月润直接学过戏，但是在演出中却有所借鉴。过去演《走麦城》在关羽父子被擒之后，还往下演。把关羽押上来见孙权，孙权劝降，关羽拒降被斩。起初，李万春也按照这种路数演过两次，但因为关羽形象过于狼狈，与人们心中的关羽不合，另外观众也不接受，所以他也就不再这么演了。

《古城会》，李万春饰关羽

李万春向扮演关羽的红生名家李洪春请教时，李先生把他学过的戏都给李万春理过一遍，并且教了他两出少见于舞台的戏：一出是《白猿教刀》，一出是《关羽造刀》。这两出的内容不见于《三国演义》。李万春只演过几次《白猿教刀》,《关羽造刀》则没有演过。李洪春还热情地为他助演过《屯土山》的张辽和《古城会》、《玉泉山》中的普净。

李万春喜欢在戏上动脑子,善于改革,善于通过各方面了解,对同一出戏不同的内容处理进行对比,多问自己几个为什么。有了新想法,就开始改革。在关羽戏方面,他不仅改革了脸部化妆,还改革了关羽的服装和道具。在多次演出《古城会》后,他发觉最后弟兄见面“大团圆”时,刘备、张飞都是文官打扮,唯独关羽没改扮相,显得不够协调,于是便设计了一个带“后兜”的绿纱帽。在《水淹七军》“斩庞德”一场,也改戴这种“官纱”而不戴“夫子盔”了。为了增加美感,他还在关羽的“靠”上绣出孔雀翎的花边,飞出锋毛。关羽穿的“蟒”、“靠”,年轻时官职小,以绿色为主,陪衬以金线;待关羽年纪大了,官职高了,就把金线增多,只透出少量绿底子,既显出威风,有气质,又给人以沉着、富丽之感。关羽的青龙偃月刀,刀头过去都用铁丝纱做外壳,壳里是空的。在铁丝纱上盘龙靠近刀尖的地方镶一颗红珠,表示“二龙戏珠”。这种刀,刀头分量轻,拿着不称手;开打中容易把铁丝纱壳碰扁,影响美观。于是李万春把青龙刀改为实心,刀尖分量加重了,也不会被碰扁。再把青龙刀改作“三停刀”,也就是把刀攒的尺寸加长,使刀头、刀杆、刀攒各占整刀三分之一的长度。关羽身后打出的“汉寿亭侯”大旗,用绣出汉瓦的图案做地,显得古朴,更有气势。

《古城会》,李万春饰关羽(1982)

《古城会》是关羽戏里最常见的一出戏,因此演的人较多,李万春演得更多。1978年李万春回到北京,他更是以该戏和《闹天宫》、《武松》为主要剧目。同时,他根据几十年的演出体会,对台词和表演做了适当的改动。过去关羽称甘夫人、糜夫人都是“二位皇嫂”,李万春认为此时刘备还没有晋位“汉中王”,这么称呼甘、糜不妥,于是改为“二嫂”两字。待关羽一行人来到古城,马童报道：蔡阳率兵前来，要与他外甥秦琪报仇。这里关羽都有一惊的表情，李万春以为：一则不应过分，二则不应该是惊恐、惊慌，而是惊异，表现的是出乎意料，否则有损关羽形象，与其武功显赫、威震中原极不相称。李万春还在惊异之后，加了一些动作：先是抬左臂，挡住二嫂视线，再向后挥右臂，示意马童再去打探，以此表明唯恐惊吓二嫂之意。之后，关羽由于张飞拒不相认，提刀欲寻自尽，马童阻止，道："不见大爷，纵死无益！"这里，李万春用睁双眼和浑身颤抖表现关羽的极度悲伤。不过重点不放在眼睛上，眼神只表示了马童提醒了他：如果自刎一死，则失去多年盼望的桃园弟兄重聚，从此永无团圆之日。由此现出伤感，面现哭泣状。上身颤抖是为表示心情的极度悲伤。然后由悲转怒，怒的是三弟太绝情。这样就把关羽的感情变化，表现得细微、准确。同时，李万春认为关羽的点头和抖身子不能用得太多，必须结合人物感情，不能以此要观众"叫好儿"。在正常情绪下，"亮相"不宜点头和抖身子。"趟马"时可以略略点头，表示人在马上，不能稳坐不动。关羽用拖刀计转蔡阳后，过去演法只是"亮个相儿"，表示胜利的喜悦。李万春认为不能这样简单，因此设计了"两望"的动作，接着是撩髯口挡脸、摇头、叹息。这其中"两望"是看战斗的现场；挡脸是看到死伤这么多无辜而感到内疚。摇头、叹息是眼看弟兄就见面了，竟还有这场恶战，杀伤这么多人，自己虽然胜利了，心情并不舒畅。

李万春还体会到，戏里的人物，无论主次，都应该"进戏"，不能把次要人物演成"龙套"。这出戏里的两个旦角，也就是"二嫂"，虽然事不多，可是人物的身份却很尊贵，不能总让人家"站门"，得放在主要的地位，关羽需时时把她们当作"保卫对象"，同时还要显示出对她们的尊敬，事事禀告。做这些戏时，一定要有内心感，不能流于形式。再就是，戏里的马童不能大翻跟斗，一则这出不是大武戏，而是以做工为主，以"情"感人的戏。马童大翻跟斗，就与全戏风格不统一了；二则从情节上讲，关羽是行路，不是追击敌人，二嫂坐的是车，关羽行进得和二位嫂夫人车的速度一致。这出戏最后一场，原名叫"训弟"，关羽对张飞说"跪在尘埃，听愚兄教训……"已表明。李万春认为：这么演显得关羽气量小，也损害张飞形象，就把这场戏改名为"释疑"。弟兄三人见面后的唱原为各道家门，这都是在桃园结义时早就知道了的，没有必要再说。因此李万春把唱词改为兄弟三人互道桃园情义。

《水淹七军》的改动是原无"趟马"，派下关平、周仓为止。后来，李万春同李洪春商议，加上了"趟马"、跑船，丰富了戏里的舞蹈动作，水擒于禁、庞德也增加了舞蹈和武打，因此这出戏也就显得火爆了。又让关羽使用“颠步”，表示出已经年迈。

此外，戏中关羽和庞德开打中的“对刀”跟与曹仁、与蔡阳的对刀不同。关羽对庞德有好感，同情他，想到他是在反西凉时因病被马超丢下才投降曹操，又感念曹操收留之恩而效忠，这样有良心的人不该伤害；同时关羽也喜欢他的勇武，很想收服他，因此不真杀实砍。庞德被擒，关羽准备斩他，李万春在坐大帐时改穿红蟒，以红大绒做底子，把“白蟒”上龙形和海水的绣活剪下来，粘上去，花饰显得很突出，增进美感。这场最后，庞德是在关羽提刀时，撞刀而死。见此，关羽有哭的表情，表现的是关羽的惜才，与斩蔡阳后的悲不同。李万春认为：演戏必须有内心依据，这样戏才能演好，让观众看出来斩庞德和斩蔡阳后，关羽是两种不同的悲伤，戏才能更使人感动。

李万春成年后，喜欢把小型戏、折子戏变成大戏来演，或增加头尾，或把几出小戏连起来，使观众得窥全豹。20 世纪 30 年代，他就把《走麦城》和后边的《玉泉山关公显圣》、《伐东吴》、《哭灵牌》、《连营寨》、《战猇亭》连在一起演，定名为《生死桃园》。李万春在这出大戏里“一赶三”，前后演出关羽、刘备和赵云三个角色，有时还“一赶四”、“一赶五”。《走麦城》之前加“夺襄阳”、“战樊城”、“封五虎”，连“失襄阳”、“刮骨疗毒”、“烽火台”、“白衣渡江”，再接“败北门”才到《走麦城》。在这一些戏里，李万春饰演关平，突出武打，表现少年气盛。此时的关羽先后由李洪春、宋遇春、曹艺斌助演。在夜出麦城时，用暗灯，加雪景，在舞台上点香，造出乌烟瘴气气氛；舞台顶上洒下白纸碎片，表示大雪纷飞。底下的《玉泉山》、《捉潘璋》、《捉吕蒙》，李万春则扮关羽，以造型为主。再往下《伐东吴》、“黄忠带箭”，李万春则演黄忠，有唱、有武打。《哭灵牌》时，再改扮刘备，卖点是哭关羽和张飞的“反西皮”唱段。最后《连营寨》、《战猇亭》又改扮赵云，以武打、工架取胜。

李万春也喜欢学别人的特点，天津有位刘汉臣，文武都有独到之处，自成一家。他演《连营寨》的赵云，为了突出火烧气氛，出场时靠旗带火、“盔头”上冒烟，观众掌声不绝。能够有这样的效果是刘汉臣把松香插到靠旗杆顶上，把火纸放在盔头夹层里，临上场时再点着。李万春最初也学着这么演，但在一次开打时，靠旗上的火苗引着了髯口，从此就不再用了。

刘汉臣的老搭档是赵松樵，为刘汉臣配演武花脸的活儿。1981 年新年，李万春应天津市京剧团之约到天津传艺，并收该团主演、武生演员马少良为徒。师徒合演《长坂坡·汉津口》，李万春扮关羽，惊动了赵松樵。赵松樵向李万春说："十年浩劫过来了，目前落实政策了，心里高兴。咱们都是劫后余生，碰到一起不容易。合作一出，留个纪念吧！"当时他已81岁，比李万春还年长11岁，但精神、体力都很好。天津戏曲界和广大观众也极力要求他们合作，促成了一场《白马坡》，赵松樵扮演颜良，仍然腰腿利落，手里干净，武力矫健。两位老艺术家的年龄加在一起超过150岁，实在为京剧史上留下一段佳话。演出后，李万春告诉马少良："演戏，必须注意小过节儿！颜良的'颜'，应该念'阎'的音，不能念'燕'。还有像林冲的'冲'，不能念'宠'。唱戏念倒字是大忌！"

《过五关》，李万春饰关羽

八 酷爱林冲 棒打后加大火并
钻研夜奔 罗帽试改倒缨盔

《林冲夜奔》和《石秀探庄》都是李万春小时候居住在上海期间跟上海的著名昆曲教师牛松山学的，后又经杨小楼先生加工。正巧，杨先生的这出戏也是跟牛松山学的，加工就省了许多事。学这出戏时，是在北京大吉巷家里，每天上午学戏，晚上到中和戏院演出。演出时，由曾为杨小楼助演的丁永利监督。正式排这出戏时，杨小楼就亲自来看，随时给李万春纠正念与唱的气口和身段动作的斤劲儿。因此这出戏李万春学得很扎实。

早年演《林冲夜奔》都是只有林冲一个人出场，一个人连唱带舞，行内称之为“一场干”，既累又不易讨好。如果演员的唱做功夫差些，戏就会更显得“温”，这样观众就坐不住了。再加上林冲扮相太素，一身黑箭衣，一顶黑色的软罗帽，无助于提高观众的兴趣。戏曲界向来有“男怕《夜奔》，女怕《思凡》”之说，来源就在这里。李万春却很喜欢林冲这个人物，也爱演《夜奔》这出戏。于是就在扮相上动了脑筋。

杨小楼教他这出戏时，就说过《夜奔》可以唱只有林冲一个人物，叫小《夜奔》，也可以有金枪手徐宁出场的，叫大《夜奔》。李万春成年后就一直按大《夜奔》来演，可是仍然觉得单调，不容易引起观众的兴趣。大《夜奔》起自杨小楼，他年岁大时，感到一个人在台上连唱带舞，体力消耗过大，加上徐宁上场，为的就为扮演林冲的演员在演出间歇有休息的时间，同时，迦蓝也改为明场上。徐宁出场先是“起霸”，随后带兵追赶，跟林冲见面后开打。徐宁当时由钱金福扮演，勾“三块瓦”脸，穿绿箭衣。据此，李万春想：是否可以再多上几个人？便安排杜迁、宋万和“白衣秀士”王伦出场。由他们把林冲接上梁山。后来，清末有位庄王爷，号“清逸居士”，爱好戏曲又有文化，参照《水浒》中的内容，发展成《火并王伦》。这是李万春演出最多的戏，既因自己爱好，也因有“叫座儿”力。早年李万春演《夜奔》是按杨小楼的路子演，同时又在不断的演出中，把自己的体会融入到实际演出当中。杨小楼在世时，李万春在戏上的改动都经过杨先生点头。名演员在艺术上决不保守，如果总在旧演法上，一成不变，就不能符合时代要求，不能满足当前观众的欣赏欲望，自己也就成不了名。因此，每当李万春向杨小楼征求意见时，杨小楼都非常高兴，常说：“这小子，真有心路！”他乐于帮助出主意，纠正偏差，弥补不足，起到“点睛”的作用。

在《林冲夜奔》这出戏里，早年林冲出场都是幕内喊“啊嘿”，场面上的“武场”起“撕边”，林冲出场“亮相”。从戏上说，“啊嘿”的喊声是为引起观众注意，但从生活实际来看，就显得不合理了。林冲乘夜潜逃，怕被人发现，怎么还能嚷嚷，自我暴露呢？建国后，李万春在取消念白中的“正是”、“这且不言”、“哎呀且住”、“休走看枪”中的“休走”，以及不大必要的“自报家门”、“报名”，也把“啊嘿”取消。徐宁追赶林冲过场后，场面上换用小锣，起初更。林冲从上场门，背朝观众，斜侧身，正步出场。出场后在转身，面对观众“亮相”，然后看路，表示路途崎岖、坎坷。这样一来，特定的背景、环境，都交代清楚，这就得强调“背后戏”，必须从林冲背后把人物的处境、心情表现出来。不能从形式上走退步，这就靠心里有戏，事先把林冲的心情仔细体会出来。早年，林冲念过“登高欲纵千里目”这首诗，接着便是“报名”。刚刚报出名字，立刻有个惊恐的动作，以手挡嘴，再警惕地向两侧一望、两望。李万春在不断演出中感到这也不符合生活真实。林冲报名，给谁听？也就是说这是戏外戏，却又挡嘴，四下张望，怕别人听了去。这就没法解释了。于是就把“报名”、挡

《林冲夜奔》，李万春饰林冲

嘴、张望全取消了。

林冲临近山神庙时念:“看前面黑洞洞的,有个村庄,紧行几步,向前看来。”以右腿踢大带,身往后仰,以左手接住大带,脸冲台里。场面上小锣“水底鱼”。林冲来到庙门口,老词是:“唔呀呀! 原来是一座古庙,看庙门半掩半开,待我掩身而进。”李万春删去了用于虚词的“唔呀呀”,直接念“原来是一座古庙”一段,念完后踢左腿,脸冲里,抬右腿,往后走两个“颠步”,而后进庙。进庙后,向神像叩头。站起来后的伸胳膊和打哈欠可有可无,只要能表示出林冲的困意就足够了。此时念出“有些困倦”,到“倦”字,开始巡视,恐怕庙中还有别人。先奔下场门一望,再转到上场门搜巡,然后回到舞台中间,做这一系列动作。在这过程中间,李万春强调万不能单纯地走形式,必得有内心依据,从一举一动中抓住观众,让台下所有人都跟着进到戏里。戏是假的,但必须唱真了,差之毫厘,便失之千里。细致传神,效果就会好。技术条件稍差,也会得到弥补,但流于形式,浮光掠影,自己没把戏的内容演出来,观众的神也领不进去,效果大为降低。即使技艺高超的演员,演出也会逊色!

《林冲夜奔》,李万春饰林冲(1978)

林冲决定在庙里休息一会儿,随着关门的动作,原词是“席地打睡片刻便了”,李万春认为“便了”二字是没有实际意义的虚词,于是取消了“便了”。下面念一副对儿,原调是“一觉放开心地稳,梦境先已到邯郸”,为了表示通俗易懂,李万春把这两句对儿改为“一觉放开心头稳,昏昏沉沉到阳台”。念到“到阳台”时,起“飞脚”,跨右腿,左腿落地,右腿不落地。转身,脸朝前台。“踹丫”翻身,“走”“卧鱼”,做睡状。动作就与“到阳台”结合在了一起。这里的“卧鱼”,不是真倒,而是左腿蜷曲于前,右腿伸直在后,曲右臂以拳头顶耳根后,左手扶宝剑,脸朝观众。这出戏的“卧鱼”是在平地上,《武松打店》则是在桌子上,以飞脚上桌子，转腿，不“踹丫”，右腿不站桌子，从前头掏到后边，“走”“卧鱼儿”。同样不真卧倒，而是曲臂的手持手铐，支着头睡觉。这两出戏里一系列的动作做得都必须快，不能拖泥带水，还得注意姿势，必须处处见美感，这就靠勤学苦练。李万春过去练时都是扮上戏练，日无间断。几个月才能见到眉目。飞脚必须打得响、脆。打好了，也很吃功夫！李万春这么演时，就不再上伽蓝了，以场面上起三更，惊醒。林冲站起来，念：“听到已交三鼓，若还沉睡，追兵到此，如何是好？趁此夜静更深，甩开大步，走了吧！”起念时，原有“哎呀且住”，李万春也把它省去了。

这出戏第二场，林冲唱词中有：“身比作叛国的红巾，要学那背主的黄巢。”红巾是元朝末年的事，放在宋代人嘴里不合适。李万春过去曾改为黄巾，提前到后汉。新中国建立后，为了不贬低农民起义的形象，李万春改为了“身比作起义的黄巾，要学那好汉黄巢”。

林冲与徐宁见面，本意是不与之交战，可是徐宁非要见个高低，林冲有“再三的逼迫，恕林冲无礼了”的念白。杨小楼却十分重视，教李万春时，一再说：“语气很要紧，千万别忽略。这两句和《铁笼山》里姜维和老大王说的词一样，念出来的语气得有区别。姜维是花脸，得有粗犷劲儿，念出来要沉重、浑厚。”还举例说《艳阳楼》的高登、《虮蜡庙》的费德功都是恶霸，都由花脸扮演，可是两个人上场时的“啊嘿”，语气也不能一样。因为高登是官宦子弟，又是浮浪之徒，念这两个字要轻飘，拉长尾声；费德功是土豪，是仗着所谓“胳膊根儿”称霸的，念时要沉重、拙实，不拉长尾声。另外，在开打中徐宁念的“来呀”，语气跟赵云在《长坂坡》战曹将时念的“来呀”，孙悟空在《闹天宫》战神将时念的“来呀”，也都不能相同。这出戏，林冲唱完“武陵少年”搬“朝天蹬”，面向下场门，李万春以为有纯表演技巧之嫌，“朝天蹬”用在这儿不大合适，不合理，形象也不美，就改为在“年”字上，以左腿“踹丫儿”走“翻身”，单腿“亮相”。然后奔下场门，以右腿踢大带，手扶宝剑，先向上场门一望，再向下场门一望，意思是看四下动静。之后就斜身从下场门下场。这样，林冲上场的退身出场和下场的一再观察，便更加协调一致、首尾呼应，表现出林冲的处境和心情，更合于带戏上场、带戏下场的要求。

《林冲夜奔》前面的《野猪林》是杨小楼、郝寿臣合作时，委托剧作家吴幻荪参照《水浒》小说创作的。那时候都是写剧本的人按演员的要求写，写出来交演员排练，就不再过问了。所以那时的剧本大多没有标出作者的名字，也没有作者版权之说。都是演员收到剧本后，付给作者酬金，剧本的所有权就归了付酬金的演员。杨小楼收到剧本，给了吴幻荪40块银元，此后这个剧本就为杨小楼所有，凡演《野猪林》的，都根据这个本子。杨小楼曾从《野猪林》演到《林冲夜奔》。李万春以前也这么演，后来在两戏之间加了《林冲棒打洪教头》，《夜奔》后边加了《火并王伦》。前者是：林冲从野猪林投奔柴家庄，柴进以上宾礼招待，但庄中的洪教头不服，要求与林冲比武。洪教头手持杆棒，林冲则赤手空拳夺过了洪教头的杆杖，将洪教头打倒。后者是：林冲投奔梁山，但梁山寨主王伦嫉贤妒能，慢待林冲，安排他为第四座。其后晁盖、吴用等来投，王伦同样冷淡。终于激怒众人，把他火并。

过去《火并王伦》演法很简单，李万春将情节大为丰富。王伦原以小花脸扮演，穿女蟒，戴"草王盔"，盔上插一根翎子。李万春在"斌庆社"演出时，小奎官（殷斌奎）、张永禄都扮过这个角色，配合李万春演出。这次演出，李万春想到王伦既称"白衣秀士"，应该是俊扮，但要从扮相上把他的心胸狭窄、妒贤嫉能表现出来。所以设计王伦脸上不再勾"豆腐块儿"，只把两道眉毛画重、加粗。穿白蟒，"草王盔"上用双翎子，不戴狐尾。出场上高台，归大座，念"点绛"和诗，都正正规规。王伦不愿收留林冲，一则怕他把自己压下去，二则怕官兵来找麻烦，便以立"投名状"推脱。林冲在立"投名状"时，引来青面兽杨志，王伦本想用杨志挟制林冲，不想杨志与林冲熟悉，便把杨志送走，把林冲安排在最后座次——第四座。之后，朱贵引晁盖等上山，王伦同样冷淡。林冲往晁盖处相访，吴用看出他与王伦不合，便想借助他的力量除掉王伦。次日，王伦宴请晁盖，准备赠予金银，让他们另投别处。林冲制止，王伦的心腹王标逞凶，为林冲所杀。最后众人火并王伦，拥晁盖为梁山首领。火并之后，李万春演出曾用两种收尾：一种是场面的"四击头"里众人"亮相"闭幕，一种是底下有黄安攻打蓼儿洼，林冲等在水中擒黄安。这么演时，广告上都标出"准带水擒黄安"。

《火并王伦》中王伦、晁盖都很重要，王伦一角继小奎官、张永禄后，由李万春的三弟李庆春扮演。李庆春在前两位的基础上有新发展，他很会做戏，演来非常动人。晁盖在"斌庆社"时，由高斌峰饰演，后来由苏连汉接替，演得都非常出色。有一次，李万春在上海演出，跟马连良的班子相遇，该班花脸袁世海是郝寿臣的弟子，擅唱做。马连良离沪时，李万春把袁世海借过来，演这出戏的晁盖和《访白袍》的尉迟敬德、《快活林》的蒋忠，起了锦上添花的作用。他在这出戏的"馆驿"一场加了一段"二黄原板"的"叹五更"，声情并茂，为戏增光不少。李万春说："我跟世海合作如鱼得水，决定合演《野猪林》，在报上登出广告，还在中国大戏院一进门对面的屏风上挂出一人多高的林冲、鲁智深剧照。即将演出,赶上内弟李少春在北京成立‘起社’(剧团),催袁世海回京,世海匆匆离沪,这出戏没能实现。我流下眼泪!”

几十年里,演《林冲夜奔》的同行无数,演《火并王伦》的却只有李万春一人,这出戏便成了他的独有剧目。每到一个新地方演出,李万春便多以此戏“打炮”,每次返头也多用这出戏。李万春把此戏传给长子李小春、弟子王鸣仲,后来又传给了弟子——天津的马少良。马少良试演时加上刘唐等人物,戏因此松了,没留下来。

在不断演出《林冲夜奔》中,李万春发觉林冲这个人物的扮相应该要改。看了《水浒传》,他进一步想,林冲从柴家庄出来,为不招摇,按柴家庄上的猎户打扮为好。最终他研究出来,林冲的扮相是头戴“倒缨盔”,身穿“箭衣”,外罩“卒坎”,脚下穿“薄底”。“倒缨盔”顶上是一个往后倒垂的红缨,盔下方接近头部为类似草帽圈的大沿儿。前沿向上翻起,中间绣出一个圆“寿”字,两侧绣出蝙蝠。点翠镶帽边,黑绒做帽圈。箭衣、薄底,也用黑绒制作。李万春从小喜绘画,按此画出,先后请父亲李永利、义父杨小楼看。杨小楼不住点头,说:“行,我瞧可以!这么样倒是比罗帽显得有份儿。”又说:“戴这个了,‘牵巾’可不能免!”李万春赶紧说:“对啦!得要!我一块画出来就好了!”杨小楼这话很重要,教李万春这出戏时,就一再说:“演林冲,可不要撩‘牵巾’。有人常撩,认为显得活泛,实际上这么做不合适。林冲是配军。宋朝配军脸上要刺金印,外人一看便知是罪人,或者以前犯过罪。林冲的‘牵巾’,武松扮托头和尚,在脸两侧下垂长发,都为遮盖金印。左撩右撩,就不起遮挡的作用了!林冲、武松不能撩‘牵巾’,不能让技巧损伤情理!”

林冲的盔头改革经杨小楼同意,李万春就这样做了。在戏里用上,得到了京剧界人士的普遍承认。此后,凡演《林冲夜奔》的都这么扮了。后来,李万春又想到:赵云、马超、孙策与《平贵别窑》的薛平贵,都扎白靠,戴“夫子盔”,难以区分人物,就按林冲的“倒缨盔”,为马超创作与之类似的银白色盔头,顶上也有一个往后倒垂的红缨,接近头部是银白色如同草帽圈的帽檐,前檐翻起,取名“马超盔”。原来设计时帽檐跟林冲的“倒缨盔”接近,没想到盔头戴上,后檐与背后的靠旗容易相碰,头部活动受影响,就把帽檐缩小了,反而更显秀气,精神!孙策则改戴帅盔。至于《平贵别窑》中的薛平贵,则改戴“扎巾”加“额子”,是1982年李万春和毕谷云二位艺术家合演此戏时才改的。

九 演鄱阳湖 小猴打动清宗室 学安天会 童伶获益涛贝勒

“斌庆社”排演连台本戏《混元盒》，其中有一出《鄱阳湖》，派了李万春一个角色——猴儿，也就是孙悟空。此时的孙悟空已从西天取经归来，修成正果，受封为“斗战圣佛”，因此，脸谱上的金色就多了。一天，在前门外大栅栏西口的“广德楼”戏园演出，戏演到半截，李万春下场来到后台，就听有人说：“涛七爷来啦！”李万春知道，涛七爷指的是清朝的贝勒载涛，是著名的票友，且以演《安天会》享名。李万春就想：今儿个可得铆上，别让行家挑出毛病。这时，俞振庭走到他跟前，说：“今儿个唱好点儿，‘猴儿’可是涛七爷的‘煞手锏’。往后，我还得带你去跟人家请教哪！”

涛贝勒坐在楼上正中间的包厢里，眼睛紧盯着台上。李万春在台上瞧他，也瞧得挺清楚。李万春从不“怯场”，遇上名家反而更精神。这出戏演得比平时还细致、生动，劲儿也全使上了。戏演完了，回到后台，载涛一边跟大伙儿道“辛苦”，一边走到李万春近前。李万春赶紧迎上去，请了个安，说：“没唱好！您多栽培！”载涛哈哈大笑，拍着李万春的肩膀说：“唱得不错，我挺满意！”然后看了俞振庭一眼说：“这个孩子，我可瞧上啦！唱猴儿戏合适！规置规置，来出《安天会》，一唱准红！”稍停，又说，“我给他说说，你瞧好不好？”“那是求之不得呀！”俞振庭满脸堆笑：“我刚才还跟万春说，带他到您府上登门求教呢！”俞振庭话没落音，李万春赶紧抢着又给载涛请了个安，说：“太谢谢您啦！”

《安天会》是杨小楼的拿手戏，和载涛都受教于前辈名家张淇林，虽各有发展，但路子一样，自此，李万春又多了一条学戏的道儿。这出《安天会》，李万春整整学了三年，载涛才点头说：“现在瞧着是那么回事了，可以往台上拿啦！”

按现在说是“深入体验生活”，演什么必得对什么深入了解，仔细琢磨，才能演出来“像”。为了掌握猴的特性，载涛的家里养着一个小猴儿，日常观察其一举一动。李万春每次去学戏，载涛都跟他说：“没事的时候，就瞧瞧猴儿，瞧它怎么吃东西，怎么喝水，瞧它的行动坐卧。咱们跟它学，它是真正的师傅。等到台上，可就不是学它了。如果到台上完全学他的样儿，可就砸啦！学出来不是戏里的齐天大圣、美猴王，而是万牲园里的小毛猴儿、猴崽子啦！咱们得反过来，在台下咱们跟他学，上了台就得把他们学咱们的样儿表现出来。”开始学戏时，这些道理李万春似懂非懂，经过不断学，尤其是演出，体会也就越来越深了。李万春终于知道了这是“猴学人”和“人学猴”的道理。舞台上演出来的才能是人格化的猴，这样才够得上猴王、神猴、齐天大圣。所以，如果只停留在“人学猴”上，演出来必然是毛手毛脚、小气，没分量，“猴学人”就进了一大步。简而言之：演猴的演员到台上，第一步是把自己变成猴，第二步是用这个猴去学人，模仿人的举止动作。“猴学人”不可能学得全像，还得露出猴气，可是既学人就得有人的举止，这样两结合，戏里的猴就算成功了，有气魄，让观众承认演员演出来的够得上美猴王、齐天大圣的份儿。

“偷桃”、“盗丹”是《安天会》中两个重点，都得把猴的特点演出来，才能吸引观众，但是不能走过场。偷桃时，孙悟空跪在堂桌的椅子上，两厢四看。这个动作非常重要，表示孙悟空的机警，是对孙悟空的特性刻画。见四下无人，孙悟空赶紧拿起酒壶，动作要快。喝酒时，先浅尝，觉出酒好，再大口喝。辣了舌头，得有伸舌头，用手扇风的动作，这些动作同样重要。拿桃之前再四看，把桌上的四个装桃的盘子，逐一拉向自己。抓桃也得快，做这些动作时，都配合以四看，突出孙悟空的机警。吃桃前，抠桃毛、提起鸾带擦桃都不能忽略，必须做到细致入微。吃桃时，杨小楼是真吃，吃和吐皮都在锣鼓里。杨小楼多是以苹果代替，李万春则在有桃的季节吃真桃。随啃往四下吐皮——这也是猴的习惯。李万春在此处还练成一种技巧：转着圆圈啃，啃下来的皮不断。啃几圈后，用手从嘴边一伸，提出一长条的桃皮，看到此处观众必为李万春喝彩。

“盗丹”这场戏，孙悟空坐在斜放的堂桌上，从小帐子上取葫芦，打盖的动作同样得快。随后，用鼻子凑近葫芦嘴一闻，通过孙悟空的面现喜悦和打喷嚏表现金丹的香气袭人。吃金丹时是先取一粒，扔进嘴里细嚼，觉出味美，立即往嘴里多送。

吃过后悟空顿觉浑身刺痒，抓耳挠腮，搔上身，搓两腿，这些动作都要有内心感，不能流于形式。然后，拿起葫芦，底朝上，把葫芦嘴插进直裰衣领口里，往衣服里倒。从桌子上下来，悟空还要在桌面上巡视，捏起遗漏的两三粒金丹放入嘴里，表示金丹可贵，不忍丢弃一粒。这些小过节做细致了，能把观众的视线紧紧吸引住，觉得演员确有猴的特点。京剧界老一辈人常说："戏者，细也。"李万春则用"戏——细——戏"表示，说明只有把戏演细致，才能有戏剧性。

从整个《安天会》来说，该戏前半出唱、做，后半出武打，各占一半分量。如果演员把前半出戏看成只是交代故事缘起，演出时走过场，重点放在后边开打上，这出戏的格调就低了，内行称之为"不讲究"。另外，即使开打也不能单纯表现武功技巧，同样得打出感情，打出"戏"来。战天将，各有打法，各有不同情绪，要分出轻视、蔑视、重视三种情绪来：跟一般神将开打，表现出轻视，随随便便，说明对方不值一击；跟罗猴开打，则表示出蔑视，见他走在巨天神前面那种狐假虎威的样子，觉得不屑于与他开打，交手的动作是拿他取笑；跟哪吒开打又是另一种蔑视，认为哪吒不过是个小孩子，像逗小孩儿玩一样；跟二郎神开打，则感到棋逢对手，这时孙悟空才开始重视对手，集中精力。孙悟空在开打时，多是轻轻松松，如同游戏。急了时，则表示出又抓又挠的特性。

《安天会》，李万春饰弼马温(1943)

演猴戏必须保持"三道弯"，演员不能失去"猴儿"的这个特点，如果失去了，那么"猴儿"也就演成一般的武生了。龙身、鸡爪、鹰眼睛是"猴儿"的三要素，需要时时注意。另外，演猴绝不能大张嘴。猴儿的嘴最好是闭着的，这样可以配合脸谱，突出猴子的尖嘴。在非张不可的时候，务必要随张即合，绝不能总张着，尤其在"亮相"时，嘴张多了，时间长了，显得呆和傻，便失去了猴子应有的机敏、机智和机警，还有在演猴戏时，正面、正身对观众也是演猴儿的大忌。正确的是侧身、侧脸，斜对台下。一只脚总是微蜷，以脚尖着地，这样可以显出猴子的灵巧，同时舞台形象也很美观,如果给观众大正身、大正脸看,就显得拙笨了。

孙悟空的行头在《安天会》里有三种:开始“守桃园”时,为“草王盔”,带翎子、狐尾,穿黄蟒,厚底靴,“偷桃”、“盗丹”时,换“钻天盔”、直裰衣,系鸾带,穿厚底靴;“战天将”跟二郎神开打时,扎黄色硬靠,与二郎神形成一对,有气势,也很别致,这个扮相是不见于其他戏的。跟二郎神打完了,再换回“偷桃”、“盗丹”时的扮相。李万春从小演这出戏,一直按载涛、杨小楼教的扮戏。后来自己研究出:“守桃园”这场改戴猴纱帽,为金色纱帽上镶绒球,帽后仍为两个帽翅,仍戴翎子。所以这么改,李万春的想法是要让《安天会》和《水帘洞》中孙悟空的扮相有区别。《水帘洞》时的猴是自立为王,等到《安天会》时,悟空已受封“弼马温”,尽管官职小,但也是有品级的。《安天会》里猴的头段唱“醉花荫”,其中“前呼后拥威风浩”唱词中的“金花帽”也被李万春改为了“金纱帽”。

孙悟空的脸谱历来有三种勾法:一种是“倒栽桃”,一种是“一口钟”,一种是“反葫芦”。载涛按“倒栽桃”勾脸,杨小楼用的则是“一口钟”。李万春认为“倒栽桃”上圆下尖,与生活中的猴脸接近,于是就采用了涛贝勒传授的“倒栽桃”勾孙悟空的脸谱。李少春用的则是“反葫芦”,但又在不断演出中有所变化。李万春力求红白分明,减少黑线条,显得干净、喜兴、美感强。勾法是从鼻尖往下,越到嘴部越窄,突出猴子的尖嘴。为接近生活真实,在白圈边缘接近耳朵的地方,用棕色为过渡色,表现出猴毛来。这样白色与肤色衔接,没有硬山搁檩的感觉。在两耳旁的鬓角处,又各塞一个毛球儿,类似武松鬓边的发髻。早年演《安天会》,有八卦炉“炼猴王”一场,这场戏猴脸上没有金色。从八卦炉出来,两眼的眼圈就抹上金色,表示练成火眼金睛。再往后受封“斗战圣佛”时,则变成了满脸金色,而且是金里透红,表示此时的孙悟空已经成神。

脸谱虽然夸张和变形,但也有各自的生活依据,因此,李万春主张脸谱不能脱离生活。比如,猪八戒的脸谱就有三种。一种是戴面具,面具上为黑底、白线条。一种是脸上半部分为黑底白线条,下半部戴一个突出的“猪拱嘴”的面具。这两种都是传统方法,脸谱基本相同,而且都在前额勾上出一朵红花,以示其喜女色。第三种则是李万春创造出来的,他尽量从生活出发,不戴面具,全脸揉浅黑色,勾出黑白相间的线条。黑线条窄,白线条宽,白中透出粉红色,显示有生气。从鼻尖往外用黑白相间的线条勾出几圈,形成“猪拱嘴”,有突出之感。这么勾既符合传统手法,又不妨碍演员面部做表情。李万春演猪八戒主要继承谭鑫培的《盗魂铃》。他的三弟李庆春配合其兄在《盗魂铃》中演孙悟空，后来演猪八戒的次数更多，由于李庆春学的是大、小、文、武花脸，且又十分善于表演，语气、神情、面部、身段，很吸引观众。这么勾脸比戴面具的效果也好多了。

李万春有幸得到了载涛的精心传授，在演猴的技巧上大为提高，兴趣也更浓了。在演出《安天会》之后，李万春又陆续排演了《石猴出世》、《花果山》、《水帘洞》，再到《闹龙宫》、《闹地府》，直至《安天会》，猴王被二郎神的吠天犬咬住遭擒，被压在五行山下。之后再接着演《五百年后孙悟空》，猴王再次出世，保唐僧西天取经。一路上降妖伏魔，其中又有《收白龙》、《收八戒》、《收沙僧》及《骷髅山猴王击尸魔》（即《三打白骨精》）、《真假美猴王》等。

在京剧界演"猴戏"素有"南派"、"北派"之分，"北派"猴儿戏的享誉者即是杨小楼，而"南派"猴戏则以郑法祥演出最为出色，李万春向他学了与"北派"演法不同的《金刀阵》以及几出"北派"没有的猴戏。在演"北派"猴儿戏时，他又适当地吸收"南派"演法的勾、粘、搭、挂等多种特技，使北方的观众既感到惊险，却又见灵巧。演出时在"海报"（广告）上标出"新型开打"，上座极好。同时，又约来了素有"跟斗大王"之称的刘斌升及王德禄。他们在《水帘洞》中分别扮演王八精、虾米精，翻跌花样出新，配合默契，为戏生色。《水帘洞》演到"龙宫借宝"，就可以叫《闹龙宫》。"借宝"这场孙悟空可以要多种把子，借以施展演员自己在不同把子上的不同技巧。扮猴儿的演员想要什么把子，事先告诉后台往出拿什么就可以了。盖叫天（张英杰）早年演过武旦，双鞭要得好，他还有一招绝技：把左手的鞭，鞭尾朝下，立在脚尖上。拿左手里鞭的鞭尾摁往左脚上的鞭头，抬左脚把鞭顶起来，两条鞭形成一条直线，在脚尖上转。给盖叫天助演龟帅的贾宝山学他这招，自己演猴时也这么要。李万春就是跟贾宝山学的这一

《真假美猴王》
李万春（左）饰猴王，毛庆来饰六耳猕猴

招。戏里还可以耍叉，按照杂技里的耍法也很抓观众。不过李万春从不耍叉，借此还现场抓哏说："俺老孙一生一世从不耍叉！"因为北京的俗语中，"耍叉"是不正经干活的意思。

至于猴棍，也被李万春美化了。早年的猴棍都是在藤子棍上缠白带子，如再美化就在两头加上纸穗子，但纸穗并不牢固，开打时纸屑纷纷掉下来，既影响演出效果，又给扫台的工作人员增加了困难。后来上海时兴了"电棍"，就是在藤棍外加上电镀铁皮，锃光瓦亮。要起来，灯光照上，反射出光芒，十分耀眼。再后来，本着如意金箍棒可伸可缩的特点，又做出了有弹性的"电棍儿"，缩短之后可以握在手里。往空中扔去，弹簧张开，变成长棍。电镀棍彩色单一且非常光滑，开打时舞动起来，容易从手里滑出去。李万春就用黑绒或红绒缠在棍上，用电镀铁皮在上边打箍。使绒底子与电镀箍相间，并且形成同样长度的一节。还可以在棍上镶小镜片儿，这样一来"电镀棍"就不滑了，既不妨碍开打，舞动时也不会脱手，同时舞台灯光照在"金箍棒"上，反光效果不减，在丝毫不影响演出效果的同时，又为演出增色。

一〇 凤师来京　佟家坞心裁别具
斌弟让位　白玉堂技法另寻

过去的演出单位全仗着营业收入维持大家的生活，想要维持生活就得保障收入。想要保障收入，一方面是得戏多，不能总是翻来覆去演那么几出戏，另一方面就是要不断出新戏，给观众新鲜感。李万春到北京第二年，由于受观众欢迎，名声不断增大，成为了有叫座力的好角儿，俞振庭就想给他排几出新戏，可巧这时李万春的开蒙老师崔凤鸣来到北京。崔凤鸣过去因为教戏严格，经常把李万春师兄弟打得伤痕累累，为此，李万春的母亲不断跟崔先生及自己的丈夫吵闹，崔凤鸣因此才离开了李家。在崔凤鸣来说，这么做是出于责任心，不落误人子弟之名。李万春的母亲这时也说："当初，他打孩子太狠，我心疼。眼下孩子有出息，还真得念人家的好处。不是他教得狠，如今这俩孩子兴许没有这么好的玩艺儿！"因此，这次崔凤鸣来看望李永利一家时，李家上上下下都是远接近迎，上宾相待。

当李永利言及俞振庭打算给万春排新戏时，崔凤鸣略以思索后说："有出戏，我瞧他们唱着合适！"

李永利忙问："什么戏？您说！"

"《佟家坞》！您瞧怎么样？"崔先生说完笑着等待着李永利的回答。

李永利点点头说："好！是《彭公案》里的事，挺热闹，我瞧挺好！"

"那就先弄两本，排排看。开打里加点新东西！"崔先生很认真地说。

《佟家坞》在《彭公案》里叫"马玉龙倒反佟家坞"，说的是佟金柱、佟玉柱弟兄四人入八卦教，在佟家坞招聚绿林人士，准备举事。彭公命马玉龙、石琦、胜官保等假作入伙，混入佟家坞内探查，了解底细。马玉龙又和余化龙、邓飞熊等联合破坏小武器库，做内应引来官兵，捕获佟氏弟兄。

在俞振庭的支持下，《佟家坞》很快上马，头、二本排得很快。李万春扮马玉龙。崔凤鸣为李万春设计了一套上绣黑白太极图的绔衣绔裤，崔先生又给李万春想出一套剑里加七节鞭的开打。马玉龙一手持剑，一手持七节鞭，“剑里加鞭”非常别致，不见于其他戏。戏中余化龙则由王少楼饰演，二本则改由李万春扮演。

七节鞭多用在武术里，这次首用在京剧舞台上。幸好李万春在武术、杂技方面也曾学过，七节鞭和宝剑都是在北京先农坛跟一位姓田的先生学的。在武术里，七节鞭跟单刀一块儿使，叫“刀里加七节鞭”。这出戏里，马玉龙使用的是宝剑，于是在《佟家坞》里改为“剑里加七节鞭”。在杂技方面，李万春曾跟谭庆川、王雨田学过耍飞叉。除了耍叉，王雨田抖空竹也是一绝，他的三个女儿葵英、桂英、淑英空竹抖得极好。李万春在学叉时，也向王雨田学会了抖空竹。

《佟家坞》是李万春排的第一出新戏，头本在北京首演，一炮打响。在罕见的“剑里加七节鞭”开打时，李万春有剑挑鞭、扫“蹦子”和以鞭扫自己的一排“乌龙绞柱”等技巧，轰动一时，屡演不衰，成为继其《战马超》后李万春的又一杰作。二本排出，上座仍好。末场使用火彩，烧倒楼片布景，更加吸引观众，成为李万春青年时代的看家戏。由于上座极好，二本之后，大家还想接着往下排。但这时崔凤鸣先生已经离开北京，于是请来了号称清逸居士的“庄王爷”溥绪，从三本一直排到十三本。开始仍然叫了些日子的座儿，后来逐渐不成了，原因是从内容到艺术处理缺乏“彩头”，所以经常演出的还是《佟家坞》的头、二本。

《佟家坞》，李万春饰马玉龙

荀慧生对这出戏里的“剑里加七节鞭”非常欣赏，1959 年荀慧生剧团演出由周桓参照舞剧《小刀会》编写的京剧《小刀会》，剧中由吴富友饰演刘丽川，赵慧英饰演周秀英，由赵炳啸任导演。排戏过程中，荀慧生一见赵炳啸就说:“这是出新戏,开打上咱们也得出新。过去李万春演《佟家坞》,有剑里加七节鞭的开打,很别致,有俏头……”还没等荀慧生说完,赵炳啸马上接过来,说:“您跟我想到一块儿去啦!我正在琢磨。”

这出戏茹绍瑞就在开打中使用上了单刀加七节鞭,观众十分欣赏。1962年,李万春率内蒙古自治区京剧团来北京演出,荀慧生见到李万春说:“哪天有功夫,请你瞧瞧我们的《小刀会》。跟你学的,在开打里也使上七节鞭啦!茹绍瑞还不错,耍得挺到位!”就在李万春连连点头之际,荀慧生接下来很神秘地说:“有一天差点儿出了事!那天在民主剧场演出,绍瑞的七节鞭耍得正欢,没想到鞭头掉了,飞到观众席里,幸好打在前排一位观众怀里。要是打在脑袋上、眼睛上,可就糟啦!赶明儿,赶上‘运动’一追问:‘谁出的主意使七节鞭?’追到我这儿,我许就成反革命啦!”

由于《佟家坞》后几本没有主演,俞振庭决定让李万春排演《狸猫换太子》。当时这出戏该以包公为主角,但因为与《三侠五义》的某些情节穿插在一起,所以,白玉堂和展昭两个人物也很重要。戏开始排练时,安排李万春演包拯、小奎官扮白玉堂。小奎官本名叫殷斌奎,是“斌庆社”中出众的学生,本工花脸,别的活也能来,而且还很出色。从“斌庆社”开始到以后李万春挑班,他们合作多年。《火并王伦》中小奎官把王伦这个角色演活了。在小奎官之后,张永禄和李万春的三弟李庆春演王伦这个人物走的都是他的路子。他还有个绝活,是救场,无论临时缺哪个演员,他都能顶补。在《翠屏山》里,他扮过杨雄、海和尚、酒保等,而且各有精彩之处。有一年,李万春在上海演出,广告早就登出演《连环套》,窦尔墩由金少山出演。临近开演,金少山突然患病,不能上场。改戏或回戏都会让观众失望,剧场还会因此蒙受损失。当时金少山虽是坐班班底,可名望已经很大,找别人代替,没人敢接。正在为难,小奎官自告奋勇,说:“没有合适的,我接!”由他代替金少山的“水牌”演出,竟没有一位观众退票。尽管如此,前后台都没敢对他抱有多大希望,心想:“只要不洒场,不漏水,顺顺当当演下来,就已经很好了!”可是谁都没想到,他扮演的窦尔墩在台上声势夺人,唱、念、做头头是道,跟李万春的黄天霸配合得十分严实,获得不少彩声。事后很多人称赞:“不亚于金少山!”但是这样一个好演员,可惜染上毒瘾,在旧社会生活没有保障的情况下,晚年十分落魄。他的儿子在“富连成”科班学戏,是“元”字科学生,名叫殷元和,后来分配在宁夏回族自治区京剧团任主演,兼做领导工作。

《阴阳鱼》,李万春饰孙继高(1938)

《田七郎》,李万春(右)饰田七郎

《狸猫换太子》前边的一至四本,从包拯降生、李妃产子,到仁宗迎回生母,都由李万春扮演包拯。从五本往下,主要演《五鼠闹东京》,以白玉堂为主,李万春就与小奎官调换角色,由李万春饰演白玉堂,演出又极受观众的欢迎。李万春演出的白玉堂,成为继马玉龙之后的又一成功形象。由于受欢迎,接着排演了《三吃鱼》、《双结义》、《冲霄楼》、《铜网阵》,从白玉堂出世演到归天。此后,李万春又排出了《日月雌雄镖》、《五代归赵》、《石头人招亲》、《诸葛亮招亲》、《七擒孟获》、《九义十八侠》、《阴阳鱼》、《粉麒麟》、《大力将军》、《田七郎》、《枪挑小梁王》、《锤震金蝉子》、《枪挑银蝉子》、《刀劈玉蝉子》等戏。一向喜欢钻研、改革出新的李万春,继《佟家坞》使用七节鞭加上彩头之后,在这些戏里,又动了脑筋。例如在《阴阳鱼》里,使用了从未见于舞台的“双头锤”,不仅形象别致,而且还设计打出许多新花样。

彩头、砌末(布景)都是从南方兴起的,当时称“灯光彩砌”。北方着重保持传统,有些人看不惯这些新花样,指摘为“外江派”、“海派”。后来杨小楼、梅兰芳等名角儿在戏里采用,才逐渐改变了看法。杨小楼在《水帘洞》里,不仅用上山片,还真有水从山上流下来,表示“水帘”。梅兰芳在《天女散花》、《太真外传》里用了彩色灯笼,在《洛神》、《廉锦枫》里,分别用了“法台”和“水井”。连尚和玉这样恪守传统的老先生,在《窃符救赵》里也用上了景片。尚小云、荀慧生、马连良就用得更多了,马连良在《祭庐江》里用水井,在《安居平五路》里设金鱼池,在《舍命全交》里用竹篱茅舍,尚小云在《九曲黄河阵》里更是满台布景。

当然由于用景程度不同,再加上考虑不够仔细周全,在演出中也闹出过笑话。李万春在“斌庆社”时和俞振庭之子俞步兰演《长坂坡》,俞步兰扮演糜夫人。在临近演出时两人也曾商量:在糜夫人投井时,也用个井台,这可比搁把椅子形象多了!没有多想,只告诉捡场人:“到时候往台上搁个井台。”没想到“抓帔掩井”一场,俞步兰上井台,李万春饰演的赵云抓他身上的帔,但是当俞步兰真正往井里跳时,才发现砌末的井眼太小,同时井深也不够,既跳不下去,也没法下场。尽管是小孩儿,身量不高,但站在井里也露着上半截的身子,演员在台上无比尴尬,惹得台下也是一阵“场笑”。

李万春喜欢绘画,也为了对演戏有帮助。从在“斌庆社”时,就开始向名画家学习绘画。那时候都是演日场,李永利就把画家们请来看戏。戏散后,就接到大吉巷家里,先招待吃饭,饭后就边喝茶边绘画了。其中一位是画兰花的名家李毓如先生,字钟豫,排行第五,官称“李五爷”。由于眼神不好,不少人背后叫他“李瞎子”。一位是江彩,又名南屏,是位女画家。再就是张大千、张善子、金拱北、颜伯龙和齐白石了。李万春初学山水,其后又学花卉。由于名家指点,且不断看名家作画,受到启发、熏陶,逐渐画出些意思来。戏曲演员把字、画用在戏里的人不少,时慧宝字写得好,演戏时就当场写字。荀慧生得吴昌硕、胡佩衡等名家教导,山水画得好。在《丹青引》这出戏里,荀先生饰演善画的杨云友,在场上画山水。李万春在《盗魂铃》中扮猪八戒,在唱“土有道提笔泪难忍”这句唱时,提笔开始作画,八句唱完,一幅牡丹也就画出来了。吴素秋也是在《人面桃花》里有时画菊花,有时画牡丹。

李万春在“斌庆社”,演戏和绘画不断长进,梅兰芳也对他寄予了莫大的希望,主动找到李永利商量,邀请与李万春合作。从此,李万春的艺术更上了一层楼。

一一 提掖后学　梅氏邀约同南下　赞赏晚辈　李公为女择东床

在艺术上,李万春是非常幸运的。在李万春初涉菊坛时,父亲就为他请来了崔凤鸣等三位认真负责的好老师,又向上海的许多专家学习,备受尚小云、荀慧生、马连良等多位名家的关怀、赐教和热心提携,杨小楼、余叔岩二位更是倾囊相赠。由于这些前辈名家的精心栽培,李万春才得以在"斌庆社"长期呆下来,并且受到观众的欢迎。梅兰芳先生虽然也来看过戏,给以鼓励,却没有很多来往。不想如今梅兰芳竟然邀约合作,对于李万春来说,这可是在自己艺术前途上的极大帮助。

从12岁到15岁,李万春一直在"斌庆社"演了三年戏,却从没离开过北京。一天梅兰芳找到李永利,说:"万春真不错。"

"这不全靠大伙栽培吗!"李永利满脸含笑。

"我看还应该再给他加把劲儿!"李永利一时不知道用什么话回应,梅兰芳接着说,"我看应当挪挪地方,出去闯练闯练!"

"您说去哪儿?"

"上海来人约我,让我去演一期。您要是同意,我把他带走!"没等李永利再说话,梅先生又接着说,"虽然你们是从上海出来了的,万春在那儿也算出了名啦,这两年在北京这么红,再回上海可就跟过去大不一样啦!我瞧这孩子干这行有奔头,要是在上海再唱红了,重回北京,您就给他组个班儿,让他挑大梁吧!他是这种材料!"

梅兰芳说得完全在理,李永利干这行多年,心里全清楚这步棋。李永利发自内心地感激,激动地说:“您带他到趟上海,可太好啦!您说的办法,我都赞成。至于往后能不能挑班儿,可还得瞧瞧他的进展,更得求您对他严加督促啊。”

“那是自然!”梅兰芳接着说,“您要是同意,可就这么定啦?”

“定啦,定啦!”李永利冲梅兰芳连连拱手。

梅兰芳又说:“这次我的二牌还是凤二爷(王凤卿),万春去了,应该是三牌。不过,您放心。我不拿三牌武生看待,他算特邀。大轴还是我跟凤二爷的,或者我们唱双出,都让他唱压轴。有机会也让他唱唱大轴!”

李永利听了,高兴和感激的泪水盈眶,连忙说:“别介,别介,他还是小孩子,跟您一块儿去,让他唱倒三,就是抬举他啦!”

梅兰芳比李万春大17岁。那是1926年,李万春15岁,梅兰芳32岁。李万春重回阔别四年多的上海。梅兰芳真心实意地提携李万春,广告牌子上,他的名字前面真的写着“特邀”两个字,演出顺序也按原来所说的。如果梅兰芳演大轴,王凤卿演压轴,李万春就演倒三;如果他们两个演大轴,李万春就演压轴了。梅兰芳先生经常趴在台帘后面看李万春的戏。如果李万春演倒三,总是先看他演出,之后自己才去扮戏。扮得了戏,再到台帘后面看,十分关心。李万春重回故地,心里特别高兴,幸喜还有观众没有忘记他。再加上梅兰芳为他宣传,每场演出效果都极好,梅先生都一一看到眼里。过了些日子,梅兰芳和王凤卿演出《宝莲灯》,竟让报子房写上“准带《劈山救母》”。管事人说:“您在前头唱,让万春接您!接得住吗?别再抽签、起堂!如果他再一怵阵,可就把您的戏给砸啦!”

“你说这些都不会有,我已经把万春了解透啦。他肯定接得住我,台底下也不会不认可!怵阵、怯场,绝不会产生在万春身上,这孩子人来疯,场合越大,内行越多,越是堂会、大合作,越有头头脑脑的来听戏,他分外唱得好!就按我说的,别担心!”说到这里,梅先生冲管事人一挥手。

一个初出茅庐15岁的孩子,在誉满全国的名旦后头唱,要说一点儿顾虑没有,那是不可能的。但是李万春知道:梅兰芳是瞧得起自己,有意提拔自己,自己决不能放过这个机会。再说,作为演员艺术和精气神同样重要,俗话说:“当场不让步,举手不留情。”“店大欺客,客大欺店。”演员在台下,应该谦虚、谨慎,戒骄戒躁。上了台可就不然了,得另有一种气魄。必须认为台下观众都是冲我来的,我的演唱能让大家心服口服。有了这种思想、这种精神,才能把自己真正地艺术表现出来,戏才能演好。否则,如果认为我的艺术不如同台的人,观众认为我不够份儿。艺术没失败,思想先失败了,戏不可能演好！正因为李万春有这种思想,主张台下应该目中有人,到台上必须目中无人,目空一切。目的只有一个——为了艺术和戏的质量！所以李万春从不怯场,从不怯阵！这回演“攒底”的《劈山救母》,他就是抱着这种想法对待的。该唱该舞,运用自如,一点儿顾虑都没有,果然大获成功。散戏后,到了后台,梅兰芳含笑对李万春说:“不错！有火候,够角儿的份儿!”又说,“可不准骄傲!”

这时那个管事人走过来,梅兰芳问他:“你瞧怎么样?”

“好！好！真没想到。岁数不大,火候不小!”管事人一面回应梅兰芳,一面拍着李万春的肩膀。

接着,梅先生又冲管事人问道:“台底下有抽签的吗?”

“没有！台底下很静!”管事人又冲梅兰芳挑起大指说,“您比我瞧得准!”

这次重回上海,李万春又唱红了。在许多内行名家前来看戏的人中,有位鼎鼎大名的前辈演员,那就是李桂春。李桂春艺名“小达子”,原籍河北省霸县,跟李万春原籍雄县相离不远。他幼年学梆子,后改学京剧,宗“黄(月山)派”,像《独木关》、《风波亭》、《请宋灵》等戏都是他的拿手杰作,《打金砖》更为称绝。他工老生,但花脸也演得出色,《连环套》的窦尔墩、《狸猫换太子》的包拯也为人称道。从包拯出世往下连演20多本,多年来上座不衰。在上海提起《狸猫换太子》这出戏,无论内外行立刻都会想到他。很多地方、很多戏班都向他学习,争相排演,同样拥有大量观众。“斌庆社”也曾排演此戏,以前凡演包拯都勾黑脸,髯口戴“满”,但李桂春却是搓脸,而且搓成浅黑色,黑里透着一点点的红,戴“五绺”。李桂春嗓子极好,响亮,底气足,在后台喊嗓子,前台的观众都能给他叫“好儿”。

李桂春在上海与李永利同是坐班班底,因演《狸猫换太子》出名,也挣了很多的钱,于是在天津法租界置了房子,是一座五层的高楼,院子里建亭台楼阁,修假山、池塘,很有气派。上海便成了李桂春的客居之地。李桂春有两房夫人:大夫人生有二男二女,长男小名大田,学名宝琛,不爱戏曲,一直读书,毕业于中国大学,另谋职业;次男小名三田,又叫“胖三儿”,大名幼春,自幼随父练戏曲,长大以后,跟郝寿臣学文戏;二夫人于1919年生一子,在大田降生后,因之取名二田,大名少春。少春自幼聪明,受父亲熏陶,常自己又唱又比划。许多同行都对李桂春说:“您家老二,可是干咱们这行的坯子,将来准有出息,您得好好巴结巴结(培养)!”李桂春也希望后代能接续自己的事业,也瞧出二田干唱戏这一行有前途,于是就在二田的身上下功夫，教他练武功、喊嗓子，决意把二田培养成为“京朝派”的文武老生。

早年正统思想严重，内外行普遍认为在北京的京剧是正统、正宗。北京是好几个朝代建都的地方，于是把按北京京剧演法叫“京朝派”或“京派”，故也有“京腔大戏”之说。江南的京剧以上海为中心，上海演员乐于接受新鲜事物，不断改革出新。旧思想浓的人看不惯，就把按上海演法的叫做“海派”或“外江派”，带有贬义。同时，在不少演员中也认为“海派”不如“京派”出彩。江南江北演法不同，北方是保持传统，侧重工架、气魄，而南方则侧重出新、华丽和技巧，故而在梨园界也有“南功北戏”之说。的确，南方以翻打扑跌等技巧取胜，北方以唱做规矩、韵味赢人。李万春却并不在乎这些，他认为只要对戏有利，合乎观众欣赏要求就好！

李桂春先生是“老派”，一向觉得自己是北方人，唱了半辈子戏，却落了个“海派”的名声，自认为有损声誉，也很遗憾，故而他想把儿子培养成为一名正宗的“京朝派”的演员。李桂春在自己教儿子的同时，又请来丁永利、陈秀华二位先生分别给少春说武戏和文戏。丁永利久随杨小楼演出多年，“杨派”武生戏了如指掌，在北京许多学“杨派”的著名武生演员都向这位丁先生请教。陈秀华曾拜贾洪林的叔叔贾丽川为师学习“谭派”，之后教“谭”、“余”两派戏，行内颇有口碑。李桂春督促李少春练功、学习和李永利监督李万春一样，每练都是文武两不放松。不仅如此，李桂春还使出了新招，一改过去先吊嗓子后打把子的惯例，改让少春先打把子后吊嗓子，以此增加难度。因为历来武戏演后演员的嗓子发“横”，不利再唱文戏。由于李少春从小就打下了先武后文的基础，奠定了他后来正式演出时，能在前边先演一出武戏，后边再唱一出唱工戏的基础，而且嗓音依然保持圆润，运用自如，而无力竭声嘶之感。

李少春比李万春小八岁。李万春到上海时，李少春刚七岁，虽然还没有登台，但只从台下练功看，就已能看出前途乐观。李桂春和李永利在上海共事，交情甚好。每当李永利夸少春时，李桂春总是说：“将来还得让他万春哥带带他。赶明儿个，少春要能赶上万春，成一对好角儿，可就好啦！”

“没错儿，从小看大，您就瞧好儿吧！”李永利总是乐呵呵地回答。

李桂春对万春也十分器重，又因为跟李永利极为要好，一天跟李永利提出：“我有这么个意思，咱们哥俩攀个亲，您看怎么样？”

“好啊！您的意思是……”李永利不明白李桂春指的什么，就看着李桂春的脸，等下文。

“我的大姑娘跟刘奎官的儿子五立订了亲，我想把我的二姑娘李纫秋许配给万春，您瞧怎么样?”

“这，我求之不得呀!”李永利满脸笑容，“您别瞧我拂了俞老板的盛情，那是咱们跟人家多少有点儿门不当户不对。论咱们哥俩，可是姓何的嫁了姓郑的——正合适!”

“那就一言为定啦!”

“一言为定！挑个好日子，先让他们订婚!”

“好!”

经过李桂春、李永利老哥俩的一番谈话，李万春真的跟李少春的二姐李纫秋订婚了!

一二　二次抵沪　虚心求艺图博大
一再续演　破格反串为情深

结束了在上海这期演出，在回北京的路上，梅兰芳跟李永利说："这回您是双喜临门哪！万春唱得极红，您又得了儿媳妇，还是名门之女！"

"这都得感谢你哪！"李永利完全发自内心地对梅先生说。

"我瞧到北京之后，可以筹备给他组个班（剧团）儿啦。火候够啦！"梅先生又高兴地说。

李永利回北京后，就向俞振庭提起要为李万春组班的事，俞振庭立刻说："别介！别介！万春这孩子可是我捧红的，别翅膀硬了就飞啊。无论如何，也得再帮我几年。"

俞振庭的话说得也在理，李永利只好让李万春仍在"斌庆社"、"双庆社"演出。虽然没自己组班当头牌，可是从上海回来，李万春的名声比以前更大了。京剧界同仁组织的梨园公会每逢旧历过大年的前几天，都要举办为贫苦的同行举行义务演出。所得票款除去开支，全部分给梨园界的贫困户，让大伙儿都能过个舒心年。旧社会的演员虽然在舞台上风光一时，但大多数还是中下层，收入一般也仅够勉强糊口。至于最基层的演员，一天还要赶几场演出，疲于奔命。有时这个园子干完活，来不及卸妆，就得往下一个园子跑。尽管如此，家里人口多的，就只有靠喝玉米面粥度日，连窝头都吃不上。梨园公会举办的义演，尽管收入可观，无奈贫困户太多，仍不能让大伙吃上饺子，所以取名"窝头会"，表示义演后能让贫困户吃上窝头。当然，能够参加"窝头会"义演的也都是有威望、叫座力很强的名角。

从前，尽管李万春在北京的梨园界也有声望，却从没有被梨园公会邀请参加“窝头会”的义演。但自从李万春从上海回到北京便有了这种资格，正赶上1927年的“窝头会”。这次“窝头会”的戏码是：开场为时玉奎的《大回朝》，以后是方连元的《蟠桃会》，贯大元的《黄金台》，李万春和蓝月春的《白马坡》，周瑞安的《艳阳楼》，高庆奎的《斩黄袍》，荀慧生、朱琴心的《虹霓关》，尚小云、王又宸的《汾河湾》，程砚秋、侯喜瑞、郭仲衡、王又荃的《红拂传》，余叔岩的《问樵闹府》，杨小楼、筱翠花的《战宛城》，梅兰芳的《天女散花》，大轴是大家通力合作的头本《混元盒》“金花聚妖”。前场没有戏的陈德霖、尚和玉、郝寿臣也都加入其中。阵容强，戏码硬，上座极好！翌年的“窝头会”义演是全部的《红鬃烈马》，由李万春和程玉菁演此戏中的《平贵别窑》。从这时起，李万春的演出就以“双庆社”为主，与徐碧云、朱琴心合作。李万春既演压轴，又和徐碧云、朱琴心一起演大轴。

与此同时，梅兰芳先生还是主张李万春尽早挑班。正赶上1929年，李万春18岁，又应上海之邀去演出，这时李万春已经有了两个弟弟，1927年二弟桐春出世，1929年三弟庆春出生。此时，梅兰芳又跟李永利说：“还是应该早些成班。您又有了两个少爷，将来也便于在自己的班里培养。”

李永利面有难色，说：“振庭不放万春，我也不好意思再提！”

“找个节骨眼，我再带他到上海待些日子，回来就好说话啦！”梅先生稍加思考后这样说。

于是，李万春二次到了上海。这次住在梵王宫，先后在大新舞台和天蟾舞台演出。再者是个人组班，挑着演出，必须独当一面，戏路子就得宽，于是李万春又开始了一次博学。当时那里的坐班班底有李桂春、林树森、金少山和小桂元（著名武生李仲林之父）等，艺术都很好。李桂春艺宗黄月山，与另一位宗黄派的李吉瑞

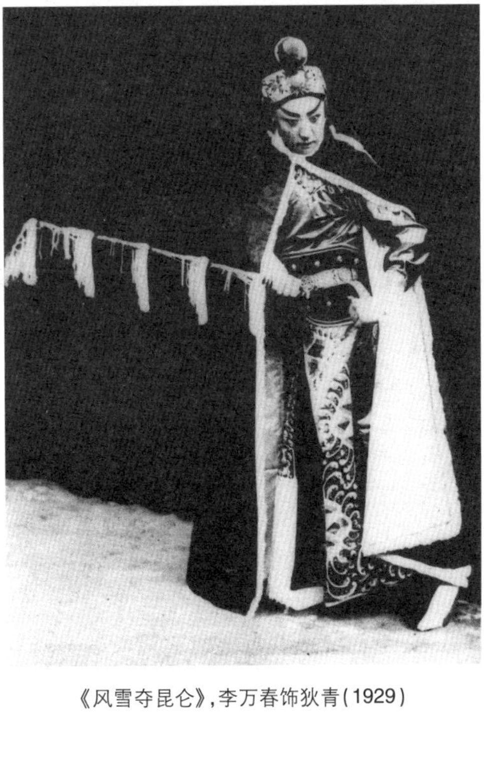

《风雪夺昆仑》，李万春饰狄青（1929）

先生,都深得黄派三昧;赵如泉、刘奎官也各有所长,李万春都一一求教。李桂春把常演的《风波亭》、《泥马渡康王》、《秦琼表功》、《呼延赞保本》都传授给了李万春;林树森则给李万春说了《斩华雄》和《古城会》。李吉瑞给李万春说的是《独木关》、《百凉楼》、《剑峰山》、《莲花湖》、《麒麟山》、《刺巴杰》、《铜网阵》、《讲堂斗智》等黄派戏,此外,赵如泉的济公和欧阳德演得非常好,刘奎官的《徐策跑城》、《萧何月下追韩信》、《路遥知马力》等戏都是麒派的路子,这些戏李万春也都学了。

当时,黄派戏极受上海观众的欢迎,继承黄派以演文武老生出名的还有马德成先生。马先生特别爱喝酒,每逢演出必以白酒饮场。散戏回家后,又总是边吃饺子边喝白酒——饺子还必须每五个一锅地煮,这样一顿宵夜的时间可就长了。李万春跟马先生学戏都是在他吃完宵夜之后,有时是一边吃宵夜一边闲谈,闲谈的内容自然也离不开戏。马先生认为,演员在舞台上要灵活,老一辈演员又往往做不到而闹出笑话来,这样的例子不少:

李吉瑞先生演《骆马湖》,黄天霸跟李大成会面这场,正好遇上扮演李大成的演员是个新手,有些怯场、怵角儿。李吉瑞扮的黄天霸把酒杯往桌子上一顿,叹气,发出"哎"声,应该由李大成接念:"罢了啊,罢了!"然后天霸再念:"可恼啊,可恼!"不想扮李大成的演员却没念"罢了"。如果灵活点儿,李吉瑞直接念"可恼"也就过去了。李吉瑞没有这么做,又重新"哎"了一声,李大成还是没念"罢了"。这下可把李吉瑞气坏了,他跳出戏外,真的一摔酒杯脸冲"李大成"怒气冲冲地说:"咳,该你念啦!"惹得前后台的人大笑不止。

尚和玉先生演《战滁州》,扮的是太师脱脱,上场后先念引子:"一心佐皇家,今做了野草闲花。"归座后再念定场诗,这时家院才能上来报信。也是赶上那天扮家院的是个新换的演员,对这出戏不熟,尚和玉临上场时,这位演家院的演员特意过来问:"老板,我在什么节骨眼儿上(场)?"尚和玉随口答道:"我念完了,你就上。"意思是让院子在等他念完定场诗后上场,不料扮院子的演员误以为尚先生念完引子自己就上。结果就在尚和玉念完"野草闲花"转身归座时,家院上场了。尚和玉刚坐下还没等念定场诗的时候,家院就报事。尚和玉霎时一肚子气冲"院子"一挥手,吼道:"下去!我还有词儿呢!"家院急忙抽身而去,此时已经引起台下的哄笑。谁知这么打岔,尚和玉把定场诗的词给忘了,无奈尚先生急忙招手,说:"家院,你还是上来吧!我的词儿想不起来啦!"试想这种情形,台上台下凡听见的,谁能不乐出声来!

这一次李万春在上海更红了。梅兰芳演完这期准备返京时，剧场把李万春留下，单独订合同，由李万春续演一期。梅先生很高兴，跟李永利说："这可是好机会，万春一个人在这儿唱，赶明儿回北京，组办的事儿准成！"

李万春在上海有时是自己单演，有时也跟上海的名角合作。在演《吕布本传》时，李万春从"起布问探"开始演起，到刘、关、张"三战吕布"结束。探子由江南名丑刘斌昆的弟小石头扮演，貂蝉由赵桐珊(艺名芙蓉草)扮演，王允由苗胜春扮演，刘、关、张分别由王晓芳、林树森、金少山扮演。"三战"中的开打李万春用戟挑剑出手，极受欢迎。李桂春演拿手戏《打金砖》时，林树森、金少山分别饰马武、姚期，小桂元扮大太监。恰好李万春在北京时，俞振庭、丁永利分别给他说过了《飞叉阵》的牛邈、马援，所以在《打金砖》里的牛邈，就由李万春扮演了。有时演还跟盖叫天先生合作。

盖叫天先生当时在上海很红，演武松被称为"独一份儿"。北京过去一直没有演武松闻名的，李万春对《水浒》里的林冲、武松、石秀极有好感，戏里这三个人物都是一身黑，可演法不同。因为身份、性格、处境不同，表现在舞台上也就不能一样。李万春演林冲时，费过一番苦心，也编演过全本《石秀》，从石秀卖柴、杨雄游街、张保劫杨雄彩礼演起。石秀戴黑缎软罗帽，穿蓝布绔箭衣，不带马蹄袖而带下跨子，肩挑柴担，手持斧子上场。石秀打抱不平，与张保对打，先使扁担，后使斧子，从此与杨雄结拜，到杨雄家里，见潘氏父女开肉铺，下面接演《翠屏山》，到"杀山"时，石秀有精彩的舞刀。石秀以老生、武生、小生"三门抱"，老生一般只演"吵家"，下面多由武生接演"酒楼借刀"和"杀山"。谭鑫培老先生则演"杀山"，并以"酒楼"耍"六合刀"闻名。李万春演出时，在"六合刀"基础上又加"八卦刀"、"滚堂刀"，舞台效果更显火爆。杨雄为老生、花脸"两门抱"，侯喜瑞先生演此角色最为出色，其中"洗脸"为一绝，洗胡子也很有特色。于连泉(艺名筱翠花)

《石秀》，李万春饰石秀

演潘巧云,洗脸动作非常细致:擦肥皂、用手巾擦指甲都按当时妇女生活里的动作为蓝本,故而十分逼真,引人入胜。李万春演全部“石秀”,多用《拼命三郎石秀》为戏名。新中国建立后,李万春在北京长安戏院演出此戏,由侯喜瑞饰演杨雄,童芷苓饰演潘巧云。童芷苓此戏全宗“筱派”,故而演出大受好评。李万春想进一步研究武松戏,打算向盖叫天先生学戏,但盖叫天从来不轻易给人说戏,李万春只好在看演出时偷艺。但俗话说“砍的没有旋的圆,旋的没有磨的光”,偷艺只能偷学个大概。盖叫天脚下利落,靠偷学是不能轻易学到的。李万春想了个办法:与他同台唱“对儿戏”,于是提出与盖叫天合演《三岔口》,自己反串刘利华。

与盖叫天一起活动,又到他家里对戏、说戏,李万春了解到盖叫天练功十分刻苦,每天都要练几遍翻、滚、跌、扑。每打一回飞脚,必须超过一百个。抡膀子先是抡棒球棒,后改为抡铜棍,每回都抡五千次。学习盖叫天的练功方法确实很苦,必须要有坚强的毅力。为了练出过硬功夫,李万春、蓝月春咬着牙练了很长一个阶段。

李万春向盖叫天学《三岔口》的“摸黑”对打,有一处是任堂惠绕刘利华脖儿,然后打刘利华一个嘴巴,刘利华接嘴巴后“走”“小滚背”。任堂惠把桌子扔向刘利华,刘利华用脚踢回去。每演这段戏都必须严丝合缝,台下喝彩不断。有一次演出,演到刘利华接嘴巴时,李万春因走神,手伸得晚了,但盖叫天照例打来,加上盖五爷一向手重,李万春每回用手接,手都生疼。这次直接打到脸上,把李万春的牙都打活动了。由于疼痛,李万春也没心思走“滚背”,可盖叫天仍然把桌子推过来,结果桌子砸在了台上。从此,李万春再没跟盖叫天合演过这出戏。但此时李万春已经把盖叫天的脚步学到了手,从此用在了自己的武松戏里,也适当吸收了盖叫天特有的身段、动作、技巧,并加以发展变化,最终创出了北方第一个“武松”。

这次李万春在上海演出,从1929年一直到1931年的上半年,这期间又使李万春再次丰富了技巧和剧目,为挑班充实了本钱。在李万春即将离开上海回京时,正赶上上海大亨杜月笙为庆贺杜氏嗣堂建成举办大型堂会。李永利借助这个机会,联络了一百多位上海演员,请大家一同北上,跟李万春合作演出,就此拉开李万春个人组班的序幕。

一三 筹谋组班 邀集艺友齐相聚
正式建社 领衔主演挑头牌

旧上海被人称为“冒险家的乐园”，光怪陆离，什么样的怪人怪事都有。李万春初到时已听说这里有黄金荣、杜月笙、张啸林等人的名字，他们号称“三大亨”，也是横行无忌的青帮头子。杜月笙为摆阔，出风头，拿他的祖宗做文章，在他家乡浦东高桥修了一座非常气派、讲究的“杜氏祠堂”。正当李万春准备离开上海时，这座祠堂落成，杜月笙一方面请蒋介石、张学良、段祺瑞、吴佩孚等人为祠堂题写匾额，一方面遍邀京、沪的京剧名角为他唱堂会戏，以示庆祝祠堂落成。这些人有权有势，没人敢得罪他们，因此演员没有敢不去的。如果谁不参加，以后就别打算在上海落脚。李万春名列好角之中，当然也接到邀请，而且必须演完堂会才能离开。从 1931 年 6 月 9 日到 11 日的这三天堂会里，就可以看到杜月笙的权势。这三天的戏码之硬、名角之多可以说是堂会演出历史上规模最大的一次。

6 月 9 日的戏码是：全班合演的《天官赐福》，接下来是徐碧玉、言菊朋的《金榜题名》（即《御碑亭》），荀慧生、姜妙香、芙蓉草的《鸿鸾禧》（即《豆汁记》），雪艳琴的《百花亭》（即《贵妃醉酒》），王又宸、尚小云的《汾河湾》，华慧麟、萧长华、马富禄的《打花鼓》，李吉瑞的《骆马湖》，程砚秋、王少楼的《芦花河》，梅兰芳、杨小楼、马连良、高庆奎、谭小培、龚云甫、金少山、萧长华、姜妙香、曹毛包合演的《龙凤呈祥》。

6 月 10 日的戏码是：全班合演的《富贵长春》，接下来是袁履登、王得天的《八百八年》（即《渭水河》、《文王访贤》），郭继云的《空城计》，票友季小姐的《宇宙锋》,孙化成的《群臣宴》(即《击鼓骂曹》),王庚生、小杨月楼的《庆顶珠》,刘宗杨的《状元印》,郑永泉的《智取北湖州》,票友芝英夫人和高庆奎、张春彦、姜妙香的《玉堂春》,李万春、蓝月春的《两将军》,程砚秋、贯大元的《烛影记》(即《贺后骂殿》),李吉瑞、小桂元、苗胜春的《独木关》,王少楼、金少山、张春彦的《捉放曹》,杨小楼、雪艳琴、刘奎官、刘砚亭、蒋宝印的《长坂坡》,梅兰芳、尚小云、程砚秋、荀慧生、马连良、雪艳琴、龚云甫、徐碧云、芙蓉草、王芸芳、谭小培、谭富英、言菊朋、麒麟童(周信芳)、贯大元的《红鬃烈马》。

6月11日的戏码是:杨鼐侬、金碧玉、彭春珊的《满堂全红》,小杨月楼、小奎官的《岳家庄》,言菊朋的《琼林宴》,荀慧生、麒麟童、刘奎官、曹毛包、金仲仁的《战宛城》,马连良、金少山的《取荥阳》,高庆奎的《取帅印》,徐碧云的《花木兰》,尚小云、龚云甫、贯大元的《马蹄金》(即《桑园会》),刘宗杨的《挑滑车》,梅兰芳、谭小培、金少山的《二进宫》,李万春、蓝月春的《林冲夜奔》,雪艳琴、雪艳舫的《弓砚缘》,李吉瑞的《卧虎沟》,程砚秋、谭富英、王少楼的《忠义节》,杨小楼、马连良、刘砚亭的《八大锤》,梅兰芳、尚小云、程砚秋、荀慧生、雪艳琴、高庆奎、金少山的《五花洞》,麒麟童、王英武、赵如泉、刘汉臣、金素琴、刘奎官的《庆贺黄马褂》。

从这三天的戏码看,独缺一位当时颇有声望的老生,就是余叔岩。杜月笙也认为美中不足,曾一再派人跟余叔岩谈:“杜月笙可是得罪不得的,您去了他还会少给您钱吗?”余叔岩坚决不捧这个场,向来人说:“杜月笙在上海说了算,别的地方可由不了他。我得罪了他,顶多以后不到上海去就是了。”余叔岩最终没有参加这次在上海的堂会,正是从这个时候开始,直到1943年病逝,期间十二年余叔岩也确实没有到上海演出。

这次堂会上,还有一个也算让人高兴的事:那就是横行无忌、不可一世的张啸林竟然挨了嘴巴,还是哑巴吃黄连,有苦说不出,没法报复对方。事情起因是:堂会演出场子里,为军政要人和名流、豪绅及洋人留出来好几排座位,张啸林在此维持,贵客到此都由他招待入座。不想有一个他不认识的人,在他没留意时,走进了留出来的坐席,高踞正中间的好座位。张啸林瞧这个人,虽说身穿军装可并不神气,认为是个无名之辈,怒冲冲走到这个人面前,冷冷地问:“谁让你在这儿坐的?”

那个人白了他一眼,同样冷冷地说:“为什么等让,该坐就坐嘛!”

“这是贵宾席,你怎么能坐!”张啸林话锋转硬,瞪起眼睛。

“我怎么就不能坐贵宾席呢?”那个人并没发急,语气也不硬,只是用眼睛紧盯住张啸林的脸。

张啸林从没碰见敢顶撞自己的人，立刻火冒三丈，横眉立目，问："你是哪儿的？"

那个人仍不动声色，回答道："我是哪儿的，你不知道吗？"

这话更激起张啸林的火，怒道："你不配坐这儿！"随即狠狠一指，"滚开！"

那个人用一只手把他的胳膊一推，抬起另一只手，在他面前一晃，"啪"地打了张啸林一个响亮的耳光。

这可大出张啸林的意外，还真把他打愣了。许多人见状，急忙跑过来。张啸林清醒过来，狠狠地指着已经就座的这个人，向众人说："把这家伙给我抓起来！"

听到吩咐，过来的人就要凑上了这个人，准备动手。杜月笙闻讯赶到，止住大伙儿，忙向那个人又鞠躬又作揖，连说："误会，误会，这可是天大的误会！您多包涵，他没瞧出是您来！"又向还在怒不可遏的张啸林说，"快来认识一下，这位是张学良将军的代表。"

一听这话，张啸林怒气全消，立时换了一副笑脸，冲那人深深鞠躬，连说："我是瞎了眼，您消消气儿吧！"张啸林吃了这么个哑巴苦子，可乐坏了平时受他制的人。张学良在东北打出拥护蒋介石的旗帜，蒋介石得以战胜冯玉祥和阎锡山。蒋介石对他非常感激，把冯、阎二人在华北的地盘统统拨给他管辖，并和张学良分任海、陆、空军正副总司令。当时张学良的地位仅次于蒋介石，他的代表打了张啸林自然是白打！张啸林哪里还敢说什么？

这三天堂会演完了，李永利邀请李桂春、邹剑佩、白牡丹（非荀慧生，此时荀慧生已用本名）、徐凌云、赵润生等一百位演员，从上海一同动身，先到天津，在马家口的春和戏院（现为工人剧场）公演。这些名家都是特邀，李万春正式挑头牌，由此向自行组班发展。组成的班社名称经反复研究，取了李永利名字中间的一个"永"字，李桂春名字最后的一个"春"字，定名为"永春社"。这个班社的名字一直沿用到新中国建立，才改为"首都实验京剧团"。这块牌子是从天津回北京后打出来的，由于来的人极多，李永利向俞振庭说明，俞振庭也就不再坚持己见。

李家祖传有一个规矩，男孩不到21岁不能成亲。李万春从上海回北京，正好虚岁21岁，到了家族中规定的结婚年龄。正巧李桂春来京，就把女儿，也就是李万春的未婚妻李纫秋接到北京，举行了婚礼。李万春家一直是老派，李万春的母亲孙炳才治家严格，家里的一切事都由她主持。李万春与李纫秋的婚事，虽然李永利、李桂春已说妥,可是还得经李母相亲,才能真正定下来。李万春结婚也是由其母一手操办的。李万春是长子,又已成名角,婚礼自然办得十分隆重,家里家外喜气洋洋,大伙儿非常高兴。不想次日,婆媳就产生了矛盾。原因是李万春的母亲说一则家里有规矩,二来怕耽误儿子练功和演出,所以从入洞房的第二天起,就不准小夫妻同房居住,让新婚的李纫秋搬到孙炳才的屋中居住,定期与李万春同住。对母亲这种不近人情的做法,李万春也只能无奈地照办。

由于从上海邀来的人多,开支太大,即使是容纳一千人的剧场,场场客满,"永春社"也赔钱。时间不长,不少人先后回了上海,留下来的只有邹剑佩一位,但合作了一个阶段,便嫁给冯国璋的第四个儿子冯家迈(字寄远),也离开了"永春社"。这位小姐个头、扮演、嗓子都好,结婚后不再登台,大家都极惋惜。谁都没有想到:邹剑佩与冯家迈结婚没几年,就吞金死在了颐和园昆明湖上的一座小桥边。邹剑佩为什么轻生?至今仍是个谜。

"永春社"以李万春为主,武戏居多,旦角得不到演戏机会,因此先后更换了许多合作者。吴素秋、言慧珠、魏莲芳、胡碧兰、胡菊琴、金少梅、王静香,以及以后定居台湾的梁秀娟、章遏云与其妹章逸云,还有李万春的续弦夫人李砚秀,都曾在"永春社"与李万春合作。言慧珠、李砚秀、童芷苓戏路都很宽,不仅能演青衣、花旦戏,还能反串武生。李万春曾跟她们反串演出过《连环套》,她们演黄天霸,李万春演窦尔墩。观众好奇,每演必满。在"永春社"与李万春合作的老生演员先后有常立恒、王文源、王少楼、赵化南、雷喜福等人。二旦有小桂花、赵绮霞、何佩华,小生有高维廉、叶盛兰、张世孝(后改名张世兰)。清宗室溥侗,人称侗五爷,自号"红豆馆主",虽是票友但技艺不凡,昆乱不挡,六场通透,各行都精。在《奇双会》中能扮演归工小生的赵宠、青衣的李桂芝和老生的李奇三种角色。在《群英会》中侗五爷能分别扮演小生的周瑜、老生的鲁肃和孔明、方巾丑的蒋干和净行的曹操五个角色。李万春向溥侗学习了《宁武关》,只一个出场就学了一年。直到侗五爷满意了,才接着往下教。常立恒在"永春社"时,一次在珠市口开明戏院演《战宛城》,邀溥侗和筱翠花参加,分别饰演曹操、邹氏。溥侗把"过街楼"曹操见邹氏那场戏演绝了,效果十分好。叶盛兰善于唱做,很多戏里有绝活。在《浪里白条张顺》里扮演神医安道全,不仅"屁股坐子"起得高,还在起跳时把头上的软高方巾甩出去,脖子上也要使劲。一般软巾子很难甩,分寸掌握不好会弄巧成拙。叶盛兰仗着扎实的腰腿功夫,用此动作又脆又帅,让观众觉得轻而易举,每次必得到热烈的"满堂好”，使演出大为生色。

在“永春社”里，花脸、里子老生、小花脸都很重要，花脸先后有刘砚亭、李春恒、侯喜瑞、陈富瑞、苏连汉、张富有；里子老生有曹连孝，陈喜光，李洪春、宋遇春、李宝魁尤为重要；最早担任“永春社”小花脸的是殷斌奎，其后是高斌峰、杨四立、朱斌仙，与李万春合作最久的是张永禄。

从武戏上说，武生最重要的合作者当属武净、武丑、二武生。李万春的“下把”对手最得力者自然是他的师弟蓝月春。只可惜“永春社”成立不久，蓝月春应邀去了西安，无奈只好换了毛庆来。毛庆来和蓝月春一样，俊扮、勾脸全能胜任，开打、翻跌也都十分利落。后来，蓝月春1933年重返北京，又进“永春社”。此后，他和毛庆来有时同在，有时一来一去。1938年，原在“长庆社”随陈富康学艺的姜铁麟拜李万春为师，在蓝月春、毛庆来之外，李万春又多了一个好助手。当蓝月春、毛庆来不在时，姜铁麟就把李万春所有的“下把”活接下来，而且配合严谨，十分默契。1941年姜铁麟随李万春在上海演出，临别时姜铁麟被挽留续演，李万春回北京后，就让二弟李桐春补缺。当时李桐春仅14岁，可是台上极好，与哥哥同台不显小气，配合也还严谨。以后姜铁麟重回“永春社”，李万春的助手济济一堂，有四位之多。如李万春演《武松》，蓝月春饰演《狮子楼》的西门庆，姜铁麟饰演《十字坡》的孙二娘，毛庆来饰演《快活林》的蒋忠，同时这三位和李桐春都在李万春的《蜈蚣岭》里演过王飞天。李桐春和弟弟李庆春及蓝月春、毛庆来、姜铁麟都演过孙二娘。李万春把《走麦城》扩大为《生死桃园》时，李桐春饰关平，姜铁麟饰赵累，毛庆来饰吕蒙，蓝月春饰徐晃。除李桐春外，其余三位还都演过潘璋。只担任武净的是范斌禄、于斌安、于义亭，武丑始终为刘斌升。在“永春社”除去长时间合作的这些人，金少山、裘盛戎、袁世海也都曾经短期合作过。

金少山和李永利是把兄弟，故而李万春称金少山为“三叔”。金少山天赋条件极好，个头高、嗓子冲，唱出来声震屋瓦，演霸王最合适，故有“金霸王”之称。金少山与李万春的续弦夫人李砚秀合演《霸王别姬》，被称为“双绝”，他们在上海皇后大戏院演出《霸王别姬》，连演十天，之后休息三天再演十天，前后共演了69场，场场客满。金少山和李砚秀想见好就收，别让观众看烦了，担心后力不足，如果再演掉了座儿，反而把前边的荣誉给淹没了，所以才婉言谢绝戏院的要求。金少山演别的角色也好，李万春与金少山合演头二三四本的《连环套》，金少山饰演窦尔墩，《火并王伦》中金少山饰演晁盖，《白袍薛礼》中金少山扮尉迟敬德……唱得韵味浓,做戏极细腻。同时,金少山在做戏中还能激发李万春的表演情绪。在《雍正剑侠图》里,金少山饰演老道尚道明,尽管戏不多,却演得十分精彩。金少山的缺点是演戏不够严肃,除了唱做以外,其他的大都敷衍了事,尤其是经常误场。有一次,李万春和金少山演义务戏《古城会》,李万春的关公早就已经扮好了,但金少山还没进后台,等金少山进后台时,就已经该他演的张飞上场了,别人都替金三爷着急,可他却不慌不忙,他只在脸上勾几笔就上场了,随演随着慢慢找补。演《二进宫》的徐彦昭,金少山也是如此。尤其是《辕门斩子》的焦赞,从上场就一直得在台上,可他也能把脸谱找补齐,他是在杨六郎唱时,背朝观众,手里拿小镜子,找补着勾脸。到穆桂英上场的时候,焦赞的整个脸才算勾完。金少山在上海时,有一回跟周信芳演《打严嵩》,依然来晚了,该唱"昔日有个王莽臣"的导板时,他还在扮戏。他把管事人叫来,说:"找个人替我唱这句,我就顶着上场啦!"

管事人颇感意外,忙问:"这样成吗?"

金少山却说:"我常这么办!谁替我唱这句,我给谁两块大洋"!

在上海租界地,印度警察红头阿三最厉害。可金少山的名气大,谁都知道他唱得好,红头阿三也不例外。他坐着人力车赶场,红头阿三从不拦阻。金少山还嗜好养猴、养狗,他的狗名叫"黑炭",一天到晚跟着他。演出时就把狗搁在后台,他吃东西,狗跟着一块儿吃。正式摆桌子吃饭,给狗也设个座儿。有客人在座,他也照样如此,并且当着客人的面让狗叫叔叔、大爷、哥哥、姐姐,因此常惹客人不悦。

从 1932 年,李万春带着"永春社"在北京或到外地演出,反映一直都很好。1937 年,从国家到"永春社",再到他个人,都发生变化。

一四　郎舅聚首　少春刻意攻余派　人才培育　鸣举决心办科班

日本军国主义向外扩张，吞并中国东三省后，1937 年又举兵打到了卢沟桥。此后北京（当时叫北平）沦陷，继而大半个中国都被占领，老百姓处于水深火热之中，戏曲演员的日子也就更不好过了。在这种情况下，李桂春决定暂别舞台，专门培养儿子李少春。李桂春原想把李少春带到北京，拜杨小楼、余叔岩二位宗师为师，兼学文武。不想 1938 年农历的正月十五，杨小楼先生就病故了。李桂春把儿子带到天津，一方面在瑞安街住下来，一方面加紧练功。过了些日子，李少春在中国大戏院演出《水帘洞》，受到了内外行的好评。有了这个基础，李少春才进了北京。

对于内弟初进北京，李万春不仅盛情招待，还在培养方面出了不少力。一方面，李万春尽自己所知地给李少春说戏，一方面将与之同来的弟弟幼春一同邀到“永春社”演出，给他们更多舞台实践的机会，增加他们的舞台经验。李少春、李幼春兄弟俩在《佟家坞》里分别扮过李方和纪逢春。之后，李万春又与岳父李桂春一同为李少春筹组班社，为其独自挑梁做准备。经励科的陈椿龄为此出面，邀请旦角陈丽芳、花脸袁世海、慈永胜等人于当年 10 月 7 日在北京西长安街上的新新大戏院“打炮”。演出《两将军》和《击鼓骂曹》，既是文武双出，又体现了李少春先武后文的特长。由余叔岩的把兄弟及好友窦公颖、桂月汀、张璧等人出面，邀请余叔岩到场看戏，看戏时又提出拜师的请求。碍于众多好友的情面，余叔岩点头应允。于是李桂春趁热打铁，10 月 19 日，在泰丰楼举行隆重的拜师仪式。当时出席李少春拜师仪式的，有高庆奎、李菊笙、王凤卿、谭小培、郝寿臣、李洪春、金仲仁、鲍吉祥、马德成、慈瑞泉、吴彦衡、王福山、叶龙章、袁世海、李宝魁、阎世善、高维廉等梨园中人。

余叔岩之前正式收的徒弟有杨宝忠、谭富英和王少楼，陈少霖是余叔岩的内弟，虽然也是余派传人，但实际却与余先生是平辈。另外在余叔岩收李少春之前，久已私淑"余派"且极有成就的女老生孟小冬，也曾多次请人说合，表示愿拜余叔岩为师。对于孟小冬的艺术，余叔岩也非常赏识，只因此前余先生很久没收过徒弟了，不想"开山门"就收女弟子，所以孟小冬的拜师愿望一直未得实现。如今余叔岩收了李少春，孟小冬便在10月21日——在李少春拜师后仅隔一天，同在泰丰楼举行了正式的拜师仪式，继李少春之后名列余氏门墙。

李少春与孟小冬几乎同时拜师，学戏也是一同进行。初学为《打渔杀家》，继之为《战太平》，这两出戏他们都已有深厚的基础，学起来更便当。只是余叔岩对两位不同性别的弟子在教学上各有侧重，而且有言在先：二人学戏时彼此可以旁听，但未经老师允许，对方不能演出旁听学来的戏。孟小冬拜师后，余叔岩在唱功上对她加以严格规范，所以最初单独教给孟小冬的是《洪羊洞》。李少春这次向余先生学习《战太平》，等于是重新"下挂"（从头到尾重学一遍）。别看是重学，但要真正达到余叔岩的神韵却并非易事。《战太平》原为开场戏，李洪福、钱少卿、扎金奎等经常在开场头一二个戏码唱这出戏。余叔岩对唱、念、做方面进行细微加工，把这出戏列在"大轴"戏的位置上。从唱腔上说，腔虽然没有什么变化，但余叔岩却赋予了浓厚的韵味，而且几处翻高，既响遏行云，又给人以深沉、浑厚之感。在做工上，几个持枪下场，"走"法各不相同，各有难度和美感。被擒后，"扯四门"很有特色；要手铐上的锁链也要出种种花样，尤其往上扔"朝天一炷香"，两条锁链直冲而上，表现出人物的愤怒和忧伤。技巧上难掌握，情绪上也必须有深刻的体会才能表现出来。经过近两个月的学习，李少春于1938年12月3日在新新大戏院首演了经余叔岩亲授的《战太平》，剧中除李少春饰演花云外，沈曼华饰演二夫人，袁世海饰演陈友谅，高维廉饰演朱文逊，陈富康饰演陈友杰。余叔岩还拿出自己使用了多年的金杆枪给李少春用，并且亲自把场。这场演出惊动很多内行，特别是北京的老生行演员，大多到场观摩。同是在这一年12月24日，孟小冬也在新新大戏院首演了经余叔岩亲授的《洪羊洞》。

此后，李少春又跟余叔岩学了《洗浮山》。余叔岩把他在这出戏里的精心之处——"趟马"和武打，都细致地传授给了李少春，后面"托兆"的【反二黄】就草草一说了。新中国成立后，这出戏被列为禁戏，李少春以不能在舞台上表演《洗浮山》的“趟马”和武打为憾。剧作家翁偶虹与李少春共同研究，把《秦琼发配》增益首尾，改成《响马传》，用上了《洗浮山》中的技巧。因为秦琼与贺天保都是穿黑箭衣、黑厚底（靴），戴“黑三”（髯口），所以借用过来，非常合适。

《洗浮山》，李万春饰贺天保

这时李桂春已经退出舞台，不再唱戏，李少春以演出收入维持一家的生活，必须不断外出演戏。由于李少春平时寡言笑，显得沉闷，不够随和，再加上余叔岩向他明确提出：“既然学演我的戏，往后就不要再唱猴戏啦！免得破坏形象。”为此，李少春到余叔岩家里学习的时间逐渐减少，孟小冬却常在余家学戏。因此，就向余叔岩学戏方面，孟小冬的确比李少春学得更多、更瓷实。孟小冬因酷似余叔岩而享有声望，一时曾与马连良、谭富英、奚啸伯齐名，且居首位。和李少春的实际情况不同：孟小冬不指着唱戏吃饭，一般不演营业戏，多在义务戏中露面，因此每次露演都出现惊人的盛况。一次她演《搜孤救孤》，电台转播，大街小巷只要有收音机和大喇叭的地方，都紧紧地吸引着过往人群，大堆大堆的人驻足静听。李万春曾说：“当时我们住的大吉巷口外，有一间门面卖收音机的小电料行，这天竟卖出八台收音机，都是为听她的戏买去的。”有一次，孟小冬在长安大戏院演出《失空斩》，金少山、裘盛戎分饰马谡、司马懿，票价高达10元，超出当时一般票价的几倍，仍然被抢购一空。

李少春北来学艺演戏，李万春已经27岁。就在这一年，李万春的长子李小春降生了。李万春的三个弟弟桐春、庆春、圜春都已十岁左右。李万春觉得应该把他们培养起来，再出一批接班人，这样才能使京剧一代代繁荣昌盛。于是李万春就跟父亲李永利说了自己要办科班的打算，李永利非常赞同，在1938年办起了一个小科班。李永利对儿子说:“这个科班就使你的名字吧!”李万春就在自己的名字与项鼎新先生给他取的“字”(号)——“鸣举”中各选了一个字,把科班定名为“鸣春社”。社址就选在大吉巷,离他家不远的一所四合院。“鸣春社”先后共招收了“鸣”、“春”两科(班)学生,李万春的两个弟弟二弟桐春、三弟庆春都是“鸣”字科的学生,名字分别是鸣俊、鸣杰。李万春四弟早殇,五弟圜春当时仅9岁,不够年龄,只得先在家里练功,属于“鸣春社”的“编外”学生。

沦陷时期,在日伪统治下民不聊生。到1941年后,更是钞票贬值,物价飞涨。买混合面都得排队,吃白薯干、豆饼面,价格也不低。此时办科班,学员众多,更是困难重重。尚小云先生办的“荣春社”,从自己家里往那儿拉整袋粮食,还得尽量让学生吃大米、白面,保障孩子的发育,弥补练功的体力消耗。李万春的“鸣春社”同样得从家里筹划每天开门的七件事——柴、米、油、盐、酱、醋、茶。还得准备一切学习、演戏的必需品,东西贵,挣钱少。为了能叫座儿,更得多排演新戏,在戏上尽量出新花样儿,以防止看戏人减少。李万春说自己爱看书,对“小人书”尤有兴趣,他认为对演戏有帮助。李万春过去改革林冲、马超盔头的想法,就是从小人书里得到启发的。幸喜李万春在小时候学过一些文化,父亲曾给他请过一位赵华甫老师,既教文化课又教绘画。还有一位凌老师,教英文,李万春和蓝月春、毛庆来一起跟这位老师学。这时候文化课、小人书就都用上了,照着《新天津》报上连载的小说《三侠剑》编出戏来,由“永春社”排演,头本李万春自己扮演胜英。新戏出来,上座极好,但是不能总演这一本,等到不上座时再想办法就晚了。必须趁热打铁,接着往下排。为了吸引观众,就连打提纲带排戏,一天就能排出一本来。白天排,夜戏就能演,夜里排,次日的日场演。演员的词儿多是告诉大概意思,由个人去想。这么排出来的戏,质量不会太好,粗糙在所难免。但是每天换一本,观众高兴,来看戏的也踊跃。在往后的几本《三侠剑》里,李万春还演过林士佩、秃子侯华弼等角色。给观众换口味,效果更好。一传十,十传百,看戏者不断增加,从不上座到买满堂,出现了大的转变。尝到甜头后,李万春又排了连台本戏《雍正剑侠图》等戏。与此同时,“鸣春社”也在不断排新戏,如《燕子李三》、连台的《文素臣》,就很叫座儿,但演的时间最长的是一本一本连下去的《济公传》,还有应节戏《天河配》。

在《济公传》里,李庆春一直扮演济公,李桐春扮演陈亮,张鸣禄、王鸣仲分别扮演雷鸣和华云龙。这出戏是张一鹏给排的,“鸣春社”的学生们称他“张大爷”。这位张先生会戏多,而且有武术的底子,在开打上给出了好多新花样。《济公传》

里每本都有一个多小时的开打，打法毫不雷同，场场都有特色。李庆春扮演的济公，造型好，以“美”字当先。在小说里把济公写成一脸油垢，满头长发，衣不蔽体，两脚拖鞋的模样，李万春认为：在戏里既要把小说里的写法表现出来，又不能真照此化妆，让人瞧着恶心，也就失去艺术美感。观众看戏是娱乐活动，不能让人看了觉得心里不舒服。有些扮济公的演员龇牙咧嘴，满嘴黑牙，用手从脖子上、脚面上搓泥卷儿，实不可取。李庆春扮出来干净，形象可嘉，一看就是个喜剧人物，这才是艺术，当然这要归功于张一鹏。

为了叫座儿，北京也有些班社学习上海，使用彩头、机关布景，寻找噱头，把戏里的一些道具换成真的。上海演《封神榜》，把真兔子弄上台，盖叫天用真骆驼上台，曹慧琳、张翼鹏演《白蛇传》，台上出现真蛇，北京的王少楼演《八仙得道》、《天仙配》都用过真鸟。曹宝义、曹艺斌父子演《安天会》又进了一步，二郎神带的哮天犬不仅使真狗，还训练得能在后台“搭架子”——上场前先“汪汪”叫两声，随之再上台。在台上狗能追着孙悟空咬，最后咬住悟空的腿不撒嘴，却伤不着演员。“鸣春社”演《天仙配》，李万春也用过真鸟上台，表现戏中的喜鹊搭桥，也用过真牛上台。在喜鹊搭桥一场，台上空有喜鹊盘旋，台上是学员扮的喜鹊“形儿”，双手持灯，边舞边造型，以菱形的灯组成种种图案。桥搭成，空中喜鹊落下来，持灯的小喜鹊“形儿”组成桥状。王母娘娘高坐云端，群仙环列，十分壮观。李万春为了更吸引人，又想出新花样，在戏里加演电影。那时候电影时兴不久，看电影还算新鲜事，他就把戏里一段不能在舞台上表现的内容拍成电影。在演出中，忽然全场灯灭，赶紧从台顶把银幕放下来，就开始放电影了。比如《济公传》里的蹿房越脊、放火焚烧及斗法祭宝，《天仙配》里的仙女下凡，还有在家里的快速吃面，都借助银幕放映出来。这段电影演完，再熄一次灯，把银幕吊上去，恢复舞台戏。每次这么演，都能得到台下热烈掌声。

这种加噱头花样，用在新编戏里能给人新鲜感，也与新编戏成龙配套，当然这也是时代和现实情况的产物。即便如此，还是不能多用，如果每出戏都把真东西搬上台，都在中途加电影，就太贫了，反而倒胃口。如果用在传统戏里就更加不伦不类了，试想：《打渔杀家》、《古城会》里把真船真马弄上台，或者演到一半萧恩父女、关羽、蔡阳都上了银幕，可就把传统糟蹋了。不仅落不了好，还得挨骂，得把看戏的人全都气跑了。

一五 两春争风 冰城大唱对台戏 二李合作 申江盛赞铁公鸡

李万春说自己“太爱戏了”！爱学，爱看，爱表演，爱琢磨。在戏班里有一句话，叫做“不疯魔，不成活”，演员只有做到了这一点，他的艺术才能与众不同，才能受到观众的认可和欣赏，李万春就是这样的演员。但是，李万春也承认自己有一样不好：“爱抢先，爱出风头，总怕自己落在别人后边。”这样就容易跟人斗胜，抢人家的戏，跟人家唱对台戏，这样一来，时间长了，自然也得罪人！

李万春虽然称马连良先生“三叔”，但实际上也是师徒，况且马连良从上海到北京都非常关心、帮助、提携李万春，二人关系一向很好。马先生给过李万春《羊角哀舍命全交》的本子，说：“我眼下还排这出，我觉得羊角哀最好前文后武，你演着比我合适。往后你也排这出，从武打上出点新东西。”李万春看过剧本，认为加上武场子的确有俏头。左伯桃的鬼魂给羊角哀托梦，诉说在阴间受荆轲、秦舞阳、高渐离鬼魂欺侮的情况。之后羊角哀自刎，也变成鬼魂，到阴间为朋友效力。此时李万春按武生来演羊角哀，在鬼魂大战中设计了繁难、别致的武打。急忙赶排出来，赶在马连良之前公演了。在上海可巧赶上跟马连良同一天演这出戏，等于是唱了对台戏。论理这样做是很不应该的，但马先生没有计较。

跟李万春只差一岁的叶盛章就不行了。叶盛章排了《白泰官》，李万春认为这个角色由武生扮演比武丑更合适，也就以同样的内容排出来了，取名《白门三侠》，跟叶盛章一块儿贴出广告。有一位跟叶、李二人关系都很要好的新闻记者，叫吴宗祐，曾经劝李万春暂时不要演这出戏，怕叶、李二人为此闹僵。但李万春没听朋友

《羊角哀舍命全交》,李万春饰羊角哀(1938)

的劝告,仍然抢在叶盛章之前演出了。叶盛章无奈,只得在开打上另想新花样儿,研究出一套"单刀拐",也算是与李万春各有特色。叶盛章的拿手戏《酒丐》,李万春也常演,同样把武丑改为武生,唱念、武打都不相同。为此,叶盛章对李万春极为不满。一次赶上大合作,李万春和叶盛章两个人碰到一起,而且同台演出《战宛城》,李万春饰演张绣,叶盛章饰演胡车。戏演到胡车与张绣碰面时,本应该先由张绣上场,唱完了"适才间在曹营得见曹操"一段之后,胡车才能上场。那时候不兴事先排戏,都是"台上见"。叶盛章不了解李万春的演出,他饰演的胡车上场早了,李万春那段唱也就没法唱了。李万春误以为叶盛章搅自己的戏,心里很不高兴,下边的戏就开始敷衍了事。等到了后台李万春还跟叶盛章大发脾气,旧事加新事,双方闹得很僵。后来经人从中说和,他们才重归于好,并且还拜了把兄弟。

李少春是李万春的内弟,且又比李万春小8岁,况且李少春北上的时候,李万春已经大红大紫。按理说,做姐夫的应该事事谦让,但是李万春却不是,而是郎舅针锋相对地竞争,各不相让。

为提高上座率,演员各自排新戏是再正常不过的事情了。李万春根据《西游记》第74、77回，唐僧、孙悟空师徒四人取经路上途经狮驼岭，遇青狮、白象、金翅大鹏三怪，请来如来佛收服三怪的情节，编出《十八罗汉收大鹏》一出戏，打算以此成为独一份的杰作。不想李少春也在十八罗汉上动了脑筋。正当李万春演此戏时，李少春从“永春社”把李宝魁、高维廉、毛庆来借去排了《十八罗汉斗悟空》。李万春觉得李少春是来“捋叶子”，跟自己争强，于是下决心要想办法非把内弟的势头压下去不可。从此，他们郎舅的矛盾日深。

李万春特地到北京香山碧云寺和其他有罗汉堂的寺庙仔细观察，了解每个罗汉的法名和造型。在舞台上罗汉报名不再用“降龙”、“伏虎”、“长眉”、“长臂”……而是一律采用本名。罗汉的造型、“亮相”也都按庙中罗汉的造型设计。为了引人注目，每个罗汉在脑后都加“佛光”，具体办法是在演员身后安上一圈小电灯，在后面灯光布景的衬托下，更有神话特色。

每当李少春演《十八罗汉斗悟空》时，李万春或是演《十八罗汉收大鹏》的同时，在前边再加一出别的戏，或是演全部的《齐天大圣》，从《花果山》、《水帘洞》，演到《闹龙宫》、《闹地府》，直到《安天会》猴王被擒为止，或者一晚上演一至十六本的《武松》，从“柴家庄武松得病”一直演到“蜈蚣岭”结束，中间包括“景阳冈武松打虎”、“阳谷县武松夸官”、“紫石街武松遇兄”、“潘金莲戏叔”、“武松别家”、“挑帘裁衣”、“药酒鸩夫”、“武松寻仇狮子楼”、“开吊杀嫂”、“武松发配”、“十字坡打店”、“孟州道遇施恩”、“快活林醉打蒋门神”、“鸳鸯楼”、“飞云浦”，直到“蜈蚣岭”打住。李万春认为把戏串起来演，观众看着感兴趣，上座踊跃，就连续这么办。例如关羽戏，从《屯土山》演到《灞桥挑袍》，称《曹营十二年》；再从《过五关》演到《古城会》，称《千里走单骑》；从《单刀会》演到《水淹七军》，称《威震华夏》；从《封五虎》演到《战猇

《十八罗汉收大鹏》
李万春饰金翅大鹏(1939)

亭》,称为《生死桃园》,还把《定军山》、《阳平关》、《五截山》连在一起,往下接《张永年感恩献地图》、《赵子龙截江夺阿斗》、《关云长单刀赴宴会》。李万春还把《群英会》、《借东风》、《华容道》和《甘露寺》、《美人计》、《回荆州》连在一起演,再加上《芦花荡》、《战巴丘》,到《周瑜归天》。李万春一人连演关平、关羽、刘备、黄忠、赵云,或者黄忠、赵云、张松、赵云、关羽。如演《大名府》,后边还要加上《一箭仇》,李万春前饰卢俊义,后扮史文恭。这样演虽然累,但上座却很好,如此一来李少春就没法比了。何况李万春在宣传上也大下功夫,仗着以前学的文化,在总的戏名底下都要标出小回目作为注解,并且按照这样的形式登出广告,把小回目都登上去,观众一看便知全戏梗概和内容。此外,像重点戏和新戏还在广告上登照片,场门口的广告也用同样办法,招徕观众,因此效果极好。

李万春与李少春之争,尽人皆知,趋于白热是在哈尔滨。1938 年,李万春先到哈尔滨演出,还没离开的时候,李少春也到了这里。两人实际都是应戏院之邀而来,可李万春还觉得李少春是成心和自己作对,就又斗起法来。当时李万春在哈尔滨道外十六道街的华乐舞台演出,李少春则在道外五道街上的中央大舞台演出。两处戏院相隔不远,这么天天唱对台戏,闹得内行师友和外行宾朋都看不下去了,于是联合出面在十二道街的宴宾楼摆酒宴,劝得郎舅二人言归于好。但对于李万春来说,这只是初步和解,二人真正和好还要过二三年,和好的契机竟然是打回力球。

李万春说自己最爱玩:打麻将、摇摊、推牌九、买马票、买狗票。每到上海,他总得看赛马、赛狗,在这上头占了不少时间。回力球是李万春后来学的,学会以后就上瘾了,而且瘾还很大。当时只上海、天津有回力球场,李万春、李少春都是在上海学会的打回力球,但在北京却没有可以打的球场。那时“永春社”、“鸣春社”长期占用庆乐戏院演出,庆乐有个比较宽阔的后院,堆的都是演《济公传》等戏的砌末和布景。这个后院与瑞蚨祥鸿记绸缎店、二妙堂咖啡馆的后院紧挨着,后墙很高。李万春发现这个地方能打回力球,立即让人把景片收拾起来,腾出地方,设立了简易的回力球场。不想这个球场投入使用后,爱好者纷纷前来。李少春打回力球的瘾也很大,场场有他。

李万春和李少春从戏上闹掰了,却从回力球上亲近起来,内外行一致认为这是再好不过的结果了。“二虎相争,必有一伤”、“二人一条心,黄土变成金”,当时他们二人在艺术上有威望,在观众中影响大,于是大家不断跟他们商量合作演出的事。

那个时候,“鸣春社”学生演日场,李万春、李少春等人就在后院打回力球。累了就坐下喝啤酒聊天。一天,有人提议:“咱们反串一出吧?”李万春是急脾气,马上通知前台:“在台上戳出块牌(即广告),通知后台,让学生们别扮了,我们替他们唱!”当天的大轴儿是《红鬃烈马》,大家挑了最后的《大登殿》。李慕良抢着扮薛平贵,因为李慕良是马连良先生的徒弟,但拉胡琴比唱还好,就改为马先生操琴。李少春喜欢演老旦,学李多奎很像,就反串王夫人。赶巧王吟秋在场,就跟程玉菁分别扮王宝钏和代战公主。李万春扮魏虎。这块牌戳出去,观众立时就“炸窝”了。谁能想到:花着看小学生的票钱,竟看上了名角的大合作,而且还是反串,从来无此先例。这场戏效果强烈,观众席中不断爆发出热烈的掌声。

过了几天,这些回力球的球友们又演了一出反串的《四郎探母》。李慕良演杨四郎,李少春反串佘太君,陈啸秋、程玉菁分饰铁镜公主和萧太后,李万春演的则是戏里的小花脸角色国舅。这么演出竟然把学生上座率给提高了,很多观众都抱着买彩票的心理——不一定哪天就赶上“大合作”,花多少钱也听不上这样的戏!

这么演出,希望二人正式合作演出的好心人就更有了理由,这就促成了李万春与李少春的正式合作。广告、宣传上都特为标明“二李合作”,成为京剧界的一段佳话。两人在北京合作,从《群英会·借东风·华容道》开始,李万春前鲁肃,后关羽;李少春饰孔明;演《铁公鸡》,李万春饰向帅,李少春扮张嘉祥,发挥了各自特长,轰动四九城,外地有不少人也专程赶来看戏。“二李合作”最出色的是在上海参加演出的十十《铁公鸡》。

上海演出的合作戏《铁公鸡》,前后共十个向帅,十个张嘉祥。盖叫天先生的一对原安排在最后,李万春、李少春一对为倒二。演出当天,盖叫天临时请假,不参加演出了,这样就把“二李”一对挪在最后,前边再补一对。参加演出的都是有名的角儿,每对上场都是张嘉祥从上场门出场,到台中,向下场门方向“翻城”,表示进入马圈。从后台拿出马鞭,表示把马牵出来。出马圈,把马鞭扔在台上,做刷马、上鞍辔、上嚼环等虚拟动作,诸事完毕,请出向帅。各有一段精彩的“马趟子”,然后一块儿下场。那天仍是李万春扮向帅,李少春扮张嘉祥。因为是最后一对,不必赶着扮戏,从开场就站在后台,趴台帘看别人怎么演,使什么技巧。这是当仁不让的时候,哪对演员出场都使尽绝招,不能让别人比下去,真是人人不遗余力,个个翻跌出奇。李少春见前几对把跟头都翻绝了,自己再拿不出什么新的招式了,就把李万春拉到一边，低声说："姐夫，今儿个我这个张嘉祥可不好唱，有点'起尊'。待会儿上场没有新玩艺儿，可就栽在这儿啦！咱们换换，您来张嘉祥行不行？"李万春也瞧出来，少春上去难于落好儿。若是仗着翻，北方演员都得输给南方演员，于是就对李少春说："换吧，咱们扮戏去！"

来到化妆室，李万春跟管事人说："赶紧戳出块牌去，今儿个我的张嘉祥，少春的向帅。"

"怎么，您二位换啦？"管事人说这句时，表示很出意料。

"对啦，换啦！"李万春接过话说。

那时候兴在台上戳水牌，告诉观众新消息，如同"安民告示"。一会儿功夫，一大块红漆木牌戳在舞台一侧，上面写着几个醒目的白粉大字："今晚最后一对，李艺员万春饰张嘉祥，李艺员少春饰向帅。"见此，观众就议论开了："李万春的张嘉祥？从没见他唱过呀！这回可来着啦！看他有什么新鲜的？"

《铁公鸡》第九对演员下场后，场面上缓锣鼓，台下冲这块水牌就开始热烈鼓掌。缓过锣鼓，在"四击头"里，李万春饰演的张嘉祥出现在观众面前，顿时又是一片掌声。李万春心里清楚：这是一则冲他的名望，二则是冲他的扮相。因为李万春在北京演过张嘉祥，扮相是由他自己设计的，不同一般。他的扮相是：头上打头布，前额露出"月亮门儿"，辫子盘在脖子上；上身穿黑半截袖小褂，小褂斜披着，露出一只臂膀和半个胸脯，小褂外罩马夫衣为坎肩；下身是黑彩裤，裤长只过膝盖，不打裹腿。脚下是黑洒鞋。李万春没翻大跟头，拉马前也不翻城。仗着气势，让观众得到了认可。李少春扮的向帅出来，"趟马"中俩人"走"双"跨虎"，对"飞脚"。在后台李万春告诉少春："一定打出响来，还得又脆又齐，这才能让观众叫好儿！"下场前，"二李"走"对叉"，用软叉三起三落，一切跟前九对都不同，以标新立异、干净利落取胜。这样，不仅没被前九对压下去，效果反而更好。李万春说："这叫有力使力，无力使智。真要是硬碰硬，跟人家较劲翻跟斗，咱们准砸在上海！"

底下的"火烧向帅"，"二李"的演法也与众不同。向帅被烧得狼狈不堪，跟张嘉祥背靠背，站在台中间，先是向帅面向观众唱一句"铁金翅设下了牢笼圈套"；转过身，张嘉祥面对观众，接唱第二句"大不该用火攻把老帅来烧"；再转过来，又是向帅面向观众，唱第三句"若不是张嘉祥把我来保"；最后，张嘉祥面对观众，唱第四句"险些儿将帅们难以还朝"。最后一句的原词是"再不能统雄兵扫灭长毛"，但后来李万春觉得太平军为正面形象，不宜用贬义词来形容，故而把它改为"险些儿将帅们难以还朝”，而且是张嘉祥和向帅两人同唱这句，先是“险些儿”，后面是“难以还朝”，中间的词是向帅唱的“老残生”和张嘉祥唱的“老帅他”，两人同唱，词句不同。在后台，李万春就告诉李少春：“这回每句都得认真负责，唱出抑扬顿挫，唱出长腔、高腔、花腔和浓厚韵味。每一句都得奔下（好）来。”李万春在这四句中的唱法是：第一句在“铁”字上拖长腔，在“圈套”的“套”字上行大腔，使花腔；第二句在“大”字上拖长腔，在老帅的“帅”字上行大腔，使花腔；第三句在最后的“保”字上行大腔，走高腔，使花腔；第四句从“难以还朝”的“以”字后拉长腔，并把“还朝”二字用婉转的小长腔唱出，更显俏皮。这样唱，四句都能得下“满堂好”，果然“二李”当天的演出每句都没落空。开打时，李万春用上《佟家坞》里的七节鞭，李少春则用板凳开打，也算出奇制胜。上海演过，二人回到北京，也演过十十《铁公鸡》，李万春和李少春延续上海演法，同样轰动。多年以来，传为美谈！

《铁公鸡》这出戏很有特色，因此李万春非常钟爱，也时常演出。如果仅演“火烧向帅”这段，就叫三本《铁公鸡》，如果都演全了，就叫一至十本《铁公鸡》，也叫过《太平天国》。其中的“杀家哭长城”、“双夺太平城”和“张国梁尽忠”，都有精彩之处，观众也很爱看。只因创作年代的原因，该剧把太平天国作为反面塑造，新中国建立后即被列为禁戏。1956 年，在号召“发掘传统，继承遗产”时，李万春改动了内容，把向帅、张嘉祥作为反面人物，把铁金翅作为正面人物，仍保留其中的唱和武打，在北京剧场（后改为中国儿童剧院）、北京饭店礼堂和新侨饭店礼堂做过内部试演，经审查同意，便又开始公演，但演得不多。观众对李万春在向帅赴宴时用的串“虎跳”、飞脚过三张桌，以及张嘉祥的抖大旗很感兴趣。这出戏，在李万春饰演向帅时，多由姜铁麟、李桐春助演张嘉祥。

一六 敌伪猖狂　艺友人人遭厄运　司令横行　无辜累累损巨金

历代统治者,越到晚期就越不得人心。平民百姓陷入水深火热之中、怨声载道之时,也就是他们的覆灭之日。日伪统治时期,到了 1941 年以后,北京人民的痛苦比起 1939 年刚沦陷时,又进了一大步。演员处在社会最底层,尽管台上大名鼎鼎,技艺精深,但是无权无势,仍然到处受欺辱,尤其树大招风,越是好角就越遭人算计。

日伪政府因"国库"空虚,便向百姓勒索,苛捐杂税,暴敛横征。群众贫困,谋生艰难,看戏的人大为减少。可是日伪政府同样没有放弃压榨戏班的敛财手段,即便是看戏的观众越来越少,戏院的捐税却日益增多。再加上警、宪、日本翻译等等的敲诈,更使戏班、剧院无力负担。如果演员们在北京演出还略好一些,但假如北京的演员"跑帘外",负担就会变得更大。那时讲"大东亚圣战"、"大东亚共荣圈",戏班的衣箱送到铁路托运,如果不找熟人,不拿钱应酬,检查人员必把衣箱翻个底朝天。这还不算,就怕他们用钎子探,用刀挑,或者翻动时一使劲,许多服装道具就算报废了。演员在台上一句话说不对,犯了禁,或者得罪了那些日本人的爪牙,哪怕是小喽啰,必然招致他们的不满,轻者当场挨打,等事后找碴抓去坐牢,也不在少数。

那时候,有一个声势显赫、威风十足、横行无忌,让人闻名丧胆的所谓"金司令",更是一大祸害。"金司令"名叫金璧辉,也叫川岛芳子。原是清末肃亲王善耆的第十四个女儿,原名叫爱新觉罗・显玗,字东珍。辛亥革命后,善耆妄想复辟大清王朝,企图借助日本人的力量,把十四女儿送给日本人川岛浪速做养女,改名川岛芳子。川岛浪速带她到日本,在东京、长野等地长大成人。这个女人既受父亲影响,怀有强烈的复辟野心,又受川岛浪速的“培育”,对日本抱有好感,从事日本方面的谍报工作。早在1928年,她就参与策划了炸死“东北王”张作霖的“皇姑屯事件”,1931年又参与策划了“九·一八事变”及后来的“满洲独立”,并导演了震惊中外的“一·二八事变”。自从1937年“卢沟桥事变”以后,她便以金璧辉之名来到北京,作为日本侵略者的帮凶,干着罪恶的勾当。直到1945年日本战败投降,金璧辉才受到应有的审判,并于1948年3月被处决,时年42岁。

戏曲演员在旧社会都逃不了为统治者取乐的命运。清政府统治下,慈禧太后传官差,美其名曰“内廷供奉”,实际上是把名角叫进宫里演戏,供他们寻欢作乐。不论多大名气的演员,进了宫就得任他们摆布。让演员演什么就得演什么,让怎么演就得怎么演。外界看来也许认为能进宫当差,与太后、皇上见面,得到最高统治者赏识,不易。但实际正如戏里所说的那样:“伴君如伴虎,昼夜不得安,一朝龙颜怒,四体不周全。”这指的还是大臣,戏曲演员所受的远比这些厉害,私下里不知哪个地方注意不到,在台上不知哪句词说得不合适,都会招来祸事。

金璧辉来到北京后,被任命为日伪的安国军总司令,恭维她的人称她为“金司令”。“金司令”最善作威作福,不论在家在外举行宴会,总要把众多京剧名角找去,说是请来做客,实则是为她唱戏并陪她打麻将、推牌九。金璧辉举办的宴会都有名目,例如赶上元宵节、端午节、中秋节、重阳节,便是庆节,到了大年则是祝岁,如果是她的生日则是贺寿。不论什么节,都得给她送礼,她过生日,送的还要多。每逢她办宴会,都会收到不计其数的礼品。即便不是逢年节和生日,只要她给演员打个电话,不论早晚,演员们都必须前去。在电话里她还指定给她带什么东西,演员非但不敢不去,带的东西也得如她的意,否则她便暗中指使爪牙,在演出时寻衅闹事,把戏搅了!在她家里打麻将、推牌九,都由她“坐庄”,指定一个人给她掌钱包,点她赢得的钞票。她玩腻了,把手一挥,大伙儿都得散去。她跟掌钱包的人说:“回去把钱数好,明天给我送来。大概是××钱吧。”这掌钱包的人,就得如数给她送来。实际上她根本没赢到这个数目,掌钱包者只有自掏腰包给她把钱凑足。京剧名角被她这么敲诈的太多了。

有一回她办生日,宴会没完没了进行,眼看晚九点了,马连良先生当晚有戏,就托她的随从对她说:“马连良向您表示歉意,他今晚有戏,得提前告退。”如果没这番话,悄悄溜了,也许什么事没有。也许被她发现,惹恼了她,日后总得想法惩罚。没想到马连良这么一说,金璧辉勃然大怒,说:“把他给我叫来!”

马连良来到金璧辉面前，她怒目而视，冷冷地说：“马连良，你能在北平唱戏，得念谁的好处？我说个不字，叫你在这儿没有立脚的地方！今天拿唱戏跟我摆谱儿，是我的生日重要，还是你唱戏重要？”

马连良低声下气地说：“司令，您圣明，我本来应当在这儿伺候您，可今天不上园子不行啊，那儿票都卖出去了！”

“好，好，好！唱戏挣钱要紧！”金璧辉把手一挥。

马连良如遇大赦，连说：“谢谢司令，谢谢司令。”

刚一转身，不料“金司令”又一挥手：“别忙，我告诉你，明天你得认罚！”

“是是是，明儿个我好好孝敬您！”

马连良说完又要转身，金璧辉不等他转身，紧挨着说：“那就看你的孝心啦！还有，明天你来得给我唱个通宵！”这又是她敲诈的一招儿！

说到李万春被这位“金司令”敲诈，小的不算，大宗的有两次。一次是在除夕夜里推牌九，金璧辉让李万春给自己掌钱包。临近初一的早晨，金璧辉才打个呵欠，挥手让大家散去。从李万春手里接过钱包时并没说话，李万春暗自庆幸，自己躲过一劫，也许是过年，她心里高兴，没敲竹杠。不想到正月初五，李万春住处所属的外四区警察署来人，把李万春和李永利传去。警察署的署长马书田亲自见了李永利父子，说：“三十晚上司令的钱包里少了一万块钱，这可跟你们有关系，你们赶紧把钱补上，事情就过去了。都是跑外面的，别为这点小事闹得名声不好。”说罢此话，马书田一面把李永利押起来，一面让李万春回去筹钱。最终，李万春送去八千块，外加一件狐腿皮袄，才算把李永利放出来。

另一次是“金司令”坐车到李万春家，和颜悦色地说：“路过这儿串串门儿，瞧瞧你们！”李万春深感这是黄鼠狼给鸡拜年——没安好心，只好强颜为笑，毕恭毕敬，烟茶招待。金璧辉东瞧瞧西看看，转悠了一会儿，说：“得啦，我走啦！”李万春全家把金璧辉送到大门口，她上了车，又打开车门冲李万春说：“万春，送送我呀！待会再让车把你送回来。”李万春只得从命，一同乘车，等到了金璧辉的家门口，“司令”忽然说：“哎呀！我的手提包忘在你家啦！”

李万春闻言感觉事情不妙，忙问：“你搁在哪儿啦？”

“可能就在我坐的椅子上，没关系，里边没什么重要的东西。就是两三千块钱，还有一张一万五千元的汇票。”

李万春心想，这可又是个大数儿，连忙说：“咱们把车开回去吧！”

见金璧辉同意了,李万春这才放下心来,认为既然有她同行,事情就好办了。回到李万春家,见“司令”坐过的椅子上没有手提包,问家里的人,都说没看见。李万春暗想,莫非又是敲诈?不料,金璧辉自己在椅子附近的犄角旮旯找到了手提包,“司令”显出非常奇怪的样子,说:“怎么跑到这儿来啦?”说着,冲李万春伸手一指旮旯,李万春急忙捡起提包,送到金璧辉手中。金璧辉自己打开手提包,往里瞧了瞧,又用手翻了翻,自言自语地说:“怎么没有?是我记错了?”

李万春闻言不亚赛五雷轰顶一般,忙问:“没有钱和汇票?”

“没有。”金璧辉说出这两个字时,紧盯着李万春和李永利的脸,“你们家刚才没有外人来过吗?”

“没有,”李永利急忙回答,又补充说,“您走后,没来过人!”

“那好吧,可能我记错啦。”又说,“你们再找找,我回去也找找,看是不是搁在别的手提包里啦。”

金璧辉走后,李万春一家人立刻感到:祸事又来了!

果然,第二天,李万春刚演完戏,就有几个警察闯进后台,厉声问:“李万春呢?李万春呢?”李万春赶紧上前来,说:“我是李万春,您找我有什么事?”领头的警察上下打量李万春一番,说:“李老板,辛苦一趟吧!”李万春顿时明白,准是为了昨天金璧辉那个手提包的事。后台的人不了解内情,有人大着胆子上前,问:“什么事?”警察气势汹汹,说:“躲开,躲开!别往里掺和!想跟他一块儿走一趟是怎么着!”

第二天,李永利四处托人走动,到警察署问情况,又托人找到金璧辉,请她“高抬贵手”,花钱、请客、送礼,请求先把儿子放出来。

金璧辉所说的那两三千现金和一万五千元汇票,是不会不要的,但她却放出风来,说:“李万春不会干这种事!一定是他家里来了外人,这事就不必追究了。我绝不能让李万春背这个黑锅,影响他的名誉。漫说报纸上登了这件事,就是外界有这种传说,对他也不利!他是好角儿,往后还得戳这块牌!我得有个声明,给他恢复名誉。”

过了些日子,果然传出金璧辉的“声明”,意思大致是说:这件事出于误会,李万春跟我关系一直很好,并且是我的义子,他绝不会干出那样儿的事!这么一来,李万春的黑锅反而背得更厉害了。外界不明真相,误认为李万春跟这个“金司令”关系密切。李万春不仅受了她的害,而且还被她利用了。抗日战争胜利后,国民党官员又以“义子”的名目来敲诈李万春,李万春还落了个“汉奸”的罪名,更是有冤无处诉!

一七　抗战胜利　不想欢欣成画饼
大员索贿　有意诬陷入牢笼

日伪统治晚期，一则货币贬值，物价飞涨；二来穷凶极恶，迫害无辜。正当老百姓苦不堪言的时候，抗日战争胜利，日本侵略者无条件投降。全国人民无限欢喜，指望从此乐享太平，过上舒服日子。谁知喜悦如昙花一现，随之而来的是另一种苦难。国民政府的接受大员接踵而来，以接收敌产、逆产为名，敲诈勒索，中饱私囊。各级政府的苛捐杂税如同掠夺。士兵、伤兵仗着那套军装白吃白喝，白听“蹭戏”。演出时，每场都有许多身着黄军装的士兵，不买票就进入剧场，真如侯宝林在相声里所说：他们冲把门、检票的人一点头，就是最好的了，经常是演员上台往台下一瞧，如果是清一色全是穿黄军装的，那么这场戏就算是白演了。后来政府采取措施，让剧团每星期六晚上和星期日白天演出慰劳军人专场，这就等于白给当兵的演出。其他时间，当兵的不买票一律不准入场。这样的规定看似有道理，其实还不如原来。原因是演出专场时，当兵的不买票白看戏变成了理所当然的事情，可是在别的时间，当兵的不买票白看戏的情况也没减少。如果是老老实实看戏，还算剧场、剧团幸运，如果赶上士兵、伤兵寻衅闹事，摔茶壶、飞茶碗，抡拐杖打人，损失就更大了。

李万春是个既爱戏又好胜的人，因此吃亏也在前头。抗日战争胜利，祖国重光，他非常高兴。心想这回不用再受日伪的气，不会再有金璧辉了。应该好好在戏上下工夫，就想把开明戏院买下来，自己经营，按现在的说法是“场团合一”，这样排戏、演出都有保障。没想到接收大员们从李万春的这个举动中认定他手里一定有钱，打算狠敲一笔。他们从李万春和金璧辉的关系，以及他曾经排演过的《汉班昭投笔从戎》这出戏上做文章，说李万春和金璧辉是同党，同样犯有“通谋敌国，图谋造反抗本国”的罪行，还说演《汉班昭投笔从戎》是配合“大东亚战争”，为日伪在北京征兵做宣传。与此同时，国民政府的一些官员也在马连良的身上打起了主意，罪名是戴过“战斗帽”，穿过黄军装，挎过指挥刀，代表“使节团”到“满洲国”的首都“新京”（今长春），为“伪满”的康德皇帝溥仪演过戏。

马连良先生的确照过全副日本军装的照片，那是被日伪人员怂恿，照着玩的。谁也没有委任过他什么职务，他去东北演出是为在沈阳兴办了一所回民学校，因为马先生是回族，所以应邀去演出。至于和“使节团”到长春去庆贺“满洲国”成立十周年挨不上边！李万春的罪名也属于莫须有，旧时戏班的演员没有社会地位，在权势的面前只能是任人宰割，这一点演员心中都有数。国民政府中的有些人对于这种情况也不见得不清楚，他们不过是借此为由，让马连良和李万春“破财免灾”。钱一旦花了，灾也就消了。李万春当时正是而立之年，血气方刚。他想：日伪时期，北平沦陷，国民政府的要员携妻带子，远逃避难，走不了的人都成了亡国奴，金璧辉这样的恶人敲诈勒索，没地方讲理。如今日本人被赶跑了，国民政府的要员又都冠冕堂皇地回来了，甚至一些日伪时期的汉奸，此时摇身一变还成了打入日伪政权中的“卧底”，竟然成了“功臣”。只是老百姓和唱戏的演员依旧任人宰割。再说定罪也要查证核实，自己是个唱戏的，想往政治堆里挤都挤不进去，此时怎么就成了全民公敌的“汉奸”了呢？因此，这时任谁劝李万春花钱儿疏通打点，他都拒不接受。他下决心硬顶着，看政府大员们能把自己怎么样！马连良比李万春大十岁，已是四十多岁的人了，平素谨慎，想着花钱买心静，就四处托人情，多方找门路，不停地奔走，花着钱，官司还打着。一年多，花得倾家荡产，总算没戴上“汉奸”的帽子，没坐牢。李万春可就不然了，钱没花，人被折腾得厉害。过不完的堂，受不完的审。尽管是“事出有因，查无实据”，可李万春还是以“汉奸罪”被政府送入监狱。

法官们还采取了“诱供”的办法，让李万春按照他们的说法承认，还说：“只要你承认下来，很快就出去，没什么大事。”李万春则以“不管大事小事，天理良心，我没有那么做”为回答。因此他在监狱里住了两年，最终还是以“查无实据”被“释放”了。后来李万春听说有位法官替他打抱不平，主动为他申诉，使他在监狱里少呆了些日子。新中国建立后，李万春与这位法官见过面，李万春当然不认识人家，但人家却认识李万春，还说：“我最爱看你的戏，审理你的案子时，我参加了，替你说了公道话!”

李万春在庆乐戏院后台打台球,参加的人越来越多。大家都想不能总贪玩儿,还得提高技艺水平,于是就组织了集体练功的活动,成立了“习进会”。除了李万春、李少春、蓝月春,还有毛庆来、程玉菁、高维廉、李宝魁、周益瑞、刘斌升、王德禄等,都是“习进会”的主要成员。马连良先生的长子马崇仁,当时正学文武老生,马先生把儿子送进“永春社”实践。李万春演《长坂坡·汉津口》,前赵云,后关羽,就由马崇仁扮演该戏中部“大战”的赵云。如果演《四进士》,马崇仁就既扮杨春,又扮毛朋。后来,马崇仁拜侯喜瑞先生为师,就又兼演“永春社”里架子的活,例如《十老安刘》的李左车、《打金砖》的马武,演得都出色。马崇仁也常跟李万春等大伙一起练功,练功时都穿上练功衣,跟初学戏的学员一样,什么都练,非常正规。而且“习进会”严格规定:任何人不准迟到!为了严明纪律,公议:凡迟到者,大家起“连环”,一个挨一个练时,绝不许插进队列,只能自己在一旁耗腿、下腰,等大家练完了,迟到的人才能从头单练一次。

庆乐戏院的东家、总经理杨韵谱先生,过去演梆子(陕西梆子——秦腔)花旦,艺名叫“还阳草”,见这种练法极为赞成,总说:“你们这些名角儿,能每天集合一块儿这么练,还有严格的制度,持之以恒,实在不易,应该推广。”不论见了谁都做宣传。过不多久,叶盛章也效此法,成立了“惜阴会”,每天在全蜀公会活动。

李万春的“汉奸”官司终于打完了,“习进会”的人为欢迎他重回舞台,发起组织了一场合作戏,前边是《战长沙》,后边是《铁公鸡》。《战长沙》里李万春、李少春、袁世海,分饰关羽、黄忠、魏延;《铁公鸡》里,仍由李万春、李少春分饰向帅、张嘉祥,袁世海饰铁金翅。这场合作戏前,李万春先生在庆乐戏院演了三场。李万春想,他的“罪名”是在庆乐戏院演出时出的事,这次重登舞台还得在庆乐首演。几年没上台了,李万春有些发胖,他担心恢复不了过去的利落,就用关羽戏“打炮”。合作戏是在鲜鱼口的华乐戏院演出,李万春、李少春这么演双出,过去没有过。又由于他辍演几年,好久没跟观众见面,所以消息传出,很多人纷纷到戏院订票,广告牌戳出,戏票便一抢而光,演出盛况可想而知。演出那天,到后台来看李万春的人比在庆乐还多,友好的相见,一方面表示慰问、道喜,同时也对李万春的发胖充满了顾虑。大家都知道常练武者,身上的肉瓷实,有些日子不练,肉就发松,身体也会显胖,这就是《三国》里刘备所说的“腐肉复生”。每当提起此事,李万春总笑着说:“您瞧我这身肉,快成‘棒槌’啦!”

对方也总笑着说:“像您这样的‘棒槌’越多,观众就越高兴!”

这是因为李万春在监狱里还算自由,有练功的条件。对演员,看守人员都给予照顾,何况对李万春,都觉他冤枉,为他叫屈,都跟那位为他打抱不平、说公道话的审判员一样。多数人看过他的戏,对他印象好,自然不会难为他。再者,李万春不肯花钱,是针对那些想在他身上发财、敲竹杠的高级人物。对于一般人,还是需要打点一些的,因此李万春的家人去看他,给李万春送吃的向来不受限制。不但如此,在李万春不练功时,看守人员还催他活动活动,只是不能像在外面,一天到晚大部分时间都用在戏上。

谈到《战长沙》这出戏,情节十分简单,不过戏里关羽、黄忠、魏延,直至里子老生韩玄。只要演细微了,每一个人物都很有俏头,好角那这出戏当大轴,观众也坐得住。李万春、李少春、袁世海演出后,马连良有意与李万春合作,扮演黄忠,李万春、袁世海都很高兴。马连良正开着玩笑说:“这回咱俩打汉奸官司得同台,许更叫座!”为此,马连良专门设计,做了一身黄靠。后来由于马先生急于从上海去香港,没能实现合作此戏的愿望。

又过了十年,新中国建立后,马连良剧团与谭富英、裘盛戎为主演的北京市京剧二团、张君秋为主演的北京市京剧三团合并,组成北京京剧团,为体现名角联合的强大阵容,先后排演马、谭、裘合作的《杨家将》、《三顾茅庐》;马、谭、张、裘合作的《秦香莲》、《赵氏孤儿》。此时的马连良又想起《战长沙》,提出由谭富英、裘盛戎分饰黄忠、魏延,他扮关羽,做了充分准备,但因谭富英患了高血压,又没排成。李万春从内蒙古回北京,马连良再一次跟李万春说起这出戏,并拍着他的肩膀,说:“万春,还是咱们俩跟老裘排吧!我还真想唱这出!”话说不久,赶上1964年全国现代戏汇演后,中央提出不准演“帝王将相”和“才子佳人”的戏,不能歌颂地主阶级,不能让死人统治舞台。马连良这一计划又一次落空。此后,马先生只在现代戏《杜鹃山》里饰演郑老万,在《南方来信》里饰演杨志青,又同张君秋一起排了一出《年年有余》。一次马先生见到李万春,又提起《战长沙》,连连摇头地说:“别再往下说啦,我是没有唱这出的命啊!”

又过了二十年,到1984年,李万春和袁世海、厉慧良,还有曲艺曲剧名演员魏喜奎一同受太原市之邀,看太原市实验晋剧团郭彩萍、李月仙、阎慧贞、武忠、高翠英等中年名演员的新编戏,并讲授表演课。期间,晋剧团的团长杨秋实提出想让这些位老艺术家联合举办一场示范“演出”。袁世海说:“演《战长沙》,准叫座儿!老万哥饰关羽，慧弟扮黄忠，别看我如今68啦，演魏延还胜任——就是在慧弟的《艳阳楼》里扮个青面虎，‘走’个‘肘棒子’什么的，都没问题，准能奔下（好）来！”

杨团长满脸堆笑，魏喜奎拍手赞成。这个提议如果实现，不仅当地观众可以大饱眼福，录下像来还是不可多得的学术资料，传之后世，十分宝贵。然而，遗憾的是因时间紧的缘故，李万春和袁世海需要赶回北京参加全国政协会议，《战长沙》最终没有演成。

一八 战事连年 弟兄分手上海市 新国始建 故旧聚会南昌城

李万春刚打完汉奸官司，亲友们都建议他离开北京，到外面转转，换换环境，也满足外地观众的心愿。恰好此时上海来人相邀，于是在 1947 年，李万春和李少春一同来到上海。

那时“鸣春社”前后两科（班）的学生都毕业了，“鸣春社”也不再办了。学生们有的参加了“永春社”，有的另去搭班。李万春的三个弟弟桐春、庆春、圜春，都进了“永春社”，李桐春已经成为能与哥哥并驾齐驱的主演，李庆春也有些名气，可以担当重头戏。在李氏兄弟当中，李桐春名气较大，因为走他哥哥的路子，学的是文武老生，以武生为主，只要有挑班演出的条件，李万春都积极地想把他提拔起来，不仅让他和自己同台演出，分担主演，还让他接替自己的戏，挑着演。在宣传方面，特意把李桐春的名字提到显眼的位置。戏园子门口挂的水牌（广告）和海报上，都把李桐春的名字和李万春的名字并列，有时李万春把自己和弟弟桐春的名字写成并排的两个“三丁”，也就是“品”字形，在戏班里俗称“坐着的”，也叫“蹲着的”，有时更是上面统一用一个“李”字，下面统一用一个“春”字，中间平行写出“万”、“桐”两个字。这样做只为告诉观众：这兄弟二人艺术上不相上下。

李万春和李少春一起来到上海后，上海天蟾大舞台又挂出“二李合作”的牌子。李万春与李少春合作一场义务戏，戏码是《战宛城》，李万春饰典韦，李少春饰张绣，赵如泉、白玉薇分饰曹操、邹氏。这出戏，李万春小时候在“斌庆社”就常演，而且张绣、典韦都演过。以前多是他扮张绣，陈富瑞扮曹操。李万春年纪不大，却爱琢磨。看了几次陈富瑞饰演的曹操，在进宛城时的表演，每次都是进城前用马鞭指城门上方点三下，就想，这三下是点城门额上的字，可是宛城只有两个字，点两下才合适。于是李万春向陈富瑞提起，陈富瑞不以为然地说：“按照锣鼓点儿，仓仓仓，只能点三下！”

李万春到说：“那可不然，点三下儿，不成了仨字吗？”

“那么你说该怎么办？”陈富瑞用眼睛紧盯着李万春，既像跟他要主意，又像说：“这回也把你难住了吧？”

“可以在扬马鞭时空过一锣去，从第二锣点，这不就点两下啦！”李万春坦然地说。

“真有你的，我怎么就想不到啊！”陈富瑞哈哈大笑，表示佩服！

后来李万春与高盛麟合作《战宛城》和《连环套》，都是两个人轮换着演，相互换着演张绣、典韦和黄天霸、窦尔墩。

这一次在上海，还举办过李万春、李少春同李仲林的“三李合作”，又曾与盖叫天、高盛麟、李仲林、曹慧麟、白玉艳举办过“七大头牌”的大合作。如果演《玉麒麟·大名府》，后接《一箭仇》，其中盖叫天饰演史文恭，高盛麟饰演卢俊义，李仲林饰演林冲，李桐春饰燕青，李万春饰武松。如果是演《四霸天》，从莲花院拜寿到黄天霸行刺施公，归顺当差，接《恶虎村》。按杨小楼的演法，前面有“辞差”一折，名《江都县》，这些“头牌”则分饰黄天霸，由盖叫天演最后的黄天霸。

从 1947 年到 1949 年，正是解放战争的高潮，到了 1948 年末、1949 年初，天津、北京先后解放。解放军即将横渡长江，南方各地群众人心惶惶，看戏的人大减。每逢这样的时候，一方面是必须以阵容硬整、演出别开生面叫座儿，另一个方面是要找合适的地方演出。1949 年，李万春一行人在上海天蟾大舞台举办了一场大合作，可以说是空前绝后。不仅角儿多、阵容齐，而且戏码过硬，先后演出《翠屏山》、《铁笼山》、《三岔口》三出戏。《翠屏山》中，李万春和高盛麟、李仲林、盖叫天分别饰演石秀。其中高盛麟演“吵家”，李万春演“耍刀”，李仲林演“杀海”，盖叫天演“杀山”。《铁笼山》由高盛麟主演。大轴由李万春、高盛麟再次合作《三岔口》，李万春仍然反串刘利华。

因为台湾来人邀请“永春社”去演出，这场大合作成为临别纪念。李万青和李桐春商量：究竟是“永春社”全社到台湾去，还是先去一部分人为好？台湾看戏的人一定多，但是毕竟闽南与大陆，尤其是北方的语言有很大的隔阂，能否听得懂京剧？演出时间短还可以，但演出时间长了，还能不能保证上座儿……这些都很难预料。去台湾路那么远，去的人多了，万一"崴"在那儿可怎么办？再则大伙儿都拉家带口，很多人的家眷都在北京，如果到台湾，大陆解放了，至少短期是回不来的。家里妻儿老小，依靠何人？这都是实际问题。最终，李万春兄弟二人商量的结果是分兵两路——李万春、李庆春带一部分人暂时留下；李桐春、李圜春带一部分人去台湾"探路子"，如果情况好，再去汇合。不想李桐春、李圜春刚一去台湾，大陆就全面解放了，国民党偏安台湾，至今没有统一。李氏兄弟分手容易聚首难，两位老人去世，桐春、圜春也没能回来奔丧。

李桐春一行人走后，李万春、李庆春带"永春社"这部分人经苏州等地来到江西，在南昌这座革命名城尝到解放的甜头。随着新中国的建立和全国解放，各方面逐渐走入正轨。市面上逐渐繁荣起来，演出的上座率也有了很大的改观。

在南昌演出的时候，剧场离李万春及永春社住的旅馆不远，天气不冷不热，每晚散戏后大家都是安步当车，边走边聊，直至回到宿舍。有一晚，大家走在半道儿，李万春从一兜里掏出烟斗包，拿出烟斗，装上烟丝，正要点，忽然发现前边不远，马路旁边的电线杆底下有个黑糊糊的东西，像个小包袱。李万春心想：是谁丢的东西？李万春没顾得点烟，赶紧跑过去，俯身细看。当时一惊，原来是用小被子裹着一个刚出生的小孩儿。他把小孩抱起来，小孩受惊，不住地哭叫。此时李庆春也奔过来。

李庆春问："大哥，发现什么新大陆啦？"

"是个小孩儿，多可怜哪！刚生下来就扔在这儿啦！"李万春随说，不禁摇头叹息。

"是弃婴！"大家异口同声地说。

这时李万春发现小孩儿脖子底下，露出个纸条儿边儿，抽出纸条细看，上头写着"请仁人君子代为抚养"几个字，立刻肯定："是弃婴！"

有人说："赶紧放下吧，别管了。好在天还不冷，冻不着。一会儿别人还能瞧见。"

李万春一挥手："那可不行！现在时候不早了，要是待会儿没人发现，可就糟啦！"他试着跟大家商量，"咱们抱回去吧？"

李庆春首先表示不同意："您把他抱回去，咱们怎么养活呀？"

"咱们不能眼瞧着扔在这儿，一宿没人管，非送了命不可！"

见李万春很坚定,李庆春说:“抱回去也好,交给旅馆,明儿个送到育婴堂去!”就这样李万春把孩子抱回旅馆。

服务员十分惊奇,忙问:“李老板,您哪里抱来个小娃儿?”

了解事情经过,几个服务员共同向李万春挑起大拇指:“您可真是好心人,这可是行好积德啊!”

大伙打开小被子,见是个圆圆脸,胖乎乎的小女孩,都说:“这孩子可不错,招人喜欢!”

有个嘴快的服务员说:“李老板,收下她吧!”

李万春正思索,李庆春急说:“我们每天演出,谁照顾她呀! 明天托你们把她送到育婴堂去。”

“哎呀,那样这个小娃娃可要受苦啦!”这个嘴快的服务员又说。

李万春想有道理,又觉得这个孩子跟自己有缘分,要不然怎么在异地他乡让自己捡到她呢? 于是,他跟李庆春说:“干脆,留下,咱们养着吧,让她当我女儿!”

“谁喂她奶,谁给她洗尿布? 您想了吗? 咱们一天到晚东奔西走演出,这不是累赘吗!”

尽管李庆春想得周到,李万春想了一下还是说:“这好办,明天雇个奶妈,不全解决了吗!”

就这样,这个孩子就被带在李万春的身边。那一年正是虎年,这个孩子属虎,比李万春的长子李小春整小一轮,比长女李淑媛小4岁,李万春给她取名“新兰”,始终把她看做是自己的二女儿,视如己出。这个孩子一直跟着李万春,直到长大成人,出了嫁才离开父亲,即便如此,女儿和父亲仍是保持了往来,和李万春的亲生子女一般无二。

新中国建立后,各地都在做演员登记、组织学习、筹建新团的工作。李万春在南昌演出属于旅居,既可在当地登记、学习、建团,也可以回北京办理。江西省和南昌市文化主管部门都非常热情,征求李万春的意见,表示欢迎李万春在当地组建江西省京剧团。但是由于“永春社”全体演员的家都在北京,一律迁到南昌,演员和家属都表示不愿意。家眷如果不迁,就只能个人定期回北京探亲,但这样也有诸多不便,不但影响演出,也不是长久之计。地方领导见状不便勉强,连说:“尊重大家的意见,就在这里多演些日子再走吧!”

从心情上说,大家都想早一天回北京。不过他们已经离开北京很长时间,解放后北京京剧界的情况一点都不知道,况且北京解放在南昌之前,如果北京先走了一步,回北京还能不能建团?大家心里也没底数,而且即便在当时要回北京也非易事——由于解放前后的动荡,演出机会少,开销大于收入,原来挣的钱已经花得差不多了。南昌离北京很远,全团人很多,如果直接回北京,连车票、吃饭钱都不够。只好先探听一下消息,再定行止,就是走也只能派人先打码头,一站一站地随演随走。

正在这时,李万春接到高盛麟的信,在信中高盛麟告诉李万春,他和高百岁等几位京剧演员正筹备在武汉市建立湖北省京剧团,非常欢迎李万春参加;如果不愿参加就到武汉演一期。李万春见信真是喜出望外,于是由南昌北上,头一站演出的地方有了,如果参加湖北省京剧团,一是熟人多,二是离北京又近了。李庆春等人听了这个消息也都非常高兴,一致说:"这可真是好机会,老天爷饿不死瞎家雀,这可真是'柳暗花明又一村'啊!"李庆春催促大哥:"咱们别愣着啦,赶紧走吧!到那儿先瞧瞧路子,也听听北京的消息。大伙儿觉着合适,咱们就留在那儿,不合适就演些日子再往北京挪!"李庆春的意见全团上下的人都同意,李万春就跟南昌的领导部门说明情况,做奔赴武汉的准备。

正当准备一切时,有人敲响了房门,李万春开门一看,大出所料地"呦"了一声,接着说:"你们怎么来啦?真想不到!"

来人满面带笑说:"我们是特为接您来的!"

听到"接"字,李万春立刻想到是高盛麟从武汉派来的,便问:"你们从武汉来?跟盛麟在一块儿哪?"

"比武汉可远多了,我们从首都来,接您回北京!"说着,来的两个人同时伸出手,李万春也伸出双手,六只手紧紧地握在了一起。

一九 市长委派 专人相接回故里 政府支持 特意安排建新团

专门从北京来接李万春的,一个叫迟景泉,一个叫傅世钧,二人还是师徒关系。他们为什么会从北京千里迢迢赶到南昌来接李万春回北京?这件事还得从头说起。

自“永春社”建立,管事的人一直是迟景泉。这个人比李万春大十几岁,曾与李万春拜过把兄弟,李万春叫他迟大哥。他精明强干,很勤快,联系剧场,负责宣传,以及一切演出任务干得都很好。他的公子名叫迟金声,幼年也曾在“永春社”演出。成年后,久随马连良先生学演老生戏,并拜马连良为师,深得“马派”艺术三昧。后来便不再上台,多是协助马连良传艺,再以后担任马先生剧团的导演。迟景泉是经励科学徒出身,他有个徒弟叫傅世钧,跟李万春同庚。迟景泉叫他“小傅”,在“永春社”大伙也都跟着叫他“小傅”。后来,迟景泉把他带进“永春社”帮助干活儿。傅世钧为人勤快、正直,在李万春打“汉奸”官司时,他曾跟李万春说:“不用害怕,没有干的事,不要承认。他们不能把您怎么样!往后在这儿待不了,咱们另找别的地方。”李万春非常感激他。那时只不过认为是热心,拿话安慰,并没有多想他说的“别的地方”指的哪儿。自从1946年以后,三年内战,国民党政府加强治安工作,经常夜间搜查、抓人。这期间有几个人赶上搜查,傅世钧就把他们带进后台。庆乐戏院的舞台是转台,台心可以转动,傅世钧就把带来的人藏在转台底下。有人问他这些人是哪儿的?他都说:“是乡下的亲戚,没来得及报户口,让他们查着麻烦,躲躲省事。”大家也就没多想了。

有一次,搜查过后,傅世钧把藏的人送走,刚回到庆乐戏院不大工夫,军、警就把戏院包围,还闯进好几个拿手枪的人,嘴里嚷着:“傅世钧呢? 傅世钧呢?”见到傅世钧,来人横眉立目,气势汹汹地问:“刚才是不是有人来找过你?”

“没有啊!”傅世钧很沉着,一副若无其事的样子。

“没有? 你骗谁?”来人中有个人,凑近小傅,伸出手指着他的鼻子,说,“你把人都藏在哪儿去了?”

“什么人,我真不知道。”傅世钧仍然泰然自若。

“不知道?”这个人说这仨字时,声音冷冷的,“告诉你,你藏人不是一回两回了,你藏的都是共产党!”

“共产党”三字一出口,把大家吓了一跳,彼此对了眼光儿,似乎都在心里说:“小傅藏的真是共产党吗?”

这时来人一声令下:“搜! 再搜一遍!”把手一挥,后面跟着的人便行动起来。当他们一无所获、空手而回时,带队的人拽着傅世钧,冲手下几个人说:“把他带走!”

见要拿人,周围的人纷纷上前讲情:“他是我们管事的……”刚说出这几个字,这个人把手一扬,厉声说道:“他放走了共产党,他是共产党嫌疑分子! 你们想跟他一块儿坐牢是怎么着?”

当时李万春也在现场,见状不得不说话,他跟来人说:“您先别着急,有话慢慢商量。”又告诉旁边的迟景泉:“赶紧给拿烟、倒茶!”接着跟来人说:“小傅的确是我这儿管事的,一直很可靠。我可以担保,他不会是共产党。”迟景泉也在拿烟的时候,把准备好的钱塞在这个当头儿的手里。这样,为首的态度缓和了些,说:“李老板,您敢担保,那好。”然后又冲他手下的几个人说:“今儿个咱们先不带人了。”又冲傅世钧说:“你老实点,以后有跟你算账的时候!”这天的事暂时过去了。但没过几天,傅世钧还是被人从家里抓走了。

迟景泉知道以后四处奔走,打听消息,托人情,得到的回话都是:小傅放走了共产党,包庇要犯,他有极大的共产党嫌疑,政治犯,谁都帮不上忙! 过了些日子,又听说小傅在菜市口一个秘密的地方接受审讯,审讯中让他指出放走的几个人的下落,指出地下党组织。小傅一口否认,只说“不知道”三个字。审讯者对他施以非刑,把两条腿的膝盖骨都打劈了。

剧团里包括迟景泉在内,大家都不明白是怎么回事。究竟是傅世钧被人诬害,还是实有其事? 一直到剧团离开北京奔上海时,还是个谜。今天一见,李万春才知道到南昌找自己的正是“小傅”—— 傅世钧,身后还有“小傅”的师傅迟景泉,故人相见，真是又惊又喜。喜的是一起共事多年的伙伴，竟熬过了非刑、坐大牢，异地重逢。惊的是共事多年竟不知道小傅是共产党，如果跟共产党没关系，只是位戏班的管事，怎么能受政府委派从北京到南昌来专门接自己呢？

把傅世钧和迟景泉让到屋里，三人开始谈起往事，李万春这才解开了多年的谜。原来傅世钧那时早已是共产党的地下党员，他营救、放走的都是地下组织成员。最后这次放走的竟然是新中国成立后，北京市委的副书记刘仁和委员赵凡。傅世钧说："我现在当上了民主剧场的经理，这次是奉命，专为接您回北京的。现在北京的市委书记兼任市长彭真，还有刘仁、赵凡都看过您的戏，对您的艺术非常欣赏。现在北京市正在组织文艺队伍，彭真同志听说您在这儿，说一定得把您接回北京，给您建个新剧团。北京是咱们新中国首都，得有您这样的好角儿。派我和迟先生一块儿来，就是为了熟人好说话。"

李万春心情万分激动，没想到北京市长竟然还会想到自己，立刻说："太感谢领导关心啦！本来也正准备离开南昌呢！"

"那咱们急不如快，争取早回北京吧！"傅世钧也很激动。

到达久别的北京，出了火车站，李万春立刻发现北京已变了样儿，眼前的前门城楼、箭楼都焕发了光彩。街上的人虽多，但很有秩序，一切跟前几年离开时都大不相同。走在马路上，李万春不禁兴高采烈。回到大吉巷，觉得比过去干净整齐，处处显得清新、明快！

彭真市长很快接见了李万春，并介绍他到设在东城霞公府的文化艺术事业管理处报到，还通知文艺处尽快为李万春组建新团。不想还没等李万春去文艺处报到，文艺处的领导就先来大吉巷看李万春，还告诉他：已经把陕西巷的一所二层小楼作为团址，把将新组建的团命名为"首都实验京剧团"。这个团的成员除了从南昌回来的"永春社"基本成员外，文艺处的领导又帮助组织过来很多艺术上有成就、有威望的名演员，当家老生是李盛藻。李盛藻是"富连成"科班"盛"字科的高材生，出科后拜马连良为师，也学高庆奎。他演戏潇洒、大方，能演出人物。《击鼓骂曹》是老生演员的常演戏，其中"夜深沉"的"鼓套子"是全剧的一个高潮，李盛藻饰祢衡，打鼓时不单注重技巧，更注重表达人物内心的情绪，随时用眼睛看曹操，从而把祢衡此时愤怒的心情准确地表达给观众。此外，首都实验京剧团的旦角是俞砚霞、吴韵芳，演唱都很出色。花脸更是人才济济，"铜锤"花脸是娄振奎、赵文奎，"架子"花脸是景荣庆、苏维明，丑角是李元牧、张永禄、李鸣声、陶龙春，小生是衡和华，武旦是李万春的妹夫李金鸿，武戏方面还是原“永春社”的老搭档毛庆来等，二武生是“鸣春社”的学生吴鸣申。这样的阵容齐整，与团名也极其相称。

由于行当的关系，李万春和李盛藻的“对儿戏”不多，但配合得很好。例如李盛藻演《四进士》，李万春在剧中饰演杨春；李万春演《野猪林》，李盛藻则在剧中饰演张永，二人互相补台，很受好评。

首都实验京剧团建立不久，李万春排演了一出不常见于舞台的戏《五义反苏州》。这出戏原名《五人义》，是杨小楼先生的得意之作。由于这出戏是歌颂苏州人的，所以早年李万春演出该戏也曾叫过《看看苏州人》。过去凡演这出的武生的演员都扮“五义”中的老五——周文元。李万春爱俏头，改为前扮被魏忠贤陷害过的吏部尚书周顺昌，这个角色是老生应工，后面再赶扮武生应工的周文元。除了文武双跨外，李万春还在两个角色的“换装”上设置了“俏头”。周顺昌被捕“过堂”，被严刑拷打时，舞台上的校尉站成一排，挡住观众视线，李万春饰演的周顺昌赶紧借此暗下，台上换了一个替身。李万春到后台马上换了白色衣裤，脚登白色薄底靴，头上包手巾、插鬓花，并在两眉间略做勾画。这一系列的事情都得在舞台上责打周顺昌“替身”八十大板的规定时间内完成，然后李万春立即上场。在这么短时间里改扮相，另饰一个角色出场，观众必然报以热烈掌声。第一次看这出的观众还想，趴在台上的是李万春饰演的周顺昌，怎么挨打的周顺昌还没起来，李万春又以另一个面貌出现在眼前，便情不自禁地叫好、鼓掌了。其实这种处理是李万春从他自编、自导、自演的《浪里白条张顺》中借鉴的。

《浪里白条张顺》演到“涌金门张顺归天”结束，这场戏，在下场门前方设有带吊闸的门，李万春饰演的张顺跳入虚拟的水中，来到门口，吊闸从门上落下。张顺背对观众，以单手托住下落的闸。这时暗处射来乱箭，张顺托闸而死。与此同时，幕内传来天庭的声音：“封张顺为金华太保，镇江大将军！”随着上场门内“搭架子”的一声“领旨”，已经成神的张顺，两眉中间画金色火焰，身穿红蟒袍，足蹬厚底靴，缓步登场。观众定睛一看，出来的还是李万春。问题是观众们清清楚楚地看到了在下场门前头，手托吊闸，被乱箭射死的就是李万春饰演的张顺啊，怎么从上场门出来的还是他呢？实际李万春是借吊闸放下来的功夫，迅速下场，另换上一个穿同样行头的替身。由于张顺托闸是背对观众，不会引人注意。

张顺的扮相，李万春借鉴了武松的扮相，武松身穿“一身黑”：黑“侉衣”（男用短打服装）上对襟和两袖缝、两裉缝各为一排白色蝴蝶扣。黑白相映，显得干净、漂亮，十分醒目。张顺的绰号是“浪里白条”，李万春便根据武松的扮相为基础，反其道而行之，为张顺设计了“一身白”的行头。张顺的扮相是白缎子“侉衣”，带黑色水裙，侉衣对襟和两袖缝、两裉缝，各为一排黑蝴蝶扣。衣裤边缘及白缎子软罗帽帽顶边缘都加上一圈黑色“云头”花边。白缎子薄底靴、靴口、靴腰，也各绣一圈黑色“云头”。这样的穿戴更显干净、利落，也把人物衬托得更英俊，更符合张顺“浪里白条”的绰号。

演员应该演一出戏有一出戏的特点，即便是同样一出戏，不同的演员演出来，也应该有不同的处理。李万春最爱动脑筋，演《将相和》的蔺相如是从“渑池赴会”开始演起，在“扑油鼎”一场用了特殊处理。老生演员演这出戏大都是摘去帽子，脱去官衣，由校尉把蔺相如平身高举。李万春想自己能演武戏，应该在这上发挥自己武功的特长，就把《封神榜》里梅伯《炮烙柱》的动作借鉴了过来。蔺相如先把头上戴的巾子甩出去，让它从斜上方飞向侧幕。在甩巾子的同时，自己已经把官衣衣带一一解开。校尉上前抓，他往前上一步，官衣就被校尉抓去，紧接着“走”一个“吊毛”，然后才被高举。对此，李万春说：“我是武生的演员，应当这么演，既给观众艺术的享受，又促进了戏中紧张的气氛！”

还有一出戏李万春也加了俏头，那是后来同徐东明、徐东来姊妹合作时，也是马连良、谭富英、张君秋合作的时期。张君秋从汉剧名家陈伯华那里得到了《状元媒》的剧本，是杨六郎招亲的内容。张君秋在这出戏里扮演郡主，谭元寿扮杨六郎。马连良、谭富英分饰吕蒙正和宋王，戏都不重，但马、谭二位先生根据自己特点，在自己扮的角色上找到了俏头。马连良以潇洒的台风、流畅的念白取胜，谭富英以铿锵、甜脆的唱功赢人。李万春与徐氏姊妹合排这出戏时，徐东明、徐东来二人分别饰演宋王和柴郡主。李万春饰演吕蒙正，他想：不能全按马先生的演法演，必须还要加点武的。

《状元媒》这出戏的起因是宋王行围射猎，李万春认为可以在“行围射猎”这场中渲染一下气氛，就在这一场增添了吕蒙正围场遇白熊的情节。让次要演员扮演白熊形儿，在吕蒙正随宋王射猎、独自在场时熊形上场。吕蒙正见熊，心里害怕，想跑又不敢，怕熊追。白熊接近他时，他想轰又不敢轰，表现各种惊吓之状。最后是吕蒙正豁出性命用袖子轰熊，使用了很多抖袖的技巧。熊被轰开，却从背后抓住了吕蒙正的后衣襟。吕蒙正更加大惊失色，急想逃脱。身子往前奔，但后衣襟被熊拖住，使得他扑跪在台上。吕蒙正急欲挣扎爬起，再行脱逃，但熊仍拽住他的后衣襟，吕蒙正再次扑倒……如此三起三落，博得了台下雷鸣般掌声。

二〇 澄清舞台 取消检场废跷技
活跃菊坛 连排新戏演平倭

首都实验京剧团建立不久，到天津新华戏院演出，正赶上全国戏曲工作会议结束，中央号召贯彻会议精神，澄清舞台形象，取消戏曲演出中的恐怖、迷信、低级庸俗以及丑化、侮辱劳动人民的台词和表演。李万春对此号召十分拥护，就在新华戏院门口戳出水牌，大字写出响应澄清舞台号召，并提出自即日起“取消检场和废止踩跷”。

李万春常改革出新，又急脾气，说做就做，这次又是过早地带了头。多数人还想不通，李万春这么做就导致一些人对他不满，检场人说李万春卡了他们的脖子。其实这是误解，所说取消检场，指的是改变过去穿长袍的工作人员直接到台上来搬桌椅的办法，因为穿现代服装的检场人，跟穿古代服装的剧中人处于两个不同的时空，舞台上显得杂乱，分散观众的注意力，更破坏剧情。取消了检场，不代表这项工作也随之取消。原来的检场人可以在幕后做准备，也可以在闭幕时上台来做，只是让观众在“外场”看不见检场人就是了。如果是“外场”需要检场人搬动桌椅的话，则安排场上的次要演员代做。

废止踩跷，在实验京剧团中主要涉及的是武旦李金鸿。他对此很想不通，让他把自小吃大苦练成的跷工扔了，他舍不得。但限于他是李万春的妹夫，有亲戚关系，最后经李万春再三说服，李金鸿只就同意带着个头了。

首都实验京剧团建立的第三年，北京市文化艺术管理处决定：从整个集体所有制戏曲团体中，选择建立几个民营公助剧团作为试点。京剧里，选定李万春这个团，更名为北京市京剧一团。谭富英与裘盛戎的太平京剧团更名为北京市京剧二团。张君秋、吴素秋的剧团分别更名为北京市京剧三团、四团。评剧是李忆兰主演的剧团，更名为北京市评剧团。魏喜奎为主演的剧团，更名为北京市曲艺团。由纯民营改为民营公助，大家都很高兴，认为地位提高了。文艺处还派来国家干部参加领导工作，名义作为"辅导员"。从此大伙儿干劲更足了，不断排新编戏和加工整理传统戏。

李万春演的《水浒》戏很多，《七星智赚青面兽》、《梁山十义反登州》都很受观众欢迎。北京市京剧一团成立后，李万春又根据《梁山十义反登州》改编为《歼虎双英》，主要演解珍、解宝的事，后面还带逼反孙立，劫法场，共投梁山。李万春前扮解珍，后扮孙立，毛庆来扮解宝。这个阶段李万春还排过两出从没见过舞台的戏，一出是孙方山编的《廉吏风》，一出是端木蕻良编的《戚继光斩子》。《廉吏风》讲三国时，魏国大将李通的岳父邓贵，因打死佃农，被告到县衙。李通的夫人受其母怂恿，冒李通之名向县令赵俨求情。李通回府得知后，赶到县衙，阻止县令袒护。此时赵俨已不徇私情，秉公处理了此案。李通、赵俨都以对方廉洁而敬重，结为至交。《廉吏风》由李万春和李盛藻合演，李万春饰演李通，李盛藻饰演赵俨，这个戏

《歼虎双英》，李万春饰解珍

《廉吏风》，李万春饰李通

比较温，不讨俏，演的时间也不算长。“文革”后，李万春调到北京京剧院二团，经龙文玮努力，又恢复此戏，由青年老生丁立刚扮赵俨。丁立刚为了演好这个角色，特别登门向李盛藻先生求教。丁立刚对业务一向认真，肯钻研，嘴里身上都很讲究，再经李盛藻指点，演出颇具当年李盛藻的神采。

《戚继光斩子》是参加1954年北京市第一届戏曲汇演的剧目。当时的北京市文艺管理处已改为北京市文化局，不仅由文化局给予经济补助，而且由副局长张梦庚和专职导演张艾丁共同担任导演。《戚继光斩子》由李万春、李砚秀、李小春分别饰演戚继光、戚夫人、戚印，李庆春、毛庆来扮演日本酋长。

排演《戚继光斩子》时，众人都付出很多心血，不仅在唱腔、武打方面精心设计，而且在服装、道具、灯光、布景上也都尽力考究。李庆春、毛庆来在日本官兵的扮相和打法上反复研究，在用藤牌开打时，用上了火彩。先是拿藤牌的兵卒一手拿藤牌一手拿火折子，到火烧日本兵时，用上满台火彩，气氛强烈，演出非常成功。这出戏也获得北京市第一次戏曲会演的一等奖。

就在北京市建立京剧团时，中国京剧院也在充实力量，建立演出团，当时由梅兰芳先生为院长，马少波任副院长。马少波几次动员李万春参加中国京剧院，但李万春认为：自己是彭真市长接回来的，又特意为自己组建了京剧团，于情于理，自己都不应该离开。后来得知叶盛章、叶盛兰弟兄，李少春、袁世海、张云溪、张春华等都参加了中国京剧院。李万春也曾想过，大伙儿在一块，有优越性，阵容整齐，但也有缺点，就是不容易独立演出，于是就一再谢绝了马少波的好意。中国京剧院是国家剧院，国营团体比民营公助团体不仅在名义上好听，生活上也有保障。在中国京剧院广泛邀约下，首都实验京剧团的李盛藻和几个花脸，以及李金鸿纷纷离开，参加了中国京剧院。李万春这里势单力薄，只好重新进人。继李盛藻之后，李万春邀到的老生演员是曹艺斌和宋宝罗。

过去京剧界有“南麒北马关东唐”之说。麒指的是麒麟童，也就是周信芳先生；马指的是马连良先生；唐，指的是久占东北的唐韵笙先生。在知名度上，唐韵笙不如周、马两位，但不可否认唐韵笙是好角儿。过去演员有文化的很少，唐韵笙不仅有文化，水平还很高，能写能画，画山水尤见功力。从戏上说：能编、能导，戏路也宽。他以演文武老生为主，他的关羽戏被列为“八大关公”之中。同时，唐先生还能演老旦，在《五鬼捉刘氏》里连唱带摔“锞子”；《八仙得道》里饰演张果老，也摔“踝子”；演《拾玉镯》反串刘媒婆，要烟袋更是一绝。他自编自导自演的戏以《列国》戏居多，其中有《好鹤失政》、《二子乘舟》、《闹朝扑犬》、《郑伯克段》、《驱车战将》、《陈十策》等，都很少见于关内舞台。他的武功极好，演《驱车战将》、《拿高登》在开打时从不掖大带，而且刀枪挥舞运用自如，从没有缠住、裹住的时候。唐韵笙演戏的特点都是前边显温，越往后越火爆。他私下沉闷，不爱说话，但到了舞台上，就如同变了个人，生龙活虎。不了解的人，想不到他在台下那么木然，内行都认为这才是角儿。生行的女演员讲究台下像女，丝毫不带男像。旦行男演员讲究台下像男，台上像女，丝毫不带男像。演丑行的，台下沉默寡言，到台上处处有哏。这才是好角儿。如果反过来，那就不对了，用戏班的话讲“就‘棒槌’了”。

曹艺斌演戏基本上是全按唐韵笙先生的路子。他和李万春是小时候在东北相识的好朋友，李万春说曹艺斌“是吃我母亲的奶长大的”。曹艺斌的父亲原名叫曹善亭，是东北的名武生，演戏之初曾用过“小宝义”的艺名，后来便叫了曹宝义。曹艺斌最早的艺名叫“小小宝义”，后来改名为艺斌，取在艺术上文武（文武加在一起即是“斌”字）兼优之意。曹艺斌嗓音不亮，但很有韵味，做戏细微、传神，能戏颇多。宋宝罗是宋遇春的弟弟，宋遇春曾跟李万春合作多年，也以做戏传神著称。宋宝罗的特点是嗓子冲，用业内的话说叫“唱起来没挡”。

与这两位演员合作，李万春可唱的戏就多了。例如在《生死桃园》里，《走麦城》中曹艺斌饰演关羽，李万春饰演关平；在《连营寨》中，宋宝罗饰演刘备、李万春饰演赵云，各自都能发挥各自的特长。曹、宋进团不久，李万春又邀毛世来带着他的和平京剧团一同加入北京市京剧一团。毛世来是毛庆来的五弟，坐科于“富连成”科班，艺宗“荀（慧生）派”和“筱（翠花）派”，曾与宗“梅”（兰芳）的李世芳为同学，并同时入选“四小名旦”。

李万春说自己既爱戏又爱才，能遇上一起演戏、谈戏对路的，如同“酒逢知己千杯少”一样。1955年，北京市文化局派来一位新任辅导员，名王洪宝，是从延安过来的干部。他曾在延安平剧院演武生，在《三打祝家庄》里演过祝虎和石秀，《界牌关》、《杀四门》都是他的拿手戏。李万春与王洪宝一见如故，彼此说话聊天都很投机，因为王洪宝与李万春一样，爱戏、懂戏，善于研究，能出点子。李万春与王洪宝合作的头一出戏是《九江口》。这出戏的主角张定边是武老生、架子花脸“两门抱”的角色，李万春则按照武老生演。李万春和王洪宝共同对旧本的《九江口》进行了精简和润色，排戏时共同设计出张定边在船上一边甩髯口、一边打桨划船的舞蹈动作。

《九江口》，李万春饰张定边

李万春总结自己有一个"怪"脾气，没出力量的人想出名，他不同意，但出了力量的人想当幕后英雄，他的心里也不踏实。在《九江口》即将公演的时候，李万春自己拟定了登报的广告和节目单，特别写明这出戏的改编、导演都是他和王洪宝两个人。迟景泉把底稿交王洪宝，王洪宝把自己的名字勾掉了。迟景泉把印好的节目单交给李万春，李万春一看，便问："哟，怎么没有王辅导员的名字？"

迟景泉说："王辅导员自己给勾了。"

李万春立即告诉迟景泉："您赶紧再跑一趟印刷厂，把王辅导员的名字加上！"

至此，李万春和王洪宝的来往越来越近，关系也越来越好。李万春认为京剧一团有了这位辅导员可谓如鱼得水。又看王洪宝的武功极好，便跟他说："往后小春就交给您啦，由您培养！"王洪宝也没客气，继《九江口》之后，他们又把《四霸天》也整理出来了。

《四霸天》是"天霸戏"的重点剧目之一。黄天霸的戏自新中国成立后，一直列为禁演剧目。理由是：黄天霸背叛绿林，做了官府的爪牙，甚至还有人说"演黄天霸的戏，是为特务张目"。《四霸天》里正有黄天霸刺施公未果而归顺施公的一段情节。其中黄天霸捉拿九黄七珠，是因为他们作恶多端，又僧尼通奸，就又被说成侮辱僧尼，有伤宗教信仰，更加不能上演。幸喜，自 1956 年以来，中央文化部发出"抢救遗产，发掘传统"的号召，尺度放宽，强调凡"有益的"和"无害的"都可以演。这时有人说："黄天霸虽为俊扮，武生应工，与他有关的戏都不是单纯的歌颂他，而是带有批判性的。"的确如此，就以《四霸天》来为例，到了后边的《恶虎村》，黄天霸在"三义绝交"时，竟把两位盟兄和两位盟嫂都杀了，之后又不胜悲伤，惹得他的伙伴王梁说他是"猫哭耗子假慈悲"。再如《骆马湖》，黄天霸求万君兆做内应，把万君兆的岳父李佩捉住。万君兆与黄天霸有言在先，帮忙可以，但帮忙的前提条件是不要伤李佩的性命，当时黄天霸也是满口答应，但当李佩被擒带上镣铐时，万君兆再跟黄天霸提起此事，黄天霸的态度就来了个 180 度的大转弯，表现出不屑一听，打出必须公事公办的官腔。还有《连环套》演到窦尔墩甘愿随他“到官认罪”，他表示不要戴镣铐了。窦尔墩是直性人，“岂有不带之理”刚一出口，他马上从朱光祖的手里拿过镣铐，给窦尔墩戴上……这些都是在表现黄天霸的背信弃义和翻脸无情。

《恶虎村》，李万春饰黄天霸

黄天霸的戏可以演了，李万春就跟王洪宝共同商量，把过去《四霸天》里有伤僧尼的地方做了适当的修改，把表现黄天霸阴险、毒辣的地方再加以突出。遂以整理后的《四霸天》参加北京市直属戏曲团体在 1956 年年终举办的汇报演出，最终也获得了一等奖。

在此之后，李万春接着把《骆马湖》、《连环套》整理演出。在京剧一团演出，一向由李庆春饰演窦尔墩。一天在吉祥戏院演出，李庆春突然生病，不能上场。临时由李万春前边扮窦尔墩，演《坐寨盗马》，后赶黄天霸。由钱鸣业饰演《拜山》中的窦尔墩。李万春连演全部《连环套》时，还采取过“一赶三”的办法，即除了在《坐寨盗马》和《拜山》中分别饰演窦尔墩和黄天霸外，还从《盗钩》这场戏改扮朱光祖。

黄天霸这个人物，在《连环套》里出场较晚，除了和“大头目”有一个点到为止的“九刀半”外，再没有其他武打场子，唱也不多，主要是靠念和做取胜。这样就要求饰演黄天霸的演员念白必须过硬，念白必须干净、利落、脆。同时，做戏也要特别注意小过节。像听巴永泰读旨，当黄天霸得知御马丢失与自家有关，当时面朝里跪，要突出背后的戏。人浑身不住抖动，表现出人物的惊恐万状。再如见彭朋时，进门前黄天霸忘了卸去身上的宝剑，经朱光祖指点，黄天霸恍然大悟，以倒吸一口气和拿手抹脖子的表演动作配合脸上的惊惧，表现出“这可不是闹着玩的，会掉脑袋”的潜台词，这些小地方都要做得细微、鲜明，观众才会感到黄天霸处处有戏。如果粗枝大叶，潦草敷衍，做戏不求甚解，人物的心情刻画不出来，观众就会有“黄天霸没什么事”的感觉。做戏粗细、深浅，差别不一定很大，但效果却显然不同，可以用“差之毫厘，失之千里”来形容，这是演员必须注意的。

正当李万春全身心地响应号召，积极“继承传统，发掘遗产”的时候，也许他自己并不知道，当时国内的政治气候已经在发生着微妙的变化。正是由于又一次积极带头，李万春再次遭遇了一场祸事。

二一 挖掘传统 展览演出安天会
错划右派 被诬反党蒙奇冤

李万春对戏上的事特别关心，无论是推陈出新，还是变换花样儿，或是大合作、义务演出，他都全力以赴。李万春年轻时，有一次在北京举办赈灾义演，他已经同主办人说好，到时候一定参加。不料临近演出时，李万春在外地因水灾火车不通。主办人认为他赶不回来，不能参加了，经过研究便把李万春的戏给撤了。当时李万春并不了解这些，他心急如焚，设法改坐汽车绕道回了北京。在他到达演出现场时，戏已经进行了一半。于是临时在台上树了块“牌”上写：“李艺员万春，特为从外地赶回，加演《义侠记》一折。”《义侠记》就是武松戏。观众一看这块牌，立时掌声四起，经久不息。李万春这么做，确实是出于热心，但也容易让某些人认为他是出风头。

北京戏曲界向有同业公会，京剧界的公会原名叫“梨园公会”。从新中国成立后，各演出团体陆续建立，就又恢复了停滞多年的公会组织，改名为“联合会”，京剧界的叫“京剧工作者联合会”。北京市文化局拨给这个联合会一所很讲究的四合院，地点在宣武区和平门外樱桃斜街。这个联合会由梅兰芳、马连良分任正副主任，李万春负责办公室工作。联合会建立后，继承过去为贫苦同业办“窝头会”义演的传统，自 1956 年 9 月起举办了几场著名演员联合演出，也就是大合作戏、义务戏。

开始是在中山公园音乐堂演出《四郎探母》，这场《四郎探母》由李和曾、奚啸伯、陈少霖、谭富英、马连良分别饰演“坐宫”、“盗令”、“过关·巡营”、“见弟·见娘”、“别家·回令”的杨延辉；张君秋、吴素秋分别饰演“坐宫”和“盗令·回令”的铁镜公主。此外，尚小云扮萧太后，萧长华、马富禄饰演国舅，姜妙香饰演杨宗保，马盛龙饰演杨延昭，李多奎饰演佘太君，李砚秀饰演孟金榜。

《四郎探母》的前面是《虮蜡庙》，李万春饰褚彪，孙毓堃饰费德恭，梁益鸣饰施公，筱翠花（于连泉）饰小张妈，谭元寿、姜铁麟、黄元庆、张宝华分饰前后黄天霸，李韵秋饰张桂兰，李小春饰贺仁杰，郝寿臣饰金大力，王福山饰朱光祖，钱宝森饰关泰，虞俊芳饰小姐。

又一天是李万春和裘盛戎演出的《连环套》，大轴是梅兰芳演出的《贵妃醉酒》。

那时多是由李万春与京剧工作者联合会负责具体工作的于永利一起安排部署，邀请演员，工作也非常好做。跟谁说都是慨然应允，没有拒绝、推脱之说，也从不问有没有车，待遇如何？最可贵的是从没有哪位争戏码、争角色，都说：“怎么安排都好！”有一回安排的戏码是：李和曾、景荣庆的《除三害》，侯喜瑞的《马踏青苗》，赵燕侠的《虹霓关》，于连泉（筱翠花）的《红梅阁·鬼怨》，荀慧生的《钗头凤·花园》，最后是梅兰芳、谭富英的《御碑亭》。于永利是于连泉的哥哥，拿着节目单向于连泉征求意见，于连泉说：“都挺好！就是有个小意见，最好把我的戏跟燕侠的调换一下。”

“那不合适吧？”于永利说：“燕侠是小字辈儿，名望也不如你。哪能把她调在你后头！”

于连泉却摇摇头说：“这不要紧，大合作嘛，谁前谁后有什么关系？我是说，燕侠（年纪）三十边上，又是女的；我快六十啦，又是男的。她先上，紧跟着我上，观众一比，更显出我不是样来。我先上，她后上，就没这种比较啦！对戏有好处！”

各位名角都跟于连泉先生一样，各方面都从戏的需要出发，为演出质量着想，对观众负责，不计较个人得失。每次工作都极顺利，陆续举办多次合作戏，都很成功，人人都十分高兴。

为做好“挖掘传统，继承遗产”的工作，北京市文化局、北京市戏曲编导委员会在北京饭店礼堂、新侨饭店礼堂和北京剧场（原真光电影院，后改称中国儿童剧场）举办了多次内部观摩。演出了于连泉、马富禄的《活捉三郎》、李万春的《铁公鸡》及于连泉的《马思远》等禁戏，又组织了自从解放后少见于舞台的非禁戏《磐河战》、《秦琼表功》、《临潼山》、《麒麟阁》等。李万春由此想起应该举办一次完全按传统形式的演出，从而可以继承优秀传统，也可作为改革的借鉴。1957 年夏天，在中和戏院，李万春组织了这样的演出。

舞台上用天幕其实是新中国成立以后才改的，过去传统的京剧舞台上用的都是“守旧”，就是带有“出将”、“入相”的门帘和台帐。早年音乐伴奏人员都是坐在上场门一侧，演员出场时伴奏人员可以跟演员说话，例如问问调门合适与否。后来又把乐队改在正中间——也就是大幕前。现在伴奏人员在下场门一侧，是从舞台中间挪过去的。舞台上使用“守旧”时上下场门的“出将”、“入相”都有台帘儿，演员上场时，必须由检场人为演员打台帘儿。为配合场上的需要，检场人不能只掀台帘儿，还得会扔帘子，就是把帘子下方脆快的扔出去，让帘子飞起来，以便于演员急速地上场或下场，“出将”或“入相”的台帘飞起来能衬托并营造出剧中所需要的紧张气氛，待等演员上场或下场以后，帘子自然落下来，恢复原样儿。过去够“份儿”的演员，即使是二路角儿，也可以自带“守旧”，在自己单演一出时换上去，不太够“份儿”的演员也可以带“私房”的门帘。

检场人既要对戏了解熟悉，还要具有很高的技巧。例如，在表演“火烧”场面时需要撒松香做火彩儿，火彩要撒出种种花样，还不能烧到演员、台毯和大幕。演员在下跪和使用“屁股坐子”和“僵身”等技巧时，检场人都需要事先把椅垫扔到适当的地方，所说的事先是指不能过早，也不能晚了，以尺寸凑巧最好。当演员“走”“屁股坐子”跳起来往下落时，检场人才能把椅垫扔到适当地方。讲究椅垫刚落到台上，演员紧跟着坐上去，这样才能显示检场人的技巧过硬。有时，因为检场人扔得分寸极好，还能让观众喊出“好”来，甚至是“满堂好”。在《连环套》里，何路通、计全、朱光祖、关泰、黄天霸和施公同时接旨时，检场人需要迅速地在舞台上扔六个椅垫，技术好的检场人是把六个椅垫拿在手里摞成一摞，站在下场门一侧，待接旨时，啪啪啪地顺次扔到台上，不仅椅垫顺次恰好落在每个人应该跪下的地方，而且黄天霸椅垫的位置还要单出头地突出于其他角色的椅垫，这就靠检场人手里的功夫。有些头路角儿，即使参加其他班社（剧团）演出，也是自带检场人，因为熟悉自己的习惯。金少山也是自带检场人，每当他落座时，检场人都要拿上一个印盒，垫在金少山的一只脚下，这种没有道理的“讲究”和“摆阔”显然就不可取了。

回过头来再说这场恢复传统的演出，李万春便要求舞台上换用“守旧”，并按过去一样上检场人。开演前“摆台”、“打通儿”，然后是“跳财神”、“跳加官”，其中李庆春饰演财神，李万春饰演加官，之后才开始正戏。先由李砚秀演出过去的代表作《妻党同恶报》，大轴是李万春按传统演法演的《安天会》。

当日文化局、戏曲编导委员会及其他兄弟剧团的很多领导、同行和朋友到场观摩，都认为这种演法对挖掘传统有好处。谁知事隔几个月，全国展开了反击“右派”斗争，李万春被诬为“右派”，并受到斗争。李万春的主要罪状就是这场恢复京剧传统的演出，在斗争会上让他交代：“为什么要演这两出戏？目的何在？”说李万春是用心险恶，革命是反封建的，李万春却要“安天”，维护玉皇大帝的封建统治，把革命的猴压在五行山下；还要让“妻党”遭“恶报”，“党”指的就是共产党，想让共产党遭恶报，岂不是一项大罪！其实，《安天会》从有这出戏开始就是叫这个名字，反倒是《闹天宫》的剧名是全国解放以后，在戏曲改革中才出现的。李万春把孙悟空被二郎神的哮天犬逮住的情节稍作改动，让猴王在最后战胜天兵天将，重回花果山，从而改出来的新名字。《妻党同恶报》是一出很多剧种都演的老戏，说的是富商嵇善祥续娶之妻与妻弟阿保，不行善事，被观音用雷殛死的故事。嵇妻与其家人称为妻党，跟共产党实在是不沾边儿。但是这些在斗争会上根本不允许分辩，否则就会认为是“态度不好”，不走“坦白从宽”的路，而且“抗拒”当“从严”，“顽固到底”必是“死路一条”。

这一年正值第六届世界青年联欢节在莫斯科举行，选定李小春以《哪吒闹海》参加比赛演出。王洪宝是文化局选定这次出国的政府人员之一，他们离开北京时，“反右”斗争已拉开序幕。王洪宝是从延安老解放区过来的，对政治运动有丰富经验。临别时告诉李万春：“现在让大鸣大放，给党提意见，你有意见尽管找文化局副局长张梦庚提，提什么都成。千万别在大会上发言，让人抓了典型，可就糟啦！”这是王洪宝的经验之谈，可惜李万春并没完全理解。李万春心想：不管在哪儿提意见，我提的都是艺术上的事，又不涉及“政治”，总不能成“右派”吧！虽然从此李万春发言慎重了，但还是在大会上作了两次发言。李万春的发言后来登在《人民日报》上，不想真应了王洪宝的话，被抓了典型。王洪宝从国外回来，跟李万春说：“你怎么不听我的话呀？我在莫斯科看到《人民日报》，见有你和曹宝禄的发言，就想：糟啦！非成‘右派’不可！”

后来李万春才知道，原来定“右派”是有名额的。人数不够也得往上凑，如果超过人数了，再往下减，还有就是看人行事，各行各业都必得找出一定数量的“右派”来，还需要有一定影响的才行。北京戏曲界原定的“右派”是马连良先生，马先生比李万春资格老，威望高，影响也大，初步决定拿他当“右派”。后来经过研究，认为他年纪大了，唯恐顶不住斗争，出现意外事件，万一事态严重，就不好交代了。于是改为李万春，理由是李万春年纪轻，身体好，资格、威望、影响也不算小。

斗争李万春的会选择在文化局的小礼堂、中和戏院、民主剧场，开过几次大会。事后李万春说：“我并不害怕，我心里清楚，我就是爱戏，从不反对共产党。觉得共产党各方面的政策都挺好。至于基层做具体工作的部门和领导人，有方式方法上的不合适，关于戏的我曾提过，别的方面我没必要去管。”

许多参加斗争会的同行也都是这么想的，起先发言的不多，虽经一再动员，但像荀慧生、于连泉二位先生还是无话可说。荀、于二位先生是唱旦角的，面对无聊的发言，这二位先生选择了彼此对视、转眼珠的办法来调剂精神。有一次被发现了，还受了批评，说他们对政治运动不严肃，非让下次发言不可。下次会上，于连泉不得不发言了，只见于先生从座位上站起来，用手指着李万春，说：“你们这些人，简直是害人虫，跟苍蝇一样，到处乱嗡嗡招人恶心，就该拿苍蝇拍子一个一个地打你们。”说着便做起用苍蝇拍扑打苍蝇的动作。当时李万春差点儿笑了场，心想：怎么还唱起白玉霜的《拿苍蝇》来啦？会后荀慧生也同于连泉说：“您今儿个的发言可不错，我们听了半出《拿苍蝇》。”

有一次，马连良先生在会上骂李万春骂得很厉害。马先生不敢不骂，他必须以骂李万春的方式作为自己与“右派”划清界限的表达方式，只有这样才能不被上级把自己说成是“右派”。当然，这也是上级早“关照”过的。可是马先生心中不落忍，就偷偷地约李万春到“鸿宾楼”吃饭。在饭桌上马先生跟李万春说：“你怎么能成‘右派’，这不是没影的事嘛！可是我不骂你，他们找衅我。我就是不怕他们找衅，也替不了你。咱们别买一个饶一个！”不知道这件事怎么走漏风声，后来马连良还是被点名批评了。

李万春说：“我演过岳飞，知道‘莫须有’三字狱，也懂得‘欲加之罪，何患无辞’。虽然‘心里没病，不怕吃冷年糕’，可也得防备着，不定什么时候，真许被抓起来。”

有一天，通知李万春到中山公园音乐堂开大会，这是个能容纳四千多人的大场子，声势浩大可想而知。从家里出门前，李万春给自己准备了衣服、点心、茶叶和爱抽的旱烟。他跟李砚秀说：“今儿个是我的正戏，会开完了，也许我还回来，也许就不回来了。你都要做好精神准备。不过即使回不来，也没什么。反正我没有反党、反革命，到什么时候也不能把我怎么样！没什么可怕的！”

李万春等人从南昌回到北京组建实验京剧团的时候，原配李纫秋已经去世。之后李万春同李砚秀重新组成家庭，两人相依为命。听着丈夫这么说，李砚秀止不住满眶泪水奔流而出，竟然找不出一句安慰丈夫的话。还是李万春对妻子说："顶多再打一场'汉奸'官司呗！"

说完，李万春便心情开朗地走向中山公园。来到中山公园，一进门李万春抬头看见"保卫和平"石牌楼，不由感慨地想起以前这里是"公理战胜"四个字。看着绿油油的草坪、红彤彤的花卉，李万春快步来到音乐堂，心想：半年前我还在这里演过《虮蜡庙》和《连环套》，获得了暴风雨般的掌声，而今刚过了半年，再也听不到掌声和喝彩了，取而代之的却是一片"坦白从宽，抗拒从严"和"打倒李万春"的怒吼。

在每次运动来临的时候，总会看到三种人的面孔：一种是实事求是的人，有什么说什么，不扩大也不缩小，不为外力所左右，面孔是和善的；一种是迫于外力，不得不言辞激烈，但不无中生有、落井下石，面孔虽板着，但不显冷酷；最后一种就是趁火打劫、假公济私、寻机报复，或者企图拉下别人，以这种卑鄙、无耻的手段换来自己往上爬的阶梯和资本。人的面孔真是五颜六色。

声势浩大的斗争会在音乐堂开完了，没想到李万春并没有被剥夺自由，仍可以自由自在地走在公园的石头路上。途中遇到了预置自己于死地而后快的"左派"，李万春高傲地一扬头，内心的潜台词是：跟你想的不一样，现在我还是我！尽管如此，"在劫难逃"的李万春最终还是被戴上"右派分子"的帽子，被撤销团长职务。虽然人还在团里，但不许演出，只能在家里反省。

二二　下放崇文　别窑打店再问世
支援西藏　首府拉萨又建团

李万春被定为“右派分子”，在家里反省了一段时间，团里演出就由李庆春、李小春负责。李庆春演了《闹天宫》、《古城会》，李小春仍演自己的几出戏。剧团没有李万春演出，观众不满意，上座受影响，就由文化局出面，把京剧一团与徐东明、徐东来的明来京剧团合并，改名新华京剧团。

李万春反省时间过了，恢复演出，但是广告上不能登名字，不能做宣传，也不安排重要角色。当时著名戏曲导演李紫贵在新华京剧团导演了一出“水浒戏”，名《凤卷高唐》。李小春饰演柴进，只给李万春安排了一个“靠将”，穿改良靠。李万春想：尽管角色次要，也应该给观众点东西看，于是就设计了一套“走边”。此后，又让李万春在徐东明、徐东来主演的《宝莲灯》里饰演霹雳大仙，也就是教沉香（李小春饰演）习武的那位神仙。李万春为此也设计了一段唱和一套剑舞。这段时间里，新华京剧团还让李万春演《群英会·借东风·华容道》中的关羽。尽管仍不登名字，但是观众从声音、扮相、形象上还是能辨认出饰演关羽的就是李万春，因此每当关羽上场，观众就报以热烈的鼓掌。以后再演这样的戏，上座就更多一些。

1958 年北京市下放剧团，一部分支援外省市，如毕谷云的民生京剧团被调往本溪；一部分下放到本市区县。当时北京市的二、三团已同马连良的剧团合并为北京京剧团。新华京剧团下放崇文区，吴素秋的北京市京剧四团下放西城区，李元春的青年京剧团下放东城区，李金声、董玉苓、郭少衡、窦兰芬的联谊京剧团下放朝阳区，各团仍用原名。从这时李万春的名字才可以被登在剧团演出的广告上。

头天演出赶上的是星期日，日、晚两场在民主剧场演出。日场的大轴是李万春、李庆春的《武松打店》，夜场是李万春和徐东来的《平贵别窑》，这是李万春当“右派”后第一次演正戏。

此后新华京剧团则用本团的“七大头牌”做宣传，“七大头牌”的名次依次是：徐东明、徐东来、李小春、李庆春、李砚秀、关韵华、李万春。李万春因为是“右派”，所以名字排在最后，李砚秀因是“右派”家属，受到牵连，名字也得靠后。这七大头牌在北京还不太显眼，但到了外地，即使是上海，也特别为观众瞩目。起初李万春的正戏仍然很少，多是在《群英会·借东风·华容道》里，先扮“烧战船”的赵云，卖个“起霸”，后头再赶个“挡曹”的关羽；或者在《甘露寺·美人计·回荆州》之后，带李小春的《战巴丘》，扮演《芦花荡》的张飞。

《芦花荡》的张飞是李万春过去常演的角色。李万春演《龙凤呈祥》时，曾前扮乔玄，中扮赵云，后边再赶个张飞或者周瑜，接演《战巴丘》。李万春也在和李小春合演《战马超》时，扮演过张飞。但是李万春的张飞不是按架子花脸的演法演，而是自己有所发挥。《芦花荡》张飞上场后，念“草笠芒鞋渔夫装”四句诗，就力求既有舞蹈的美，又紧紧结合词意，最后“丈八蛇矛世无双”这句，在念“丈八蛇矛”时，李万春伸左臂在前方，右臂在后稍蜷，做出拿矛的姿势，手伸二三两指，表示矛锋；前后两手微微摆动，做舞枪而刺的舞蹈动作，眼睛朝虚拟的蛇矛前端看，面露喜色。李万春认为这么样就能把张飞对武器的爱和后边念“世无双”时的得意表现出来。

《回荆州》里的赵云“起霸”，李万春也有自己特有的表演。倒是《借东风》里的赵云，过去李万春没有演过。这是因为一则《借东风》里的赵云除了出场的“起霸”，没有更多的表演，李万春认为没有必要来这个活儿；二来是从赵云赶《华容道》的关羽，时间上过于紧迫。戴了“右派”帽子以后，李万春属于监督工作，需要“戴罪立功”，不能挑三拣四，让演什么就得演什么。好在不演鲁肃，没有三赶之迫。李万春的“起霸”同样注意结合真实，节奏方面也极为注意。“起霸”前和角色出场后的正冠一般都是两臂抬起来，拿两手在离帽子很远的地方一比划，但李万春认为这样过于“虚”，不明白程式的观众不知道这是在干什么，因此他一律改为把两手凑到离帽子较近的地方，两手稍动，头部也随之稍动，使这个动作具有真实感，但又不等同于生活。“起霸”的动作里举手投足都要有力量，每个动作都要切实地做到“家”，不能半途懈了劲儿，特别是赶锣鼓点儿的时候，要用劲，还要有鲜明的节奏感。这样观众的神就能被提起来。李万春还认为：武将尤其在紧迫的情况下，上马时的打马、踢马鞭都得使劲，不能点到而已，不使劲就造不出紧张的气氛来，因此舞台上的李万春经常有踢掉马鞭上绒球的时候——当然并不是非要把绒球踢掉，才能显出紧张感，只不过说明用了劲。此外，他还强调为与“起霸”的动作和气氛相适应，念诗、念白，以至于唱，也都得做到字字有力，字字送到“家”，不能一带而过，囫囵吞枣。字字清晰，一一送到观众耳朵里，这是不论什么行当，演什么角色都应当做到的，武生演武将，更不能含糊。

到了1960年，北京又有一次下放剧团支援外地。这一次大都是外地点名要的，例如吴素秋的北京市京剧四团从西城区调往沈阳，建立辽宁省京剧院；李金声、董玉苓等的联谊京剧团从朝阳区调往广西柳州，建立柳州市京剧团；西藏自治区主席班禅，点名要李万春去西藏，建立西藏自治区京剧团。

西藏是边远地带，与北京相隔万里，又是少数民族地区，语言、文字、生活习惯都跟汉族不一样，所以全团人员没有一个愿意去的。李万春一向积极于新事物，自认为一向听党的话，响应政府的号召。这时又戴着“右派”帽子，不同于一般群众，况且得知班禅那样高级别的人物点名要自己去。刚刚开过动员会，李万春就写了“决心书”。再经几次动员，主要演员除了徐东明因病被许可不去以外，全团人员大都表示决心长途跋涉。由于班禅的关系，又加上上级认为李万春在监督工作、改造思想期间表现得不错，临行之前，李万春被摘掉了“右派”的帽子。

时值冬季，李万春全团人员登上远赴边疆的火车。那时的火车不但不能直通拉萨，甚至连西藏的边界都到不了。李万春一行人取道甘肃，在离敦煌还有一大段路的峡东、柳园就到了铁路的终点。从这里再改乘长途汽车。全团150人，连同衣箱和家庭用品，汽车开起来走在路上，也是一道壮丽的风景。等到达大柴旦镇，这才算是刚刚进入西藏地界。

大柴旦镇有个京剧团，主演是白云亭、武正霜。白云亭是武生演员，他的儿子白继云毕业于中国戏曲学校，后在中国京剧院任演员，是荀派花旦演员刘长瑜的爱人。武正霜是旦角演员，他们过去就与李万春相识，所以到了大柴旦镇停下来休息，白云亭、武正霜等人对李万春一行人盛情招待，还请大家看了他们的演出。

等过了大柴旦镇路更难走了，汽车开不起来。遇到吃饭、住宿，大家再从汽车上下来，就已经有了明显呼吸不畅的感觉，走路也抬不起脚来。这种“高原反应”在李万春的身上并不严重，在大家都吃不下饭、只能喝水的时候，李万春依然照常吃饭，而且还能照常喝酒。越往前走，大家就越感觉周身不适，沿途还有几个人昏倒了，主要是因为缺氧，经过输氧，得到了缓解，只好用担架抬着上路。所幸这些是李万春在出发之前就已经有所预料的，应用物资在车上事先都有所准备。

150人经过一路挣扎，终于来到西藏自治区首府拉萨。班禅主席和西藏军区张国华司令员，以及谭冠三、张经武、阿沛·阿旺晋美等各位高级领导人热情地接见了李万春一行人，并设宴招待，仪式相当隆重。西藏原有属于自治区和军区的两个歌舞团和话剧团，比李万春稍早一些调来了川剧、黄梅戏、秦腔演员，都成立了演出团。李万春的京剧团到达后，很快挂出了“西藏自治区京剧团”的牌子。团长仍由原在北京崇文区时的团长兼书记张正武担任，徐东来、李庆春分别担任副团长。李万春则因刚刚摘掉“右派”帽子，故不能委以重任，只挂了个艺术顾问的头衔。当地把曾经做过镇压西藏叛乱的指挥部——木鲁寺拨给剧团使用。这是一所在当地有名的庙宇，地方非常宽敞，做团部办公、排练场所和家属宿舍都绰绰有余。

木鲁寺修建得十分讲究，庙宇殿堂十分整齐，室内墙壁上都画有佛像，画工精细之极，只是作为办公室和宿舍便觉极不协调。剧团中的一些女演员或家属见到室内画的千手千眼佛和各种佛的形象，都不免产生恐惧之感，李万春的夫人李砚秀女士也不例外。李万春无奈就在房舍的布置上动了脑筋，一方面他是用纸和布把四壁的佛像遮挡起来，又在上面另画一些花卉，一方面利用殿宇中间的柱子做成多宝阁，方法是使木板做成两个圆形，当中按柱子的直径挖去，然后把这两块木板往柱子上一对，固定好，这就成了多宝阁的一层。用这种办法，柱子从上到下能做出多层来，每层上摆花、摆酒、摆化妆品、小玩意儿等。经李万春这么一布置，房间里立刻变了样儿。

李万春等人从北京远道来到西藏，为了路上方便，只带了随身衣服和被褥，没有带任何家具和陈设，这些也得就地取材解决。殿宇里有很多供跪拜用的大垫子，李万春就利用这些垫子做沙发垫，拿木料做成扶手、靠背和沙发底架，把它们搁在上面，不论看，还是坐，都有沙发的意思。随后大家的住室也都按李万春的设计改造，环境大为改变，大家也减轻了思乡之情。

生活方面处理得当之后，大家开始把精力用在戏上。藏族同胞极少能看懂京剧、川剧、秦腔和黄梅戏，因此剧团在西藏大多是内部演出，这一时期的演出主要以李小春为主。西藏地区海拔高、气压低，拉萨又比大柴旦镇的地势高了许多，平时生活中都会感觉有些出不来气儿，到舞台上演出就更觉呼吸困难。徐东来和李砚秀等人的身体一向就不大好，在这种情况下演出更是吃力，颇难胜任。徐东来平时在住处都备着氧气瓶，演戏的时候还得不断吸氧气，不能经常演出。李庆春、李小春叔侄二人演出《三岔口》这样的武戏，也需要随时吸氧气。倒是李万春比大家都强一些，不大在乎这种特殊的环境，他的演出就更多了，又恢复年轻时那样，文戏、武戏无一不演。

在西藏还有一个让大家不能适应的地方，就是由于气压低，水烧不开，饭做不熟。水烧到摄氏100度，就翻滚了，虽见翻滚，可是却不烫手。蒸馒头、焖米饭也是如此，看起来仿佛熟了，吃起来馒头发黏，拿手一捏，成了个团儿，再起不来。焖米饭也总是生心，这样的米饭和馒头开始时吃了，不消化，犯胃病的、闹肚子的、得肠炎的不计其数，后来逐渐适应，可是许多人的身体已很虚弱、消瘦。李万春虽没得胃病和肠炎，但还是犯了疝气，住进医院，尽管时间不长，出院时也显出虚弱和消瘦来。

“左”的思潮和想借整别人抬高自己的人，有机会就要露出本相。自从李万春成了“右派”，他一直沉默寡言。李万春刚从医院出来不久，便赶上了自治区和军区举办的一次联欢会，会上领导同志几次让大家自由发言，谈来西藏以后的感想。本来李万春不准备发言，无奈领导同志一再催促，如果再推托就显得不近人情了。于是李万春在会上发了言，实际他的话很简单，其中说道：“到这儿（指西藏）来以后一切都挺好，不过生活上开始还真有点不大适应，觉着自己比以前苗条了。”当时，自治区和军区的领导都没认为这话有什么不妥之处，因为他们也知道一般人有“高原反应”都是再正常不过的事情。岂料，当李万春回到剧团，便立即有人说：“李万春这个摘了帽子的‘右派’，到西藏来受到领导的重视，把‘尾巴’翘了起来，继续表示对党不满，仍然在发表‘右派’言论。‘苗条了’就是在影射共产党对你不好！如果对你好了，你的心情舒畅了，又怎么能‘苗条’呢？”为此，剧团又给李万春连续开了三天的批判会，并且还说李万春的“帽子”虽然摘了，可帽子还拿在群众手里，什么时候想戴，马上可以再给他戴上。

过了些日子，张经武同志点名让李小春演《珠帘寨》，而李小春这出戏并不熟，必须由李万春给他说戏。李万春心想：这出戏以前曾是禁戏，其中李克用又有大皇娘、二皇娘两位夫人。如果自己给儿子说这出戏，恐怕要是落个“放毒”的罪名。凭着自己过去演《安天会》和《妻党同恶报》的经验，这一次，李万春留个心眼儿，他跟剧团各位负责人说：“先请示明白了再说保险，可别为这个再耽误大伙儿工夫来批判我。”经过各级领导表示可以后，李万春这才放心地给儿子说这出《珠帘寨》。

李小春演老生戏宗的是余派，所以李万春先按余派的路数给儿子说过一遍，等小春熟悉了,李万春才又把自己小时候跟徐德增先生学的要领,包括高派的特有演法和自己融会贯通的唱法一一传授给李小春。这样有先有后,便于李小春掌握,不致于“串皮”和“查车”。李小春以“余派”为基础,又能广泛借鉴,根据个人的条件发展变化。李克用唱的“太保传令把队收”一段,其中有各自不同的唱法,例如“内有国舅段文楚”也可以唱作“内有文楚段国舅”,“抓将过来往下丢”又可以唱作“抓将过来摔死在龙楼”。“昔日有个三大贤”一段中的“张翼德在城楼怒发冲冠”还可以唱作“张翼德在城楼把脸翻”,这段最后一句的“贤弟休回长安转,就在这沙陀国内过几年”之后,余叔岩先生还加了个“落得个清闲”……这些都属于同一辙口下的不同唱词。再有如“贤弟休要笑呵呵,休笑愚兄我怕、怕老婆”和“贤弟休要笑吟吟,休笑愚兄我怕、怕夫人”,“沙陀国内你访一访,你再问一问,怕老婆的人儿有酒喝”和“怕老婆的人儿又加官、又进禄,头戴着宝星”,则属于不同辙口的不同唱词。这些不同的唱词和唱腔都可以根据不同的条件选用,或者再加改变。再如何月山先生早年演这出戏,二场改扮相,手拿扇子,李万春以为很别致,也很俏皮,所以他就让李小春也这么扮了。

张经武等领导同志都很欢喜京剧,也很内行,看过李小春演出的《珠帘寨》后给予极大的好评,并且针对二场的扮相说:“这倒很新鲜,过去没有见过这么打扮的。”李万春同他们介绍了自己学这出戏的历史,领导们更加感兴趣,连连说:“怪不得你戏路子这么宽,会的戏这么多。”张经武同志还特意转过脸来跟李小春说:“你也得像你父亲一样多学。年轻的演员只有多学多演,才能在艺术上有广阔的前途啊!”

李万春在西藏待了一年零七个月,在这段时间里,李万春跟川剧、黄梅戏、秦腔演员的关系都十分密切,经常彼此观摩。李万春爱看戏,连歌舞、话剧和当地的藏戏,都常看。对李万春来说,真是又得到一回很好的学习机会。同时,这些剧团里的演员,也会时常登门同李万春探讨艺术,还多次请李万春去给他们讲课、排戏。

在西藏待的时间长了,各方面逐渐习惯,大家的思乡之念慢慢淡了,李万春也没想过要离开这里。但是内地人不适应当地的特殊气候,经常有病号出现的事还是在所难免的,尤其这一年,剧团还有两位演员因病去世。在这种情况下,班禅主席决定让李万春一行人离开西藏返回北京。故土难离,这句话是经验总结出来的。李万春全团上下听说让大家重返北京的消息,不禁欢欣雀跃,人人盼望从西藏出发的一天。谁都没有想到:临离西藏的时候,情况有了新变化。

二三 转道赴蒙　草原重镇安家业
旅演回京　庆乐戏院话改革

在1960年北京市二次下放剧团支援外地时，西藏自治区主席班禅和内蒙古自治区主席乌兰夫，都提出要一个京剧团去，丰富少数民族地区的文化生活。班禅主席点名要了李万春的剧团，赵燕侠的燕鸣京剧团则要去内蒙古。但赵燕侠没有去，北京市文化局就把她的燕鸣京剧团合并到以马（连良）、谭（富英）、张（君秋）、裘（盛戎）为主演的北京京剧团，成为"五大头牌"之一。这样一来，内蒙古想组建京剧团的愿望就没有实现。乌兰夫主席得知李万春的西藏自治区京剧团准备离藏回京，就向中央要求把李万春的京剧团调到内蒙古。剧团接到调离西藏的通知时，已知道转道赴内蒙古的事，但是又不能跟全团人员说明。好不容易能回北京，忽然改去另一个边远地带，所有人都会想不通，怕闹起情绪来。因此剧团领导定下来：在半途宣布。

全团人员在当地领导、兄弟剧团人员和熟悉群众的热烈欢送中登上汽车，离开了已建立深厚感情的拉萨。虽然只待了一年多，还是有很重的惜别之情。人总有习惯性，刚接触什么事，就会觉得不大适应，仿佛不如原来强。过了一段时间，一切适应了，就又会感到一切很好，对另外的新东西又难于接受。表现在艺术上，则是对改革出新的抵触情绪，所以改革者不能由于外界一时反对而停步，失去改革的勇气。李万春说，他同马连良先生相似，在艺术改革上都遇到过挫折，但后来还是得到了多数人的承认。当然，改革者也得听取外界的批评，不能我行我素主观用事。改革不能样样成功，也不能一次改成。吸取外界建设性的意见，把人家的批评，甚至攻击当成镜子,从中找出改革的问题,很必要。李万春又强调:过去他在改革马超盔的同时,曾试验在"夜战"时卸靠,改穿改良侉衣带"下甲",头上戴小板巾。实践证明,马超盔改革成功了,但这种扮相却没有成功,不仅大家不接受,连李万春自己也觉得不合适,这也只是昙花一现而已。从离拉萨时的感情上想到,如果在当地宣布不回北京,而转道内蒙,全团一定有多数人宁可留在当地,拒绝起程。

离开拉萨,大队来到兰州,换乘火车时,负责人才宣布去内蒙古的事。当时大家的组织观念和思想觉悟都比较高,服从性比较强。尽管不少人心里不满,但还是登上了开往内蒙古的火车,朝着内蒙古自治区的首府——呼和浩特进发了。全团到达呼和浩特,受到各级领导的热烈欢迎,举行了隆重的欢迎仪式。当地领导把离火车站不远的通道街上一幢楼房拨给剧团使用,很快挂出"内蒙古自治区京剧团"的牌子。这个团后来一度改为内蒙古新华京剧团,后来又与内蒙古青年京剧团合并,恢复原名。

从北京去西藏时,全团人员中随行家属并不多,即便有家属同往,老一辈也都留在北京。转眼间,大家已经快两年没有同家人团聚了,所以纷纷表示想请假回北京去看看。于是,新的问题出现:一面是剧团要有正常的演出任务,一面是准谁的假,不准谁的假,比较为难。此时的李万春已是团长,张正武任书记。李万春就同张正武商量:"最好是到北京演出一段时间,一切就都解决了,没有准谁假、不准谁假一说,也没有谁先谁后的矛盾。"张正武同意后,自治区领导也认为这是一举两得的事,既满足了大家回北京探亲的要求,又为内蒙古做了宣传。

于是在 1962 年夏季,全团回到阔别两年的首都,在北京待了四个月。庆乐戏院是过去李万春常演戏的剧场,也是"永春社"和"鸣春社"的根据地,全团人都对这里有深厚的感情,因此演出多在庆乐戏院。当时,李万春已经是 51 岁的人了,由于重返北京演出,情绪极好,《战冀州》这样重在翻、摔的戏,他也照演不误。

李万春的《战冀州》是按杨瑞亭的路子来演的,"哭城"时有"正僵身"、"扑虎形翻身僵身";见马童时"摔虎跳","肘棒子"和"抢背"过马童;闻二报时是"前栽"、"虎跳"、"叉"。这些翻摔都紧紧结合着马超感情的发展变化。当年李万春跟杨瑞亭先生学这出戏的时候,杨先生就不断地告诫李万春:"越是唱武戏,越是翻扑,越得注意人物的感情。是戏就得唱出戏来,不能跟演杂耍儿、卖艺一样!"李万春一直牢记这些话,后来李万春向杨小楼前辈请教时,杨先生也强调演出人物来。因此,李万春从小就打下这样的基础,懂得注意脸上、身上的戏,从不学、用那些纯粹卖弄的技巧。后来,李万春看了一些青年演员的《战冀州》,评价说:“目前演这出,翻扑的花样比我们那时又多了,难度也加大了。不过有的技巧跟人物感情结合不够,如果演出前多分析,研究一下马超当时的内心,把感情融入翻摔里,翻摔技巧上根据人物感情再作一番取舍,就会更好啦!”

两年没有回北京了,同亲朋故旧见了面,李万春总有说不完的话。每当散戏后,都有不少人到后台来看李万春,说是只道“辛苦”,但一谈起来没结没完。没有戏的日子,李万春大吉巷的家里更是高朋满座,有时能聊到凌晨三四点钟。不论在后台,还是在家中,李万春谈得最多的还是戏和改革。内行中几乎所有人都认为:马连良是京剧生行里最善于改革的前辈,从在“富连成”科班当学生时就讲究:演员到舞台上就得显出干净。他使用“官中”的护领、水袖,都是自己先洗一遍,熨平整。马先生还提出“三白”和“三光”,“三白”指是护领、水袖、靴底,“三光”指的是胡子茬、鬓发、颈发。不仅马连良自己如此,他每次下后台,首先也要看各位演员的胡子茬、鬓发和颈发,发现有人没刮,就把一叠钱搁在这位演员扮戏的桌子上,关照演员先去刮干净再扮戏。由于要求严格,演员对此都十分重视,怕偶一疏忽,受到面前搁钱的警告。李万春一直学习这种好作风。由于李万春的剧团演武戏居多,所以在马先生“三白”的基础上又加了一白——就是“小袖”白,称为“四白”。这样的确显得美观、干净,有精神,全台演员人人如此,整体划一,戏也更精彩。

为了便于改革,马连良先生还开了一个戏装厂。他自己研究出样式,就拿去赶做。做好看着哪儿不合适,再马上改。过去的戏装都用缎子做,马先生想出用毛料子做行头的办法,因为毛料在舞台灯光的照射下不起亮光,更有一种美感。另外,缎子没有浅咖啡色和奶油色,马先生就用这两种颜色的毛料子做成戏装,穿起来非常雅致。诸葛亮的“八卦衣”一般多用紫色、蓝色或是黑色,上绣八卦。马先生在“八卦衣”上改绣仙鹤,既显出孔明的飘逸、潇洒,又减去了迷信色彩。还有像官衣、褶子、靴筒,有些也都由缎子改成绒的,有的则保留缎子靴筒,下面用绒槽,绒槽与缎子筒衔接处,镶蓝色牙子。这些改革,如果不是自己有戏装厂,很难实现,至少制作速度没那么快,改起来更费时间。

李万春有自己的戏箱,可以随便添置,使用方便,还可以出租。马连良先生就用过李万春的这个“四维堂戏箱”。李万春的戏箱里,不仅服装、道具、刀枪把子,连“龙套服”都是用缎子做的。早年龙套上台,只穿一件“龙套衣”,下面都能露出大棉裤、大棉窝来。李万春的戏箱里,有单为龙套准备的彩裤、薄底(靴)。在他的剧团里永远要求龙套勒头、抹彩。对此,李万春给出的理由是:“叶儿好,花才能更鲜艳。”李万春在服装的改革上,还表现在箭衣衣领上。箭衣过去都是大襟的,跟开氅、褶子一样,在开打中领口容易松动,里边的护领也就不牢靠了。有时在紧张的开打中,护领能蹿到箭衣领口外,这样舞台形象就显得狼狈。经过分析和研究,李万春把箭衣的领口按照官衣的样子改成圆的,无论怎么开打,衣领都不会松动。另外,为了避免护领往上蹿,在护领下面加了一个小带儿,把小带儿底端拴在腰带上,就更加牢靠了。这样,在开打时演员便再不必为衣领、护领而分散精力了。

为了使艺术更加完美,李万春在服装、道具方面不断动脑筋。在服装上,李万春先把武松的黑侉衣由缎子改为绒,又做得非常抱身儿,穿起来人物显得更边式。后来李万春又设计了一套灰布箭衣,用在武松为哥哥戴孝、杀嫂的情节里。这就与灵堂的气氛相呼应了。在道具方面,李万春把过去用的布质软城改成硬的,由大写意变成接近真实。过去演《空城计》,诸葛亮在城头上唱时,布质的城楼就搭在地面前的桌子上。时代前进了,观众便不能接受。演武戏,翻跟斗过城时,举城的检场人根据演员跟斗的高低,调整城的高矮。观众看见城举高了,立刻知道这个演员跟斗好,便热烈鼓掌,叫好儿;跟斗翻不了那么高的,两边检场人把手稍稍一松,软城中间就塌了下去,演员就从塌下去的地方翻“矮跟头”过城。这种办法既不合理,也影响美感。于是李万春统一把城改为硬质,还在上面加了些小彩头。过去演一至十本《铁公鸡》,在“双夺太平城”时,演员都蹿城而过。这里不用翻城的办法,避免跟其他场子的翻城重复。盖叫天的演法是把藤牌摞起来,踩着藤牌登城越过,李万春则用撑杆跳的办法。后来李万春又想出新主意,在城墙半腰画出来的砖缝处塞进一块小木板。台下观众看不出来,演员飞快地跑到城前,脚踩在小木板上借劲蹿起来越过城去,观众误以为演员踩在光溜溜的砖面上,觉得是真功夫,因此每演至此,观众必报以热烈的掌声。

为李万春做服装的李墨林和做把子的张宗顺,不仅跟李万春合作得非常融洽,还主动帮李万春想办法,一同在改革上下功夫。过去用的刀坯子通体镀水银,演员拿刀还攥到刀吞口上,虎口也得跟托盘底部接触,拿过刀手就会沾上黑色。武戏演员开打后,每人一手黑,既不美观,也容易蹭到服装或是脸上。李万春和张宗顺研究:取消吞口,刀把直接接托盘,刀把上缠花带或裹大绒,使刀的人手和水银挨不着,再不会弄一手黑。后来这种办法兴开了,很多剧团都这样做。张宗顺还能从旧刀坯子上收回很多水银。早年刀杆,枪杆上都缠花带子,一则显小气,二来演戏中需要换用的时候，明显能看出更换的迹象。比如演《挑滑车》，高宠应该从头到尾使金杆大枪，可是技术不高、功夫不到家的演员，用金杆大枪开打、要枪花，枪杆发滑，容易失手掉抢，有损演出效果。有人就在大战时使用缠带子的枪，从金杆枪变成花杆枪舞台变化过于明显，好像高宠前后用的是两杆枪。针对这点，李万春又与张宗顺研究，用不同颜色的大绒缠在刀杆和枪杆上，做出绿、紫、黑多种颜色缠杆的刀、枪。演《挑滑车》，高宠如中途使枪，就以棕色绒缠杆的大枪代替，这样观众也就不容易看出来了。

《挑滑车》，李万春饰高宠

李万春的剧团此次重返北京，正值酷暑。一般来说，这种季节属于“晒车板”的时候，看戏的人不会太多，各剧团都不易上座儿。这一点大家从呼和浩特启程时就有这种顾虑，不过为安定大家的情绪不便推迟。没想到在北京演出的四个月，上座极好。原因是李万春和他的剧团很长时间没有跟北京的老观众见面了，剧团又有些在北京不易看到的戏，同时也跟李万春在北京的“人缘儿”、“台缘儿”有关。

离开北京，李万春剧团的一行人又到西安、开封、武汉、九江等城市演出，并沿长江流域，在南京、镇江、无锡等地演出，上座都非常好。这是全团进藏以后的第一次长途、长期巡回演出，也是李万春从“反右”后心情最舒畅的一段时间。可惜好景不长，回到呼市不久便又开始了“反右倾”，接着是社会主义教育运动。到1965年又掀起了史无前例浩劫的序幕。在这种背景下，李万春自然又是首当其冲，倒霉的日子一天挨着一天。

二四 空前大灾 扫地出门难逃数 劫后余生 重游故地遇知音

俗话说:“家贫出孝子,国乱显忠臣。”也就是说患难之中见真交。每逢政治运动到来,总会使一些人暴露出本来的面目,也只有在运动中才能看出谁是真正的人,谁徒有人的虚名。

李万春的剧团从北京到西安、开封、武汉、九江及长江流域各重镇演出,回到呼和浩特,已是1963年初,正赶上“反右倾”运动,肃清资产阶级思想影响。这期间“当权派”自然是重点,于是身为团长的李万春面对的是全团人给他提意见。一些人气势汹汹地指出:他带团旅演便是资产阶级思想;旅演中专奔大城市,不到农村、厂矿便是资产阶级思想……把李万春骂得狗血淋头。如果说,那些说李万春不好的人是平时反对他所作所为的,那么李万春也服气。但让李万春没想到的是,给自己提这些意见的人正是当初闹着要回北京,闹着要去大城市演出的人,而且这其中还有托人讲情来到这个团工作的人。不想这些人不懂得知恩图报,却反过来说是李万春拉拢他们结党营私,真不晓得堂堂的武生名家要拉拢那些没有出路、没有饭辙的人结什么党,营什么私?

这场风暴过后,1964年李万春在天津演出,赶上全国现代戏汇演在北京举行。北京的汇演全部是现代戏,李万春在天津的营业演出也必须“两条腿走路”,现代戏和传统戏都要演。现代戏汇演之后,中央公布了不准演出老戏的通知,恰巧赶上社会主义教育运动普遍展开,又是当权派为对象,所以回到呼和浩特,李万春再次遭到批判。有些人指出他公开对抗现代戏,听说中央领导康生也在现代戏会演的总结会上点了李万春的名,也就在这时撤销了李万春的团长职务。对于李万春来说，这些还都是小灾小难。1965 年，借评马连良演出吴晗编剧的《海瑞罢官》，掀开了史无前例的“文化大革命”的序幕，李万春以后的日子也就更不好过了。

“文化大革命”开始后，提出“打倒党内走资本主义道路的当权派”、“打倒资产阶级反动学术权威”、“横扫一切牛鬼蛇神”的口号，怒吼之声震天动地。事态越来越严重，气氛也越来越紧张。随着中央党内高级领导人被点名、批斗，各个单位的领导和知名人士也都难于逃脱罢官和揪斗。

《海瑞罢官》成了马连良先生的罪状，马先生注定“在劫难逃”，而李万春则紧随其后。1966 年的夏天是李万春一生中最惨痛的时刻，过去“汉奸”、“右派”的罪名真是小巫见大巫。当时李万春在北京休假，从呼和浩特赶到北京的“红卫兵”把他从大吉巷家中揪回呼和浩特，并且是“扫地出门”。家被抄了，家里的东西被砸碎、被抄走，可谓洗劫一空。一些家具连同房子被封起来，从此李万春永远离开了居住了四十多年的大吉巷，再也没有没回去过。李万春凭着艺术、拼着心血和汗水挣下的家业就这样不再为他所有。

到了呼和浩特，李万春便陷入了人间地狱。无情的批判和残酷的斗争夜以继日，无休无止。如果真按犯人一样被监视，或按反右派斗争的方式对待李万春，倒也还好，但是这时使用的是非法的毒刑和人身侮辱。有的“造反派”故意寻开心，有的是为了打击报复，挂黑牌、戴高帽子、剃阴阳头、游街批斗、监督劳动……造反派有闲工夫骂上一顿、打上一顿，更是家常便饭。

李万春对于业务的钻研和追求是出了名的，因此他对于舞台演出的要求也很高，不论演员、乐队，或者舞台工作队谁出了错或者不认真，李万春都会十分严厉地责备。类似这样的事有很多，例如李万春与他的大弟子姜铁麟就发生过这样的矛盾。有一次，姜铁麟在场上出了错，按“老派儿”行事的李万春动手打了徒弟，姜铁麟一气之下离团而去，后来又想回来，便找到李万春。见面刚叫了一声“师父”，李万春就主动问他：“你现在怎么样？”姜铁麟说：“不行，混得不太好。”姜铁麟的话还没落音，李万春就开了道儿：“那就回来吧，我这儿需要你！”姜铁麟回来后，李万春还照样捧自己的徒弟，在自己演全部《马超》时，让姜铁麟接中间的《战冀州》，而且特意安排在姜铁麟出场前，让场面上缓锣鼓，再把舞台上的灯光压下来，待姜铁麟出场时锣鼓大震、灯光大亮，以突出姜铁麟的舞台表现效果。过去有个负责舞台工作队的工作人员（检场），由于在后台闲聊天，误了场上的事，李万春冲这个人大发脾气，并且把他辞退了。当然这只是一时的事，过了一段时间，李万春仍然召回了他。由此也可以得见都是“戏班儿”的人，谁都懂得“干这个”的道理，所以事过之后谁也都不记恨谁，毕竟都是为戏，为工作。可是这个舞台工作人员的儿子却不这么想，现在到了“文革”，他的儿子认为“报仇”的时候到了，常常把李万春叫去，让李万春当众打自己的耳光，还要打得狠，打得响。别的“造反派”更有别的花招儿：院子里有堆土，他们便让李万春在毒天烈日下冲这堆土站着，不仅让立正，而且得两眼注视土堆，美其名曰“看土”。每天下班时，把李万春和书记张正武揪到团部的大门口，一边一个，项戴黑牌、低头弯腰地站在路上，在下班回家的群众面前“展览”。“造反派”还带头往这两个人身上、脸上吐唾沫……种种非刑，般般损招，真不知道他们怎么想出来的？为什么会把脑筋用在“整人”上？

李万春一向心里不搁事，是个想得开的乐天派。但在这时他实在无法忍受，他常想“士可杀，不可辱”，即便有多大罪，可以判刑、处死，像这样无端的人身污辱，绝对不能忍受。于是在舞美队工作人员的儿子再一次打他后，李万春写了一张“大字报”，标题是《要“文斗”，不要“武斗”，必须严惩打人凶手》，由李砚秀搬着凳子，帮助李万春贴在了墙上。次日，“造反派”当然对李万春不肯轻饶，李砚秀也受到牵连。李万春对妻子说：“我连累你，连累小春他们，这样的非人生活，我不想再过下去。‘士可杀，不可辱’，我不能让他们拿我这么取乐儿，这么污辱，现在没地方说理去，我只有一死了之。我死了，你们的日子会比现在好过些！”

李砚秀开导说：“你得想开了，这样的日子是会过去的，千万不能一时心窄，寻短见。你死了，我们的罪过更大，我们都成了反革命家属，那还好受得了！你也得为我们想想！”

李万春觉得有道理，含泪点头，但是表示不出态度来，只能“哎”了一声。

李砚秀又说：“你不是什么事都想得开吗？汉奸、右派，你全过来了，事情也都澄清了。你就把现在对你的斗争，当戏看。他们从背后往上拽咱们两只胳膊，往下按咱们脑袋，让咱们坐‘喷气式’（飞机），这不跟林冲在白虎堂受刑一样嘛？你再想想那些大人物，国家主席、总书记、元帅、将军，谁不比你有名？人家为革命出生入死，谁不比你功劳大？不也一样挨批挨斗？说丢人、寒碜，不比你厉害？不比你委屈？”

经对妻子的开导，李万春这才打消了寻死的念头，说：“对！坚持下去，看他们收缘的结果吧！”

从此李万春丢开面子，想得更开朗，真的把一切当戏来看，来演。的确，这是一场戏，一场可恶的悲剧。

李万春赠送给周桓的国画(1957)

党的政策的确一天天在落实,情况一天天在好转,斗争也一天天在缓和。到了1972年的夏天,忽然由“造反派”通知李万春回北京认领1966年抄家时被抄走的东西。当时李万春还是被管制的状态,必须由“造反派”派人盯着。

已经六年没到北京了,不知道北京变成了什么样子?李万春打电报给当时在北京市京剧团工作的周桓,请他接站。周桓一直很欣赏李万春的艺术,二人关系也很好。早在1957年,周桓还在北京市文化局戏曲科工作时,李万春有一次演《盗魂铃》,当场画了一幅牡丹,周桓想请李万春把这幅画送给自己,李万春也答应等题了上下款再送给他。不想还没来得及题款,李万春就陷入了“反右”的斗争之中,之后又被戴上了“右派”分子帽子。这时李万春托管事人迟景泉问周桓:“您要的那幅画,李团长已经题好款了,不知道您现在还要不要?”周桓没打愣,立刻答道:“要啊!您给我,我去裱!”还在李万春戴着右派帽子的时候,这幅画就镶在硬木镜框里,高挂在周桓家的正厅里。1966年“八·一八”后,“斗争”更是如火如荼。一天晚上,周桓到李万春家说:“我刚从荀(慧生)先生家里来,跟荀先生说了说这次运动的事。到您这儿来,也为跟您说今后不管在什么情况下您检查、自我批评,都得实事求是,千万别为了过关而夸大事实。即便是夸大事实,要是不让您过关,您还是过不去!”又说:“我跟荀先生也是这么说的,以后情况更紧了,我不便再来了,来了反而会给您添麻烦,您就自己保重吧!”1969年,李万春还在接受斗争中,次子李卜春在湖北建筑工程部八局一公司宣传队工作,演出样板戏。每当他回内蒙途经北京时,周桓都让他给李万春带北京的特产——烤鸭和泸州特曲酒。“文革”之中,人人都要划清界限,能这么做的确实不多。

周桓接到电报后，果然按照指定日期的早上7点准时到北京火车站接站，并把李万春接到自己家中。周桓的母亲极为好客，盛情招待李万春、李砚秀及其子女们，大家一同在鲜鱼口里的便宜坊烤鸭店吃烤鸭。这次李万春及家人与吴素秋、姜铁麟、叶少兰、魏喜奎等久别重逢的故友一同游览了颐和园并合影留念。只可惜叶少兰的父亲叶盛兰因病未能同游。李万春这次返京，还在周桓的陪同下到旧帘子胡同看望了梅兰芳先生的夫人福芝芳，到山西街看望了荀慧生先生的夫人张伟君。马连良的夫人陈慧琏自马先生被抄家之后，长期住在梅宅。只可惜马、荀二位先生先后于1966年和1968年被迫害致死。此时的李万春已经算得上是劫后余生了。

在此之后，李万春第二次到北京是1977年的初春。当时他接到了谭富英先生去世的讣告，特地赶来参加谭先生的追悼会。此时的李万春已不受监督，可以自由行动了。李万春第三次到北京是同年的春末，"四人帮"倒台半年以后，恢复演出古装戏，北京市京剧团带头演出了当年延安平剧研究院的《逼上梁山》，李万春特地前来观摩学习。第四次是这一年下半年，李小春接受访美的演出任务，在北京排练《闹天宫》，中央文化部特约李万春来做艺术指导。情况一天比一天好，李万春说，自己的确是自我找乐儿的"乐天派"，到北京观摩以前，尽管"造反派"不那么嚣张了，不拿他当"黑帮"批斗了，可是一切活动都不准他参加。如今情况好转了，李万春就自己找活干，他断定传统戏会逐渐的恢复，自己今后肯定还得演戏，所以武功决不能搁下，于是，此时李万春就每天天不亮起来，拿上宝剑到公园里练功。公园里有不少人打太极拳、练剑，老年、中年、男女都有，多数人都认识李万春，于是就看着他自己练。一会儿的工夫，大家就都围过来驻足观看，中间竟然还有叫好儿的。后来晨练的人们就派出代表同李万春说："请您教教大伙儿！"对此他也慨然应允，从此李万春再到公园，就加上一项教学任务，晨练的人高兴，他自己也高兴。

李万春从北京看了《逼上梁山》后回到呼和浩特，一方面自己在剧团里排这出戏，一方面给儿子李小春说戏，他不但把原排的技巧一一教导给儿子，还把他自己准备加进去的技巧也给小春说了。公演时，则由这对父子分别饰演林冲。由于李万春在《逼上梁山》里揉进了《野猪林》的表演技巧，所以戏更加火爆，观众也极感兴趣。正在此时，李小春接到通知，让他马上到北京集中，有出国演出的任务，指定的剧目是《闹天宫》。由于十多年没动这出戏，李小春已经忘得差不多了，李万春又连夜给儿子说戏，但此时也只能是说个大概，只有李万春到北京继续雕琢。这次李万春到北京，由文化部安排住在宣武区的北纬旅馆。平时李小春在旅馆里学，排练时李万春就到现场指导。彩排、审查都在民族文化宫礼堂。审查当天，文化部部长黄镇热情地握住李万春的手说："万春同志，我可是您的知音呐！我最喜欢看您的戏！"又问，"您今年多大年纪？"

李万春回答："66 岁了。"

黄部长立刻说："比我大一岁！可不像 66 岁的样子，看上去比我年轻，精神也好！还能演吗？"说着，黄部长注视着李万春，流露出期待回答的目光和笑容。

"来这儿前，还演《逼上梁山》哪！"李万春从容地回答。

听李万春这么说，黄部长更加高兴地说："那就请您来北京演演！"

这大大出乎李万春的意料，想不到遇见这位热情的部长还是自己的知音。这也促成了李万春在北京演出和进一步的落实政策，进而离开生活了 16 年的呼和浩特，重返迁出 18 年的首都北京。

二五 政策落实 新居喜迁前门侧 返京首演 旧戏重排闹天宫

黄镇部长果然说到办到,办事雷厉风行。李小春出国不久,回到呼和浩特时间不长的李万春就接到了文化部的借调信,让他到北京做示范演出。这件事是交给当时文化部艺术局局长张志办的。张志同样热情主动:一方面办李万春来京演出的事宜;一方面着手办为他落实政策的事。李万春认为能顺利重返北京落户,多亏遇见了这两位领导人。

李万春原来居住的大吉巷的房子,从1966年他被“扫地出门”后,就被街道占用,他在北京已“无家可归”。接到借调信后,李万春便与李砚秀从呼和浩特来到北京,张志局长安排他们在铁树斜街(原李铁拐斜街)的远东饭店暂住,确定头出戏就演《闹天宫》。李万春是从北京市调出去的,落实政策理应是北京市的事。张志局长便与北京市文化局联系,由北京市京剧团配合这次李万春的示范演出。

北京市京剧团的前身是“文革”前梅兰芳、尚小云、荀慧生三个京剧团,与李元春、赵荣琛、王吟秋为主演的青年京剧团合并组成的北京京剧二团。从1964年全国现代戏汇演后,江青篡夺文艺大权,她对马连良、张君秋不满意,就把他们从自己控制的北京京剧团调出,安排在北京京剧二团。遭受十年浩劫,马连良先生于1966年被迫害致死,张君秋先生于1969年被江青调回北京京剧团,这个团改称北京市京剧团。李万春被安排在这里时,该团的团长、书记正巧是旧日文化局的副局长张梦庚。

李万春安排《闹天宫》这阶段,一直住在远东饭店,前后住了半年多。一则这是个高级饭店，房价昂贵，全由公家开支，李万春认为不合适；二则演员每天都要吊嗓子、练唱和说戏，还必须要有乐队伴奏，这样一来必然影响其他入住远东饭店的旅客，再加上张志局长为李万春办落实政策的事逐渐有了眉目，北京市可以为李万春拨一套单元房，这样李万春便在1978年末从远东饭店迁到前门西侧新盖的一幢单元楼里居住。

前门箭楼东西两侧旧时是东西顺城街，城墙拆除后，修成横贯东西的大马路，可以媲美天安门前的东西长安街。李万春的新居就在原西顺城街的马路南侧，新楼刚刚落成，楼前楼后还都是一片瓦砾、土丘，坑洼不平。李万春是入住的第一家，住在四楼，为防止宵小，保障安全，不使其他空房受损，李万春搬入后就用锁链把楼门锁起来，在门旁装电铃，来人按响门铃，他在楼上听到，再下楼给客人开门。久而久之，也出现了问题，由于平时到李万春家来的客人很多，主人不能一趟趟地从四楼往下跑，李万春的三女儿李莘华想了办法：听到门铃响，家人先从楼窗往下看，如果是熟人就把楼门的钥匙扔下去，由客人自己开锁、进门，再把锁链锁好，上楼。客人离去时，由客人把钥匙带下去开门，出门后重新锁上锁链。这时李万春再从楼上放下一根绳子，把楼下客人手中的钥匙提上来。李万春的三女儿李莘华精明能干，文思敏捷，理家、做饭、写文章、联系事都是一把好手。李万春从呼和浩特两手空空回到北京，大吉巷旧居里原有的家具早已被抢抄一空，重安新家一切的用品、陈设就都是由李莘华置办的。当时木器家具缺货，不公开出售，需要凭购物券才能买到，而要得到购物券，就必须经过层层审批。有了购物券也不是在一个地方就能买到所需商品，还需要到四九城找着去买。李莘华和周桓东跑西奔了好些日子，费了好多唇舌，总算是置齐了一切的安家度用。

《闹天宫》是李万春的代表作，在他历年演出中不断改革，常以新面貌出现。十年浩劫后，在呼和浩特继《逼上梁山》演出时，由于演出时间缩短以及个人年纪关系，李万春对《闹天宫》又进行了修改：开始先上土地念一段“数板”垫场，底下便是持门旗的小猴儿引猴王出场。猴王持马鞭，使舞蹈身段，唱【醉花荫】的牌子，奔桃园。土地当场见猴王，交代桃园状况；猴王亲自查点，下场。接着是众仙女上场见土地说明准备摘桃，猴王再上场盘问众仙女。再往下便是“偷桃”、“盗丹”，李万春认为，既然已经改为《闹天宫》，猴王完全是正面形象，再把“偷”、“盗”用在他身上不合适，改为“闹瑶池”和“霍金丹”。猴王出“兜率宫”下场。上老君，得知金丹丢失，启奏玉帝。下面是猴王闯南天门见马天君，马天君刚放走猴王，巨灵神便

《闹天宫》，李万春饰猴王（1979）

出场。前部文场子如此精简。后部自李天王派将进入开打，其中只突出猴王与二郎神、哪吒的两番开打。李万春说由于自己年纪大了，可以这么演，如果青年演出还要在武功技巧上多加花样，出场的天将也应该尽可能增多，但一定要根据传统《安天会》的根本基础发展变化。京剧艺人口中有句话，叫做“十戏九不同”，其实是“是戏就不同”。早年的京剧演出唱、做都不一样，同样一句【二黄导板】，《借东风》诸葛亮的“学天书习兵法犹如反掌”和《八大锤》王佐的“听谯楼打初更玉兔东上”，唱腔、唱法并不一样，每一出戏的打法也不一样。猴戏也如此，决不能每出猴戏全是一个打法，总离不开“棍挑刀”什么的，没有不同的花样，观众看哪出全是一样，戏就不会叫座了，原因就是失去了每一出戏应有的特色。

李万春在这出戏中猴的穿着，是脱蟒后换直裰，头上由金纱帽改为钻天盔，以后再不换了。但是在教学中，李万春依然强调青年演员演这出戏时，最好在中间和二郎神开打时，照以往扎黄靠、穿厚底的扮相扮戏，因为猴王与二郎神分别穿的黄靠正好凑成一对儿，舞台形象好看，气魄也大。猴扎靠的戏不仅只这么一出，而且仅这么一场，所以他认为完全应该保留下来。同时，扎靠使棍打法也别致，同样不见于其他戏，不能让它失传。

北京市京剧团配合李万春演出的多为青年演员，自十年浩劫以来，青年演员们一直没演过猴戏,有的人甚至都没见过猴戏。李万春从第一场戏开始就需要一个一个地给助演的青年演员说戏并且做示范,就连猴王身边的八个小猴儿,也要手把手地教,他认为这么做进度反而快,而且准确、瓷实。李万春的弟子李瑞起在呼和浩特为他配演过哪吒,大女儿李淑媛演过"单出头"的仙女,李万春就把他们找来帮助说戏,并让他们演出前几场,为北京京剧团不熟悉的演员作示范。

这出戏经反复排练,到1978年7月31日在中山公园音乐堂正式公演。由北京市戏校毕业的高材生沈宝桢(武生名家孙毓堃的学生)饰演二郎神。荀慧生的学生孙毓敏在前面演出《红娘》,开场由赵慧英演出《盗仙草》。从1962年到1978年,李万春已经16年没在北京演出了,劫后余生,此次重返北京舞台,真让他感慨万千。李万春对北京观众,北京观众对李万春都有亲切之感,因此台下反映强烈,自此,不论李万春到哪个剧场演出,都是如此。

北京市京剧团在张梦庚团长的努力下,于1979年春节后与原称"样板团"的北京京剧团合并,建成北京京剧院。北京京剧院下设四个团:一团的主演是赵燕侠、谭元寿、马长礼、杨淑蕊等;三团的主演是梅葆玖、赵荣琛、孙毓敏、李元春等;四团是由北京戏校"文革"中的毕业生组成的,以关静兰、赵乃华、王玉珍为主;李万春落实政策调回北京,与从辽宁省京剧院调回的吴素秋、姜铁麟一同建成二团。

李万春能从内蒙古调回北京,经过了张志局长的多方奔走,多次与呼和浩特的领导交涉。李万春原想把当初从北京一同随他来内蒙的全团人一起调回,但内蒙方面不放,后来"右派"改正,落实政策,只把李万春一人调回,由于李砚秀是家属,故而可以随李万春回京。李万春回到北京后,几个有关京剧的院团都希望把他安排在自己的单位。张志局长从文化部的角度出发,希望把李万春安排在文化部直属的中国京剧院,中国戏曲学院院长史若虚则要求李万春到戏曲学院任教,同时演出。张梦庚则说:配合李万春演出的是北京市京剧团,而且李万春是从北京市出去的,应该回北京市……最后还是张梦庚取得了争取李万春的胜利。

继《闹天宫》之后,李万春又排演了《武松打虎》。这出戏必须由李万春的三弟李庆春配演酒保,才更加出色。李庆春"冷哏"多,他的丑角戏全仗"冷哏"配以小动作,表现出鲜明的节奏,以此吸引观众。一则他从小就有演喜剧的幽默个性,二则他排演连台本戏《济公传》时,又经培养、锻炼。在《武松打虎》里,他扮的酒保在幕内叫"啊哈","啊"字上拉长音,就有强烈的幽默感。上场后,他的步子不快,极显自然,流露出懈怠劲儿,却非常有节奏。从跟武松见面起,他就在词句、感情上与

《武松打虎》，李万春饰武松，李庆春饰酒保

武松亲密配合，分寸极好，常在小节骨眼儿上使观众捧腹。武松开始饮酒时，由于一壶酒只能斟一碗酒，武松喝过第一碗，让他“斟上”，酒保面对观众使个眼神儿，好像出乎意料的一愣，潜台词是：“怎么，又来啦！还让斟？”随之快速地从桌子上抄起酒壶，转身走向下场门，在下场门虚拟的酒缸处做虚拟打缸盖的动作，最后他拿酒壶从缸里一舀……这些动作都有着思想情绪，做出来干净利落，不拖泥带水，戏有了，情绪有了，“哏”自然也就出来了。武松喝完第三碗酒时，他跟武松一左一右同时伸手指向桌上的酒碗，同时说出“斟上”俩字，尺寸一样，再加上他的神气，观众很容易产生剧场效果。武松让取大坛酒来，他双手搬酒坛，脚下走急抬脚的小步儿，把酒坛往桌上放时，随着提酒坛子，脚尖踮起，上身同时往前一蹿，这才把酒坛放在桌上，表示出酒坛的重量，这些都有生活依据，又有艺术夸张，做得细微、传神，最终使“哏”随之而出。武松举大坛痛饮，酒保矮身仰面，在武松胸前接洒下来的酒喝，做出咽酒状，尤其当他长起身时，取下肩头搭的手巾，在脸上一转，擦整个脸，而不是只擦嘴角，这种处理极为符合生活，使观众立刻会想到酒保满脸溅上的酒星。此后，他的醉步、醉态、口齿不清，把酒保的醉态表现得极为深刻，也陪衬出武松的酒量。武松出酒店奔景阳冈时，他揪住武松的梢棒往回拉，翻回跟斗趴在台上。起来时一步一滑，最后用手搬腿才能站起来。及至关门上插棍，再表现出两眼昏花，手不听使，歪歪斜斜，两手无力，身体旋转，都使观众如见真醉鬼一样，乐不可支，在捧腹大笑中加深对这个人物的印象，这一系列小动作都是李庆春仔细体会并联系人物的特性创造出来的。李万春说：“庆春为我出演酒保，如同给了我一根拐棍。跟他演出，他把内心感觉全表达出来。可是跟他演出，我也得特别注意时时把内心感情表达出来。这样，我们俩才旗鼓相当！否则我的戏全被他夺去！观众的目光都集中在他那儿，这出戏就等于给他唱了！”

李万春回到北京不久，便参加了两场有意义的联合演出。一是全国文联举办的文代会闭幕演出晚会，李万春同梅葆玖联袂合演了《霸王别姬》；一次是李万春在马连良先生逝世10周年的纪念演出中演出了《龙凤呈祥》中的赵云。

《霸王别姬》，李万春饰霸王，梅葆玖饰虞姬(1978)

《霸王别姬》这出戏过去李万春就演过。当初在“斌庆社”的时候，由于他年纪小、身量矮，所以只演《霸王出世》，后来稍长，李万春就与魏莲芳合演了《霸王别姬》。此后的几十年里，李万春也演这出戏，但并不很多，原因是演霸王太费嗓子，容易把嗓子唱“横”了，影响次日正常的演出。全国文联举办的这次晚会是“四人帮”垮台后文联组织的一次大型活动，参加者都是文艺界老一辈名家，这些人是主要观众。大家提出请梅葆玖演他父亲的代表作。梅葆玖在“文革”中受冲击，在剧团管理电声效果，属于舞台工作队的活儿，但这也合他的爱好。如今恢复演出，梅葆玖担心个人力量单薄，难于满足观众要求。梅夫人想到由李万春饰演霸王，可以助梅葆玖一臂之力。因为这出戏虽然以虞姬为主，但霸王也很重要，早年梅兰芳一直同杨小楼合作此戏。为此，梅葆玖来到李万春的寓所。起初，梅葆玖没直接提出请李万春助演霸王这件事，怕碰钉子，只是婉转地说：“文联让我演《霸王别姬》，这出戏是我们老爷子的看家戏，我这么多年不唱了，唱这出别再给唱砸了。我母亲想到您，让我到您这儿来一趟……”

不等梅葆玖把话说完，李万春已明白他的来意，便主动说：“让我来霸王，是不是？”

“您要是肯来霸王，那敢情太好啦！您这可是捧我啦！”梅葆玖满心高兴地说。

李万春拦住梅葆玖的话，说：“这不叫捧，算是我给你助助威。我年轻的时候，梅先生把我带到上海，让我唱‘倒二’，还让我唱‘大轴儿’的沉香，那才是捧我呢！直到现在，我还念梅先生的好！我不仅应下演霸王，我再给你热热场子，省得开场你就出来。我前头来一场九里山大战，哄一哄，底下你再出来，更显有份儿，戏也好唱！”一听李万春这么说，梅葆玖非常感谢，欣然告辞！

《龙凤呈祥》的赵云，李万春自己学演时就常赶扮这个角色。此次这出戏的角色安排非常整齐。乔玄由马最良、王和霖两位“马派”继承人分别在前后饰演，鲁肃由言少朋饰演，言少朋是言菊朋的长子，艺宗乃父，又拜师马连良，是非常虔诚的马派继承人。刘备由谭元寿饰演，刘备这个活儿是称得起谭家的保留角色，从谭鑫培到谭富英，祖孙三代在这出戏里都演刘备，而今由谭元寿饰演刘备也正应工。张飞由袁世海饰演，这也是他的拿手活儿。周瑜由刘雪涛饰演，他演文小生向以做戏细致传神著称，武小生也颇有光彩。孙尚香由赵燕侠和马连良的女儿马小曼前后饰演，赵燕侠平时很少演这个角色，此次则是难得一见，演来别有风格，马小曼唱做也很生动。吴国太由王玉敏饰演，嗓子有响遏行云之势，当时他已是中国戏曲学院的教授。这个群星荟萃的《龙凤呈祥》以后又演出过几次，孙尚香分别由张君秋、杜近芳、刘长瑜饰演；乔玄、鲁肃则由马长礼、张学津分别饰演；周瑜以叶少兰演出居多。真可谓是异彩纷呈、各有千秋！

二六 艺无止境 武松杀嫂换旧貌 改有良方 平贵别窑换新颜

李万春的次子李卜春曾在江苏省戏校学习,“文革”中戏校停办,他参加了建筑工程部八局一公司,名义是工人,实际是在宣传队,为施工工人演“样板戏”。八局一公司在湖北施工时,他不断在几个大小城市演出。武汉市京剧团看中他,把他调去当了正式演员。李万春回京,因为身边无人照顾,李小春又在内蒙古京剧团,不能离开,于是就把李卜春借调来京。李万春想让他一方面照顾家庭,一方面在身边学艺,以继承其艺术。李卜春来京正赶上李万春恢复全部《武松》,李万春就让他接中间“戏叔”、“别家”两场的武松。酒保仍由李庆春担任,潘金莲由北京戏校毕业的青年演员李世英饰演,西门庆由李万春到京新收的弟子韩增祥饰演。此时所谓全部《武松》,实际上是从“打虎”到《狮子楼》“杀仇”为止,但和以前从《柴家庄》演到《蜈蚣岭》比,还少着一半呢。

李万春对武松这个角色一直很喜欢。“北派”演员里从来没有以演这个人物为重点,以演这个人物出名的。“南派”武生中,盖叫天有“活武松”之称,所以李万春一直想弥补“北派”的这个空白。李万春年轻时曾和盖叫天合演《三岔口》,学习了盖叫天的身段、脚步,便把精力用在创造“北派”武松的形象上。他通过仔细阅读《水浒》,觉得武松这个人物应该强悍,也应该给人以美感,不然潘金莲怎么能喜欢上他?不过他的美不能与石秀、十一郎、燕青一样,这三个人物扮出来,都给人以漂亮的感觉,但武松必须美中有“威”,有“艮劲儿”,也可以说是美中有刚,美而不浮、不飘,刚而不憨、不野。为了突出这个特点,李万春扮戏时,在脸上先擦一层黄

《武松打虎》，李万春饰武松

色底彩，再在面颊、眼部擦红色。定妆时在红色上扑粉，黄色上不再扑粉。把脸上浮粉擦去，就显出脸上稍带黄色，略有亮光。如此就没有“白如敷粉”之感了。武松的眉毛画得要比一般武生略粗，眼窝略大、略深，加上表演时身形挺拔，举止干脆，不拖泥带水。“亮相时”挺胸，微昂首，脖子梗着些，人物就显出英武、粗犷来了。

武松的表演比其他角色更得讲究干净、利落，一点儿不能拖沓，处处本着“稳”、“准”、“狠”，还得做到“美”、“脆”、“帅”。按当前演出顺序，《打虎》就是开头了，其中酒馆属于铺垫，也就是“打虎”的序幕。这场戏只是交代背景，引起下边“打虎”的情节，但绝不能当过场戏来演，必须把戏做得细致，一定要把武松的人物特点、性格交代清楚。武松从柴家庄来，一路劳乏，见到酒馆立刻面现喜悦：可瞧见一个歇脚、打尖，并且能开怀畅饮的地方了。把武松的心理向观众点明，观众就会被带进戏里。进酒馆，以两手的水油，从帽子到身上，连连扑打尘土，交代长途行走，一路风尘的背景。饮酒中当听见酒保说景阳冈上有虎，要猛然一惊。先是往上纵身，仰头，双目注视左前方的酒保，随后转惊为怒，念“果然有虎”时，脸上和身子由原来的左前方转向右前方，以手沿桌边向下指出去，指出要有力量。同时转身，表示对虎的仇恨和藐视，以及准备打虎的决心。底下双手捧酒坛时，右脚踏地，高抬左腿，从桌子上跨过，脚踏在桌后的椅子上，这是为表示武松的气魄。此后，用双手摇动酒坛，举酒痛饮，这是表现武松的勇力和酒量。从摇坛子的动作里表示酒的浓度，这些都是来自于生活。饮酒后，胆量越大，力气倍增，拿梢棒出酒馆，不能露出丝毫醉态，否则武松的酒量就大大削弱了。酒保这时表现出的醉态，正好衬托武松的海量。武松的醉意、醉态是在出了酒馆后，通过舞棍花，脱去外罩的褶子，亮相，转身之后以几个踉跄的醉步表示。因为大量喝酒的人多是被风一吹，酒力发作，这也是有生活依据的。

李万春说，“杀嫂”这段戏反复改动过几次。这段戏主要是文场子，靠念白的语气和演出人物内心吸引观众。见嫂子、见何九叔、见西门庆，语气、感情都有区别。这段戏开始，武松从东京公干回来，要与久别的兄长重逢，脸上露出满心喜悦，念“兄嫂开门来”时，满怀高兴。后来见嫂嫂一个人出来，又是身穿重孝，立时由喜转惊，跟刚才的高兴成为鲜明的对比。再仔细看，发现嫂嫂装束不对，再由惊转疑。潘金莲的破绽，老本是露出孝里穿的红褶子，还有擦眼泪时露出的红手绢，武松念的词是：“嫂嫂可为何身穿大红？”李万春改为只用头戴鲜花说明。这朵花是潘金莲慌忙开门时忘了摘去的。念白则改为：“兄长既然已死，嫂嫂为何面涂脂粉，头戴鲜花，是何道理？”而且要念出质问的语气，念得要干脆，有力量。见潘金莲无以答对，武松由疑转怒，待见到武大灵位时，又由怒转悲，这些情绪的转折和变化都很重要，表演也需细致、明确，这样才能达到感人的效果。

武松见何九叔，询问兄长死因，语气就又不同了。由于何九叔不肯实言相告，武松眼睛紧盯着他，念：“何九爷，你当真不知？果然不知？”不是一般程式化的询问，也不是质问，而是由于气愤说出赌气的话。态度平静，语气和缓，但有力量。何九爷仍然不说，武松念：“不知也好！”在“好”字上，武松下定拿刀威胁他的决心。念这四个字时，先是用较轻的声音念“不知也”仨字，在“也”字上稍拉长些，接下去用强音念出“好”字。“好”字要干脆、有力。前三字轻，就是为了衬托出这个“好”字来。下面就是念：“你来看，俺有刀，你有命，你若不说真情实话，管教你命丧在俺武松的刀下（啊）！”念“你来看”时，武松已从靴筒里拔出匕首。在念“刀下”俩字时，用力把匕首插在桌上，然后以左手抓右手水袖，露出右手，伸出食指和中指用力指向匕首。李万春过去一直念“不知也好”，后来想到这四个字虽然符合生活语言和戏中的人物情绪，但是这种情绪是同何九叔赌气，这么样拿出匕首，就显得武松粗野、流气，并带有市井无赖的味儿，于是他取消了前三个字，只念“好”一个字。念“好”字前，有一个小小的停顿，用一转眼珠表示想对策，怎么对待他？怎么让他说出实话？“好”字表示武松被逼无奈，只好如此。

类似这样揣情度理，李万春也对《狮子楼》的念白做了调整。按老本，先是武松在狮子楼杀了西门庆，再回家杀嫂。他曾一度改为先杀嫂，再去狮子楼，这是因为他觉得这么演，结尾火爆。把西门庆这样的害人精杀了，戏结束，不但紧凑，也大快人心。但后来他又想到：武松有到公堂上告的行动，先杀了人再去告状，等于自首,就不可能再去杀西门庆了,于是又改了回来。由于演潘金莲的多是好角儿,就给潘金莲加了一段念白,申诉满怀苦楚。潘金莲最后念到"爱你这把刀",从武松手里夺刀,自尽。这是李万春与李砚秀开始演出时改的。

西门庆出场后的演法是:西门庆念定场诗,原词是:"英雄无人比,两膀千斤力。霸占潘金莲,好个美貌妻。"李万春认为这是既自夸又自贬,而且平仄不大协调。西门庆是恶霸,称为英雄不妥,就粗粗改为:"英俊无人比,拳棒武艺奇。阳谷为首富,谁敢把咱欺!"西门庆到狮子楼是为躲避武松,对酒保说:"哪里洁净?"李万春则改为"哪里僻静?"酒保问他:"今日用些什么?"这么问是为表示西门庆是这里的常客。武松在县衙听审、受责,是用在后台"搭架子"表示的,西门庆在场上,要根据"搭架子"的内容做相应的表演,然后是关楼板,随后进入下场门。关二幕,为了撤去场上的桌椅。武松出场,土兵随上。按原本西门庆不下场,直接上武松和土兵,但李万春认为让西门庆下场,显得场上干净,观众便于集中精力看武松的表演。这与《挑滑车》里高宠等"起霸"以后,场上再露岳飞的"小帐子"的处理目的相同,都是为了不分散观众注意力。如果场上先摆"小帐子",高宠等在"帐子"前边"起霸",既显得地方窄,又扰乱观众视线,也不大合乎情理。

武松这时出场,脸上要抹些油,鼻窝、眼窝都抹些黑。发髻揉出毛儿来,都为了表明受刑后的形象和心情。当土兵向武松说"难道西门庆比景阳冈上的猛虎还厉害不成"时,武松做顿时猛醒的表示,念出一个"着"字。"着"字出口,武松已决定去杀西门庆,脸上露出狠态,眼里露出凶光,以此表示心情,不能显得无动于衷。武松的表演要做到"站如松,坐如钟,行如风"。与土兵回去找西门庆,二人走"太极图",脚下大踏步,得让褶子飘起来,表示心情急切,行动上体现出"如风"二字。

武松询问西门庆下落,按旧本词是:"哪位知道西门庆,武松奉上十两银。"李万春为表明武松与群众的关系,表现出大伙儿都对他有好感,改为不用银子买话,把后半句改成"就请快说明"。愣儿说出西门庆在狮子楼,武松老词是"饶尔不死"、"逃命去吧"!然后"铙脖儿"、"踔头",踢愣儿"走"一个"钻被窝"。李万春认为这两句台词意义不大,改为"知道了"三个字,再踢愣儿"走"个"吊毛"或者"拨浪鼓"。

武松要去杀西门庆,问土兵:"杀了西门庆,哪个做证凭?"土兵答:"二爷杀了西门庆,土兵情愿做证凭!"这时武松用双手伸了抻褶子,正脸,斜身,喊出:"好,刀来!"紧接着脱褶子,以右手拿住褶子交土兵。然后,整小袖,紧帽带、腰带、靴筒,接

《狮子楼》，李万春（左）饰武松，毛庆来饰西门庆

过刀，向土兵拱手，潜台词是“回头见”，表现出“如果杀死了他，我去自首请罪。如果他杀死我，咱们就永别了”的感情来。不说话，用这种动作把心情表达出来。这时开二幕，桌椅已重新摆好，西门庆坐桌后，继续喝酒。过去的演法是：武松拿过刀来，走圆场，耍刀，缠头裹脑。李万春认为在大街上这么样不合理，这同《翠屏山》“杀山”的石秀耍刀不同。因为石秀的刀是借来出，耍刀是为了试试好不好用，合不合手，而且是在没有人的地方耍。

武松来到狮子楼，老的演法是：武松先问：“西门庆可在楼上？”西门庆答：“现在楼上！”武松再问：“你敢下来？”西门庆再答：“你敢上来？”武松才说：“上来了！”李万春认为这样演，一则啰嗦，而是仿佛“较横儿”，当时武松的心情是急于替兄报仇。于是李万春改为先喊一声：“呔！”西门庆闻声，立刻放下酒杯。武松再说：“西门庆可在楼上？”西门庆答：“现在楼上，你乃何人？”这时武松有一个狠狠的通名：“武”字很用力，拉长，“松”字用力喷出，顿住，表示出满腔的仇恨。然后用脚踹楼门，进入——旧日是用刀劈楼门。戏里表示上楼，演员心里要有数，上多少阶，下也得多少阶。如用手扶栏杆，上楼时，手的虎口微向上，下楼时微向下，这样才符合生活真实。武松上楼后，反踢大带，左手起“云手”，右手抓大带，脸冲台里背向观众，用刀劈头上的楼板，蹿上雅座。李万春是用“蹦子”，脚下要轻，落在台上绝不能有声音。西门庆见武松到面前，先后用酒杯、酒壶砸武松，武松用刀打飞来的酒杯，再用手接住飞到面前的酒壶，扔向西门庆，打掉西门庆的帽子。西门庆的甩发垂下来，从桌子后面蹿出。此后，老的演法是武松上楼时念："武二上楼来，举目把头抬。武松踏，楼板开。"李万春也觉得啰嗦，于是改为只由西门庆念："武松好大胆，上楼把爷赶。杀人要偿命，欠债也要还！"武松接着念："你害死我兄长，霸占潘金莲！"在武松念时，西门庆夹白"是俺"、"也是俺"。后来李万春认为，武松是来找西门庆算账的，主动权不能让给西门庆，于是改为西门庆念到"杀人要偿命"，武松接念最后一句的"欠债也要还"，下面的词就都精简，不再念了。

武松和西门庆两个人开打，一要紧凑，二要合理，三要让观众看明白。开打中桌子扔到台中间，翻过来，四腿朝上，武松、西门庆各占一侧。武松以右脚，西门庆以左脚，踩在桌心，两人架住，西门庆再念"杀人要偿命"，武松再念"欠债也要还"，这时武松的感情就不像刚才那么平静了，要表现出情急与短兵相接，有拼刺刀的劲儿。开打中，彼此抢刀，西门庆有捂胸口，作呕吐状的表演，随之以手摸嘴，这是说明西门庆沉迷酒色，体力不支。武松拧其脖子，用右手拔掉西门庆鬓边插的花，扔在地上，用脚踩。西门庆探身够这朵花，这里说明两个人的感情不一样。再后武松拿刀绕西门庆脖儿，向西门庆胸前砍两刀。西门庆转身，耍甩发，变硬"僵尸"，这就是一场干了。老的演法这里还有两人过桥，武松倒地，被武大唤醒送刀给他的情节，因为涉及迷信，所以在解放初期，李万春已经取消了这种演法。

此次李万春重改《武松》，没演《打店》以后的戏，因为没有合适的演员扮演孙二娘。李万春演《打店》，孙二娘一角从来不用武旦扮演，李万春的妹夫李金鸿专工武旦，但李万春也没用过，主要是这出戏有剟匕首的技巧。李万春一向力求真实，必须在武松搂孙二娘头时，把匕首剟在台上，孙二娘抬起头来，走"屁股座子"坐在台上，用一只手摸脑后，一只手抚摸胸口，表示惊恐万状，后怕十分。如果等孙二娘抬起头来再剟，就没戏了！显然，武旦——即使是男演员，对此也不习惯。若因害怕，稍一走神，身体晃动，很容易出危险，李万春也不敢下手。年轻时，李万春演这出戏，多由蓝月春扮演孙二娘，后来由毛庆来、姜铁麟、李桐春、李庆春接替。"文革"后，李庆春身体发胖，自己觉得演孙二娘不像样儿，于是这出戏只好搁下来了。

这里再附带介绍李万春在《打店》这出戏里的几处处理和体会。在《打店》中，武松虽已身带镣铐，坐监，起解，但仍注意形象美。脸上可以涂抹些油，但不能抹黑，或揉出连鬓胡子，让人觉得脏，有损人物气质。武松进店，看到挂有腰刀弓箭，又发现包子馅里有人指甲，料定住进黑店，入睡前察看究竟。端蜡台，以另一只手手掌立起来，遮在蜡烛后面，为挡风和精力集中在前方。过去在这里都用长蜡，手掌在火焰底下，离得很远，过于写意。李万春改用特制的短蜡，手掌正好挡在短蜡之后。武松和孙二娘开打，过去有两个“对叉”，形象不雅，有损美感。还有孙二娘踢武松“抢背”的处理，《水浒传》中描写武松武艺过人，怎么能被孙二娘踢倒？李万春也认为有损武松的英武，就都取消了。在李万春演的武松戏里，唯有《单臂擒方腊》中的武松“走”了“抢背”，因为合乎情理。

辽宁省本溪市京剧团是1958年北京剧团支援外地时，由民生京剧团调去改建的，主演毕谷云是徐碧云的得意弟子。李万春在“斌庆社”时就曾和徐碧云演过戏，徐碧云是“斌庆社”里的佼佼者，曾与梅兰芳、尚小云、程砚秋、荀慧生齐名，共享“五大名旦”之誉。1982年，毕谷云率本溪市京剧团到北京演出，正值“六一”国际儿童节，这一年中央特别号召各界为儿童做贡献。于是，毕谷云约李万春、魏喜奎、刘雪涛、荀令莱共同合作，为儿童筹募基金义演。周桓认为，李万春的《平贵别窑》应该作为示范表演让大家观摩，并保存下来作长久的艺术资料。研究确定由李万春与毕谷云合演这出做大轴，压轴是魏喜奎演出北京曲剧名剧《杨乃武与小白菜》的“监会”一折，倒三是荀令莱与刘雪涛合演“荀派”代表作《红娘》的“花园”一折，前面由毕谷云演出“梅派”经典《贵妃醉酒》，开场由李万春的次子李卜春演出《三岔口》。

《平贵别窑》
李万春饰薛平贵，毕谷云饰王宝钏(1982)

《平贵别窑》这出戏，李万春早年在“斌庆社”时，最初与俞步兰合演，后也与胡碧兰、程玉菁、李砚秀、徐东来等各位演过。毕谷云算是与他合作这出戏的第六位演员了。由于多年不演，重新恢复这出戏,李万春想有两处应该改动。一是薛平贵的盔头。过去薛平贵戴的都是“夫子盔”,穿白靠,同赵云的扮相无区别。但是赵云是上将,薛平贵只是“马前先锋”,李万春认为人物身份不同,扮相也不宜相同,于是就改戴硬扎巾额子。过去薛平贵的夫子盔正当中是一颗红绒珠,定场诗里有“头戴银盔一点红”的词。李万春觉得:新婚的薛平贵马上弃妻出征,不是什么高兴的事,还不知什么时候才能再见,甚至能不能再见!为表现这种情绪,就把红绒珠改为黑绒珠。另一处是薛平贵出场的“起霸”。这本是大将出征前整顿戎装,为整装待发之意。薛平贵此时是回家,又是马上出征打仗,为什么还要“起霸”呢?况且慢条斯理的动作,与急切见王宝钏的心情不协调。但这出戏的“起霸”还是个重点,不宜取消,就借鉴《千金记》里霸王的“马上霸”。过去薛平贵是先“起霸”后上马,李万春改为先上马,骑在马上“起霸”,表现的是薛平贵急于回家,走在半路上想到将要见到新婚的夫人,得把头上、身上、归置一下,如同生活中,到生人家里拜望,到人家门口,先整理一下衣帽,如果是夏天很热,还要用手绢擦擦脸上的汗。

毕谷云的腰腿功夫很好,他继承老师徐碧云演出“徐派”独有剧目《绿珠坠楼》和《活捉王魁》,都使用繁重的翻跌。《绿珠坠楼》坠楼时从两张半(即两张桌子,再加椅子)高的楼台景片上,用“吊毛”翻下来,平躺台上,满头珠翠不掉、不乱,没有过硬功夫绝做不到这样。过去徐碧云演这出戏,坠楼时使的是高台“抢背”,从上边斜着摔下来。毕谷云认为改用高台“吊毛”更符合跳楼的真实。正身下来,平躺台上,难度就更大了。李万春和毕谷云演《平贵别窑》,毕谷云出窑进窑的转身极具美感,追薛平贵时的“圆场”,脚下快而不乱,上身平稳之极,“屁股坐子”起得高,落得轻。这些都显示出其功力,台下掌声雷动。

这出戏先后演了两场,第一场是在北京市工人俱乐部,第二场是在吉祥戏院。第二场还由北京电视台录了像。不想这场演到跑圆场时,毕谷云脚上彩鞋带断了,而且两只鞋的带子都断了。他穿的是垫底(里高底)鞋,除了脚尖在鞋里,整个脚四分之三都跟鞋口平着,如同穿拖鞋,跑起来比穿拖鞋更困难。两只脚的鞋带都断了,没功夫的演员就无法行动,何况跑圆场?但毕谷云功夫深厚,几圈圆场照常跑了下来,丝毫没露出破绽,到后台大伙儿才知道,李万春和大伙一同冲毕谷云挑起了大拇指。

二七 探亲香港 弟兄重逢闲言少 献艺新光 战友云集知音多

自从落实政策后，李万春在1982年被提名为全国政协委员。李万春的两个弟弟——李桐春、李圜春，以及两个内弟（李砚秀的弟弟）李凤翔、李睿舟，还有“荣春社”的几个学生都在台湾。李万春经常以政协委员身份和亲戚名义，通过“对台广播”召唤他们回大陆探亲。后来，大陆人民可以在香港跟台湾的亲戚会面。1983年，国家民族事务委员会安排李万春公费奔赴香港探亲。5月，李万春、李砚秀夫妇在三女儿李莘华的陪同下赴香港。

到达香港后，李万春一行住在豪华的美丽华大酒店。许多过去相识的老朋友、老观众及香港、九龙的知名人士前来会面。李万春初次认识了香港著名演员小马师曾，大家叫他“新马”。在1979年中国京剧院四团在香港演出时，小马师曾就托主演孙岳给李万春带过信，表示想念之情，希望李万春能来香港。1980年，李万春的国画老师张大千在台北观看台湾京剧名旦郭小庄演出《窦娥冤》之后，见到香港老朋友问道：“有没有李万春的消息？”还说：“李万春是我‘大风堂’的弟子，是在苏州网师园拜师的。转眼几十年过去了，那时英俊、潇洒，对唱戏和国画都肯下功夫的小伙子，不知目前成什么样子啦？……如今在这儿，每回看他弟弟的戏，我就更怀念他……”张大千希望香港的老朋友往北京带信，说明他的近况，并表示思念之情。这次给李万春带信的各界人士，能亲眼见到他，欣喜之情无法形容。

“鸣春社”的学生吴春奎在新中国成立后，转入中国戏曲学校学习，改名刘洵。1958年戏校毕业，曾在中国京剧院四团当演员。后来与夫人郭锦华一同到香港定居,住在九龙。郭锦华是中国戏曲学校1956年的毕业生,也曾是中国京剧院四团的主要演员,在《杨门女将》中成功地塑造了杨七娘这个人物。郭锦华出身梨园世家,她的祖父郭际湘,艺名"老水仙花",是前辈著名旦角。郭锦华先向王瑶卿、程玉菁学习刀马旦,后拜方连元为师,以演武旦戏为主,又得宋德珠、关肃霜教导,艺事更为精进。她演的杨七娘,器宇轩昂、武功矫健,深获好评。《扈家庄》、《天门阵》、《挡马》、《打店》等戏都很出色。这对夫妇还在香港组织了燕京京剧社,郭锦华任社长。

几天后,李万春终于见到了五弟李圜春,李圜春是去新加坡路经香港。李万春的二弟李桐春因为是台湾大鹏京剧团的团长,属于空军系统,身有军职不能前来,为此李万春甚感遗憾。

能见到分别三十多年的五弟,李万春自然也十分高兴。俗语说"三句话不离本行",兄弟们见面叙述了一番别情,彼此了解了一下对方的情况,李圜春就拿出了录像带,说:"这是我跟我二哥的录影,有他的《古城会》、《水淹七军》、《白袍薛礼》,我的《打虎》、《挑滑车》、《夜奔》。您瞧瞧,给说说。我二哥跟您分别三十多年啦,大概把您过去教的法儿都走样啦,您爱改戏,也不知这些戏您又怎么改了?大陆目前演出情况怎么样?这些您都得详细给说说!"一听这话,李万春高兴极了,虽然三十多年分隔两地,这些话还是李家门的话,和戏结下不解缘,言行坐卧不离戏,从父辈时就开始了。李万春无论多忙,绝对忘不了谈戏、学戏、教戏、看戏。李圜春带来的录影带,他抓会客之余,更多的是利用半夜,客人散尽后,一一仔细看过。

李桐春、李圜春兄弟录的这些戏,恰好也是李万春近些年都在演的戏。《白袍薛礼》也叫《独木关》、《病挑安殿宝》,是黄月山的代表作。李万春早年在上海是由李吉瑞传授这出戏,同时还学了《百凉楼》、《剑峰山》、《莲花湖》、《麒麟山》等戏。同时,李桂春也是宗"黄派"的,也曾给予李万春很多指点。

《白袍薛礼》这出戏以表现薛礼的病态为重点,既要演出薛礼的病体不支和行动不便,还要演得真实,又要有艺术的美感。另外戏里搀扶薛礼的两个丑角也很重要,需要跟薛礼的感情和表演密切配合。表演中的高低动作,亮出的高低相要有造型美。薛礼带兵上阵枪挑安殿宝的武打,也跟别的戏不一样。既要打胜,又要注意病态,不是仅凭外形可以演的,必须有内心感。李万春很喜欢这出戏,过去就经常演。到北京京剧院后,继《大闹天宫》、《武松》、《古城会》、《铜网阵》后,又恢复了这出戏,在吉祥戏院连贴两场。头场演出时内行观众往观者极多,全场观众十分热

《白袍薛礼》，李万春饰薛仁贵（1981）

烈。谁知第二天竟有个也算名家的“左”大爷，跟北京京剧院院长张梦庚说：“这出戏有伤中国和朝鲜邦交，最好不要演。”理由是：这出戏是“薛礼征东”，所征的“东”就是朝鲜，安殿宝就是朝鲜人，挑不得！第二天尽管座已卖满，剧场门口还拥有很多等退票的观众，但最终还是改演了《武松》。有些从天津、保定、石家庄远道而来，特为看这出的内行和观众都想不通，了解缘故后都不约而同地抗议，认为《界牌关》和《杀四门》也是征东的内容，一直在演，而且其中反面人物苏定方比安殿王的职位还要高，怎么就没人说过“有碍邦交”呢？问及张梦庚院长，他也说不出理由，只是说：“既然人家提出意见，咱们就暂时不要演了吧！”此后，李万春在北京没有再演过，只是在石家庄、沈阳，应当地观众之邀各演了一场。

结合录影，李万春与五弟谈到有关戏曲改革的一些内容，说大陆推行的“百花齐放，推陈出新”方针好极了，完全符合事物的发展规律。不仅演戏，干什么都一样。推陈不是把旧的都推翻，出新也不是另起炉灶，而是从旧的里面吸取营养，加以改革，使之成为新的。李万春跟五弟说：“咱们的传统戏，传统演法里有许多精华，应该继承下来；也应该把混于其中的糟粕剔除。比如《击鼓骂曹》，由于《三国演义》里是‘祢正平裸衣骂曹’，戏里有‘我把褴衫来脱掉，赤身露体逞英豪’的唱词，符合书里‘露我父母之体，显我清白之身’的词句。祢衡击鼓时，都是脱去上衣，光着膀子。现在剧场里的‘文明公约’，都列有‘不准赤膊入内’的条文，不让观众赤膊，舞台上演员难道不在此列吗？因此很久以前就改为穿袴衣，褪下一只衣袖，露出一只胳膊；再后就连胳膊都不露了，瞧着文明得多，这就是进化了。再如唱

《铁笼山》,李万春饰姜维

戏讲究用'丹田气'。只有用'丹田气'才能在唱念中不虚不飘。听来入耳,感情动人。为表现'丹田气'足,过去演《铁笼山》,姜维出场,三腿之后,到舞台中间,必须抬头,把一口痰喷到天井上。的确,没有'丹田气'痰是喷不上去的。但是,没有必要这么表现,现在随地吐痰属于不文明的举止,走在马路上都要被罚款,姜维这么往天井上吐,得由维持卫生的人上台罚他钱了吧?还有过去演《南天门》,'走雪山'表现冻饿难当,'数八仙'时要真流鼻涕;演《洪洋洞》也要真流鼻涕,都让观众恶心,失去艺术美,这都早取消了!"

李圜春接过大哥的话说:"我们演出中保留传统就多,改革较少。我们演《挑滑车》,高宠挑兀术左耳金环的情节,向来都按您改的拔靠旗代替,被认为成功的改革!"

李万春说:"严格地说,算不上什么改革,别人要挑左耳金环演也可以。改革应该指更大的方面,在原有基础上前进,也可以说从简单到复杂的过程。比如京剧的伴奏,最早只有一把京胡,听起来单调。后来陆续加上二胡、三弦、月琴,乐声就丰富多了,对演员的唱,起着很大的烘托作用。现在我们听几十年前的老唱片,从唱腔到伴奏都显平、直、单。近几年在新排的戏里,又适当地加进西洋乐器伴奏,感情更显丰满。"

李万春还告诉五弟,戏曲一直在改革,不改革一切全按旧的来便逐渐不合时宜,也就逐渐失去生命力。如果不改革,老生怎么从大伙都学谭鑫培的"谭派",之后又分出来"余"(叔岩)、"言"(菊朋)、"高"(庆奎)、"马"(连良)等几个流派,后来又出来宗"余"而又有发展变化的"杨(宝森)派",结合"言"、"马"而形成的"奚(啸伯)派"和谭富英的"新谭派"?旦角里不也从陈德霖、王瑶卿发展成"梅"(兰芳)、"尚"(小云)、"程"(砚秋)、"荀"(慧生)四大流派,近年又从"梅"、"尚"两派变化出“张（君秋）派”来？

对于大哥的这些话，李圜春点头称是，但只可惜兄弟相聚的时间太短，没能尽兴畅谈便离开了香港。

李万春应香港、九龙众多朋友和广大戏曲爱好者之邀，由郭锦华、刘洵在燕京京剧社组织，于7月26日、27日两天在新光戏院演出《武松》和《古城会》。李圜春没有时间留下参加，李万春告诉他：“希望咱们弟兄尽早在北京见面，唱一出真的《古城会》。你二哥演关羽，你三哥演张飞，我演刘备。正好生活里的三兄弟扮演戏里的三兄弟。这里没有五弟你，你就扮个马童。咱们四个共凑一台戏，多么有意思！”

“我们盼着《古城会》这一天早点儿来吧！”李圜春和大哥分手时，一直重复这句话。

远在美国洛杉矶居住的友人吴兆南原是北京人，四十年前到台湾，以演京剧丑角和说相声享盛名，他曾拜京剧名丑周金福为师。他在香港参加过东华三院义演，与电影明星李丽华等合演过《拾玉镯·法门寺》，前饰刘媒婆，后饰贾桂。吴兆南嗓音响亮，做派细腻，深受欢迎。后来又经北京著名曲剧表演艺术家魏喜奎介绍，在北京拜著名相声表演艺术家侯宝林为师。吴兆南得知李万春在香港演出的消息，特地从洛杉矶赶到香港，把已经安排好在《武松》中扮演酒保和王婆的演员辞去，由他扮演这两个角色，并说：“我看过三爷庆春的录像，我走他的路子，您瞧瞧有点意思没有？”

李万春在新光戏院两天演出的戏码是：26日《古城会》，刘洵饰马童，罗而载饰张飞，富乃甦饰刘备，杨永才饰蔡阳，郭锦华和王小胡分饰甘、糜夫人。前场加演《悦来店》，由郭锦华、焦贵新分饰何玉凤、安骥。压轴是《女起解》，由“梅派”名票陆凯章先生与吴兆南分饰演苏三和崇公道。27日《武松》，从《打虎》到《狮子楼》，郭锦华、刘洵分饰潘金莲和西门庆，王登林饰武大，吴兆南前饰酒保，后饰王婆。前场加演《罢宴》，由杨宝珠、富乃甦分饰刘妈妈和寇准。这次和李万春配戏的演员大部分都是中国戏曲学校的毕业生。杨宝珠、杨永才毕业于陕西省戏曲学校，罗而载、焦贵新、王小胡、王登林分别毕业于中国戏曲学校和北京市戏曲学校。富乃甦原为北方昆曲剧院的演员，曾经得到刘盛通、谭元寿以及著名琴师王瑞芝的指导，琴师陈涵清、月琴朱光蓉都是当地的名票，鼓师杨军则是北京市戏曲学校的毕业生。

李万春过去从没到过香港，这是首次在香港演出，新光戏院门前高悬大幅横标，挂起红灯彩绸。当地许多名人纷纷送来锦幛、花篮，处处大书欢迎莅港九演出。演出当晚，剧场门庭若市，车水马龙，盛况可观。香港知名人士分为两派，常是一派捧的角儿，另一派不去观看。李万春这次却很特殊，两派都来捧场。演出中台下极为热烈，李万春的一举手一投足、一念一唱，都得到暴风雨般的掌声，经久不息，此起彼伏。李万春十分激动，情绪高涨，演出效果更好，认为真正演出了自己的水平。吴兆南配合得也极好，他的酒保果然按李庆春的路子，配合十分默契，起到了抬戏的作用。初次合作能有这种效果，可见他有着丰富的舞台经验，又在这个人物身上下了功夫。演出后，熟人纷纷送来花束，共同合影，情绪高涨至极。

在香港期间，李万春跟二弟李桐春、内弟李凤翔都通了电话，李凤翔是李砚秀的弟弟，演武生，跟头翻得极好，曾在“永春社”跟李万春合作多年，大家都说他长得像袁世海，以为还可以在武花脸上有所发展。李万春在电话里告诉他：“弟妹这些年一直等你回来，自己苦奔苦掖，把子女都拉扯成人，现在都已成家立业。你们的女儿双喜取大名文云，在工厂工作，业余演京剧，已成名票。她的《凤还巢》、《玉堂春》等戏都很好。她演戏，我常去看，从扮相到台风，不像票友，嗓子也挺好。现在她已经和中国京剧院一位中年花脸演员胡学礼结婚，还生了一个小宝宝。你应该回来，尽早跟弟妹团聚，看看你的孩子和孙子、孙女、外孙子。”

这次，李万春在香港住了三个多月，于8月初返回北京。

李万春的电话还真起了作用，李万春从香港回北京后的第三年，也就是1985年，李凤翔就同弟弟李睿舟从台湾取道巴拉圭回到北京。

这弟兄俩虽已回到北京，但还心存顾虑。怕下飞机后遭到意外阻拦，又怕有人到他们家里找麻烦，因此事先没敢打电话通知任何人。弟兄俩下了飞机，直接雇两辆出租车，悄悄往家里走。雇两辆车，一是因为带的东西太多，二是怕中途遇到意外的事，两辆车躲闪起来更容易。来到离大吉巷不远的果子巷，两个人就下了车。李凤翔在街口等候，李睿舟先行一步，过了果子巷，来到大吉巷他们家门口，这么办也是怕遇见麻烦事。李睿舟叫门，赶巧来开门的是他的嫂子。叔嫂相见，嫂子怎么也辨不出来这就是阔别三十多年的小叔子。还是李睿舟说起乳名，嫂子这才辨出模样来。马上一块儿飞奔到果子巷口。李凤翔的夫人百般高兴把日夜盼望的丈夫迎进家里。

李睿舟在台湾广播电台是著名播音员，住了些日子就返回台湾。李凤翔确定长期留在北京，中国人民政治协商会议宣武区委员会聘请他为委员，每月补助100

元。中国农工民主党吸收他为党员，特为他举办了文艺界党员的欢迎大会。李凤翔激动地表示："我虽已年近七十，既然回来，就要做贡献。由于前些年在台湾，患有半身不遂，如今虽好了，但演戏不成了，可教戏还力所能及，往后就以教学生，培养第二代，作为有生之年的任务！"后来，他教李万春的次子李卜春及他的女婿胡学礼《诈历城》，还为北京京剧院著名武生演员马玉璋说戏。

二八 冀豫转战 欣闻关羽唱越调 京津课徒 频将悟空启后学

演员的艺术得自于老师,演员的名望得自于观众。只有艺术得到观众承认,受到观众赞扬,名望才能出来。早年,演员很小就有了名望,有五龄童、六龄童、六岁红之说,也是由于演员跟观众见面早,得到观众喜爱的缘故。但"文革"后,产生的特殊现象是:演员已到中年,与观众见面的机会却很少。演出机会不多,尽管艺术上有一定成就,但在观众中却依旧没有太大的影响。观众点名要看名演员的戏。剧团到哪里演出,与人联系,人家因为没有名演员而不愿接待,即使勉强接待了,上座率和收入也不高,这种现象在当时极为普遍。李万春说:"在北京京剧院二团时,就常遇见这种情况。一般地说,行政领导都会照顾上年纪的演员,到郊区和小县城演出尽量让中青年演员去,人家接待单位却要求我们主演。每当这时候,我都主动跟大伙一起同行。我要演戏,我觉得演戏是我的职责。演员就得以演戏为人民服务。这些年,剧团不论到哪个郊区县演出,到哪个偏僻县镇巡回,我都参加。遇到上山下乡慰问任务,我更是乐于担当,积极前往。"

的确,李万春这几年先后跟剧团全体人员一起,到北京远郊区的密云县,到河北省保定、石家庄一带小县城,到河南郑州、新乡一带小城镇演出。既然到小地方演,他就尽量适应小地方的条件,和大家同吃同住。大伙儿住招待所,他就不住交际处或大饭店;大伙儿住后台,他也要求住后台,还说:"这样说戏、排戏都方便。免得两下里互相找,耽误工夫。"1983 年冬,他和北京京剧院副院长刘景毅、著名演员李慧芳同乘一辆小轿车到昌平县山区慰问。当天天降大雪,雪中路滑,车走在半路上，与对面开来的一辆大卡车相遇，刹车不灵，两车相撞。他们三位和司机都受了重伤，李万春的伤势最轻，但也是手腕骨折，牙齿脱落几颗。回来之后，在医院住了两个多月，以后领导更不再让李万春到小地方演出了。可他还一直要求，几次争取与剧团同行。

上海市戏曲学校早就计划邀请李万春去短期授课，1981 年初夏终于成行，准备作为学生们暑假前的重点课程。李万春从 1962 年以后一直没去过上海，别来已有二十年光景。这次与老友李仲林、魏莲芳等重逢，更是喜出望外，得此“人生四大喜事”中的“他乡遇故知”，欣喜之情不言而喻。本来在上海可以待上两个月，谁想半途接到北京京剧院二团从保定打来的电话，说“保定各界迫切要求他去演几场”，李万春只好坐飞机赶过去。李万春在保定演出了，不去石家庄就不成了。他想与其自己直接到石家庄等大家，不如跟大伙儿同行，一块到几个小县城演出。时值麦收季节，农村群众夜以继日在地里忙，不得一闲，上座率受到一定影响，但从受欢迎的程度上看，已达极点。

时值酷暑，剧团到石家庄又是伏天，坐着不动都要汗流不止、身如水浇。这种季节，戏班叫“晒车板”的时候，出来看戏的人大为减少。为了多叫些座儿，剧团只好请李万春多演，还要每场换戏。这样只能白天排戏，晚上演出，大家都非常辛苦。天气过于炎热，饭都吃不下去，再加上紧张的排戏和演出，人人都十分劳累。也和在西藏一样，李万春虽年纪比别人都大，却没有觉得过分疲惫，身体还支持得住，有些中青年演员反而不如他。一天正是星期日，剧团加演日场，由李万春新收的徒弟裴伟如演出《挑滑车》。戏马上要开演了，台下还没有多少人。演员们从侧幕往台下一看，台下顶多坐着六七排观众，冷冷清清。这时有人主张：“干脆回戏吧！这么热的天，这么少的座儿，唱也白唱！”当然临时回戏可能性不大，有人说：“这个时候回戏，不是找骂吗？凑合着唱，好歹对付下来得啦！”裴伟如正好在场，他没有表示赞同或反对。李万春怕他也有对付下来的想法，就说：“我给你们说个故事吧！”

> 有一年冬天，谭鑫培先生演《洪洋洞》，正赶上大雪纷飞，天冷极了。快到开演的时候，又刮起大风，狂风卷着雪，往行人的身上、脸上打，迎着风走，噎得喘不上气来。滴水成冰，走在街上的人冻得手脚生疼，简直是路静人稀。仔细想想：赶上这样的天儿，上座儿能好吗？也是有人建议谭先生：“今儿个您就别唱啦！您瞧瞧台底下，才来了多少人呐！”

谭先生扒着台帘一看,可不是嘛!来的人数得过来往好里说无非百十个人,他点了点头。

管事的迎上来问:"是不是告诉前台出块牌回了吧!"

谭先生一乐,接着说:"对啦!告诉前台出块牌,今儿个我加出《定军山》!"

"您这是……?"管事的弄不明白谭先生究竟是什么意思,盯着谭先生,等下文。

"今儿个,这么大雪,来的这些人,都是我的真正知音。这么冷的天儿,冒着这么大的风雪,人家来了,我不能让人家失望,更得让人家高高兴兴。回去的时候,心里想着:这趟没白来,来得值!乐能抵苦!"

管事的这才明白,点头说:"就照您说的办!"

李万春这个故事讲完了,看着徒弟,没等李万春再说话,裴伟如就接着说:"师父,您瞧着吧!等会儿我准比往常更卖力气,绝不让人家白来!"

这天裴伟如的《挑滑车》果然非常精彩。李万春演这出戏,在大战里,高宠头回见兀术,不用枪挑左耳金环,而是改为拔兀术的一根靠旗。这是因为他觉得高宠枪头大,兀术耳环小,用枪挑金环,有的观众认为大小比例不合适。改为拔靠旗也显示高宠的勇猛,力大无穷。李万春通过此举所要表达的想法是:高宠本要把兀术生擒活捉,由于兀术闪躲,没有抓住后背,只抓住靠旗,把靠旗拔了下来。荀慧生先生很欣赏这种演法,1962 年初,荀先生在南京江苏有戏曲学校给师生们讲课时举了这个例子,并且在南京《新华日报》上发表了文章,这篇文章还收录在《荀慧生表演艺术散论》一书中。

拔靠旗更需要有内心戏,高宠在这场出场前,就要把情绪准备足。上场后冲向兀术,尽管当时靠旗已经是浮搁着一样,扮高宠的演员要表现出人物由气愤而产生的狠劲儿来,这就是"怒气发咆哮"情绪的延续。如果没有这种内心,拔靠旗就变成可有可无的形式。那天裴伟如在这里演得很有感情,得到"满堂好"。看起来李万春说的故事,在弟子心里起了作用。荀慧生演戏特别强调接近生活真实,有程式不为程式所拘束。他在舞台上用大步,为了显得洒脱和生活化。他的大步并不是随便走,而是从程式里化出来的,把程式用活了。他起唱前,从不死等"过门",每遇大"过门",他一则是把"过门"缩短些,二则是以动作填补"过门"里的空当儿。看戏的人觉着非常自然,思想上绝不会离戏。在这一点上,荀慧生与李万春的确有共同处，李万春的台步和手势也都是灵活运用，不被程式捆住，但同样照顾到艺术美，并非把生活中的举止照样搬上舞台。

这次李万春到河南焦作一带小县城巡回演出，是1981年，这里的条件比河北还要艰苦。像武陟县这样的地方，从没有大城市的剧团来过。李万春他们所到之处，当地领导和广大群众的亲切劲儿实在感人。在这些小县镇演出，多是演完最后一场连夜转移到下一个台口。李万春都尽量与大家同行。一天晚上演完了戏，往下一个台口转移，李万春、李砚秀一同坐212小车。走在半路上，就听有锣鼓声响，临近一看，一个露天舞台上正在演戏。舞台四周，里三层外三层围满观众。李万春爱看戏，小地方的戏更得看看，就让司机停下车来。往台上仔细一看，演的正是关羽戏《古城会》，唱腔是越调，这就更加引起李万春的兴趣，无论如何也要看看越调关羽戏有什么特点。于是李万春就挤到离台较近的地方，看清楚了扮演关羽的演员岁数似乎不大，可是身上、嘴里都不错，有关羽的气派。戏已近尾声，李万春想不会耽误路程，等散戏后，就跟李砚秀一同到后台和演员见面。听李万春"自报家门"后，剧团的人马上围了过来，饰演关羽的演员冲着李万春深鞠一躬，说："我可是圣人门前卖《三字经》啦！老师多给指点指点吧！"原来这位饰演关羽的越调演员只有36岁，名叫杨百泉，是郑州越调剧团的主演。李万春说："我马上就到郑州演出。今天太晚啦，等到郑州再详谈吧！"

在郑州李万春和杨百泉又见了面，杨百泉看了李万春的戏，并且执意求教，还有河南省、郑州市和越调剧团领导共同出面，请李万春收这个越调的徒弟。由于担心李万春碍于剧种界限不肯收徒，当地领导还引经据典地说："这可是有先例的。马连良先生就收过我们周口市越调剧团的申凤梅为徒啊！"后来杨百泉专程到北京，举行拜师典礼。原先准备请大客，设宴会。李万春坚决反对，说："咱们得改变这种铺张浪费的做法。"并出主意在北京民族文化宫举办茶话

李万春指导孙儿李磊(李阳鸣)学戏

会,请来百余位来宾。李万春讲话时说:“这是既简单又隆重的拜师礼!”之后,郑州方面把李万春邀去做示范演出,并向杨百泉传艺。李万春带去新收的弟子韩增祥和孙子李磊(今名李阳鸣)。李万春演《古城会》,由韩增祥扮马童;演《闹天宫》,由李磊扮哪吒。李万春很喜欢自己的孙子,说有自己小时候的样儿,从不怯场,学他的念唱和身段,被大伙儿公认“像”。他在哪吒与猴开打、抡棍、扔圈的时候,都有内心感情。对于一个几岁的小孩儿来说,确实不易,不少人说:“他可以算是‘李派’的真正继承人。”

《大闹天宫》,李阳鸣饰美猴王

这次在郑州,李万春给杨百泉排出了《走麦城》,一招一式都很到位。杨百泉没有旧框框,学习又很认真,不仅做了记录,还录了音。只要有空就反复听,反复练,的确下了苦功。彩排、演出,李万春都很满意。李万春很愿意把自己的艺术传给有志学习的人,因此不断发现人才,主动施教。有人叹息:“京剧后继无人。”李万春却认为后继大有人在,只是应该抓紧培养他们,促进他们成材,把优秀的传统继承下来。

1982 年国庆前夕,赵燕侠率团赴无锡、苏州,转到上海演出,这是她“文革”十年后首次来上海,唯恐人单势孤,几次打来长途电话,邀李万春前去。当时李万春的次子李卜春已经从武汉调回北京,由赵燕侠安排在她的剧团,李万春很感谢她。情不可却,就在国庆后的第二天离京,赶到上海演出,定好 10 月 4 日晚上的戏。此时,言少朋之子言一青已经从越剧团调回上海京剧院做演员，并改名言兴朋，作为“言派”艺术继承发扬的中流砥柱。言少朋夫妇请李万春给儿子说点武戏，还说：“有机会举行个仪式，让他拜师。”言兴朋嗓子、个头、长相都很好，继承“言派”可谓上乘之才。他演过越剧、拍过电影，艺术上很全面，李万春很喜欢这个青年。在上海那些日子，李万春常让言兴朋到自己住处，给他说戏，并且还约定到北京教他一段时间。

李万春说：“自从在北京京剧院二团演出，自己算是有了落脚的地方。早年所收的弟子石庆福、吴一平对我的艺术有好感，申请从实验剧团调回来；韩增祥申请从京剧院一团调来，一同随在我身边。他们三个都是北京市戏曲学校毕业生。石庆海、吴一平是1958年毕业的，韩增祥比他们晚。石庆福学习我的艺术十分认真，学得多，手段掌握得住，在念、唱、身段、动作方面都有我的样儿。只惜身体不太好，演武戏，气力弱；也受些嗓子的限制。我曾劝他说：‘你教戏，当导演，是把好手儿，比你上台更有贡献。’当然作为演员，谁都乐于上台演戏。”

李万春认为，中青年演出以选择“戏保人”的剧目为好。基于这个想法，李万春首先给韩增祥排了《五百年后孙悟空》。这是一出李万春早年就演得很“红”的戏，包括《沙桥饯别》、《刘伯钦打虎》、《孙悟空斗六贼》、《收白龙马》等。情节曲折，故事性强，很能吸引观众。《沙桥饯别》是余叔岩先生的名剧，还有唱片传世。这折戏以老生为主。李万春安排沈长春演唐王，因为觉得他学“杨派”老生有一定的成绩，掌握“余派”唱法比较容易。刘伯钦这个角色在唐僧收悟空前后是重要角色，由石庆福扮演，并由石庆福协助李万春给大家儿说戏，使韩增祥很快达到演出水平，演出效果很好。继《五百年后孙悟空》后，李万春又为石庆福、韩增祥两人排了《真假美猴王》。这出戏也是李万春早年的代表作。蓝月春、毛庆来、姜铁麟、李桐春都傍着李万春演出过，由他们演真猴，李万春演假猴。这次安排石庆福、韩增祥分别扮演真假猴王。这出

李万春与韩增祥合影

戏包括《女儿国》、《子母河》,也是故事性强,情节曲折的戏。过去曾由张永禄、李庆春扮演剧中的猪八戒,妙趣横生,使戏大增声色。

过去在北京演“南派”猴戏有一定影响的董文华,后来到天津建立了天津市京剧二团。天津市京剧团文武老生马少良拜李万春为师后,董文华也提出拜师的请求,李万春也收为弟子。董文华文戏能演《扫松下出》、《徐策跑城》等“麒派”戏,但个头演猴戏更为合适。董文华武功扎实,翻打灵巧,演猴活泼、生动。他跟李万春说:“以后再演猴戏,要吸取京派演法,走出老路子。”李万春也首先让他演《五百年后孙悟空》。李万春觉得他有嗓子,唱得也有猴味儿,就跟他说:“饰演这出戏,可以出点花样。你先扮唐王再赶猴儿,准受欢迎!”董文华表示赞同。李万春由于在北京不断有演出,就安排石庆福到天津替自己说戏,并且执排。到彩排时,他再亲自作重点加工。董文华这出戏从脸谱勾画到穿着、表演,都遵照李万春指点,在天津首演,反映很好。

韩增祥在北京演出时,一天原定在陆军医院礼堂对外公演。韩增祥突然在演出前一夜患病,看来第二天不能上场;李万春赶紧给天津打电话,让董天华赶到北京救场。董文华赶到北京时,已经临近开演,没工夫彩排,仗着他的戏都是石庆福说的,路子一样,就直接在场上见了。礼堂门口戳出董文华代演的牌子,观众情绪更为高涨。原因是他在北京演出过很长时间,而且在观众中有很好的影响,至今北京观众没有忘记他。那天演出,他的武功和表演,又都比年轻时显得成熟、老练,翻跌灵巧,不减当年。而且这次走的完全是“李派”路子,台下不断有热烈的掌声。演出后,多次谢幕,观众掌声不断,久久不肯离开台口。

二九 奔走东西 收徒授课无倦怠
来往南北 讲学示范不辞劳

马少良是天津市京剧团的主要演员之一，曾经拜李少春为师。在天津市京剧团时，又受厉慧良的熏陶和指点，艺术上已经有了相当的成就。他有好嗓子，又有扎实的武功，兼演武生、文武老生戏。1980 年第四季度，李万春随北京京剧院二团到天津演出，他登门问艺，李万春看了他的戏，觉得他大有前途。不仅认真给他说戏，并且严格要求。经常在散了夜戏后，还加班教学。在天津领导的支持下，李万春在这年除夕收马少良为徒。根据马少良的个人情况，李万春给他排的第一出戏是《走麦城》。这是在李万春演出的旧本基础上，与周桓共同整理加工的版本。剧中取消了一些繁琐的过场戏，改动了一些不合适的词句。特别润色了关羽准备突围前上城观看城外动静的"高拨子"唱词，同给杨百泉说的不完全一样。杨百泉的演出本是按越调的传统本整理的，戏里还有关夫人和女儿的上场。

自从李万春收了天津的马少良、董文华为徒，黑龙江、河北、太原、沈阳等地就先后派人到北京邀请他去讲学、传艺、做示范演出，李万春在这几个地方都收了徒弟。

演员如果缺乏火候，在高级领导人或者名家到场看戏时，或者跟名家同台演出时，就会怯场，忘词、出错的事并不罕见。有位花脸演员，嗓子极好，平时运用自如，只要一听说有高级领导人来看戏，嗓子立刻就回去了，严重时甚至一个字也说不出来。于连泉先生在科班演出时，就已经显出是好苗子来了，他眼大有神，炯炯放光，在台上做戏，同场的演员不敢跟他对眼光。"连"字科班的小花脸跟他配戏，只要一跟他对眼神，十有八九就忘词。科班里的老师没有办法，就把比他小一科班的马富禄借来跟他配戏。马富禄跟他有亲属关系，十分熟悉，说话没有顾虑，也是“角儿”的胚子。他们俩演起来配合默契，非常精彩。自从科班里就一起演，直到出科班以后仍然合作了好多年，他们合作的《小放牛》、《活捉三郎》都可称为绝活。

李万春在哈尔滨演出《古城会》，其中的“大报子”由当地的一个青年演员扮演。排戏时一切都很好，正式演出时，喊过“报——”字上场来到李万春的面前，突然忘了词，半天没说出一个字来。李万春赶紧摆手势，说“再探”，把“大报子”“打发”下场。当地剧团领导认为这个青年演员把戏搅了，在演出结束后连连道歉，说：“用人不当，明天换人。”

李万春赶紧说：“别介，那可不好，他是头回演出，戏生点儿，明天就不会出这个错误了。如果把他换下去，他面子上不好看，以后别的活还怎么来?”

临阵换人是对演员最不礼貌的行为，李万春一向反对这么做。常常遇到戏演得很熟了，到要把戏拍成电影时，导演提出换人，甚至提出换主演；也有的剧团到重要场合演出或者出国演出时，把一直来这个活的演员换下去，另由别人来代替。这最伤害演员自尊心，于团结不利，更有损于演出质量。

当地剧团领导接受了李万春的意见，第二天这位青年演员来到李万春的住处，流着眼泪，说：“昨天我太对不起您了，把您的戏给演砸了，听说是您不让把我换下来，我没法表示对您的感谢，晚上您瞧我的吧！我一定戴罪立功！”说着就要给李万春跪下。

李万春赶紧拉住他说：“这是谁都难免的事，你千万不要往心里去。咱们做演员的就怕思想紧张，你就当没那回事一样，踏踏实实念你的(词)，做你的(戏)，戏准能演好。这是客大欺店，店大欺客的道理。只要咱们不被欺住，就出不了错。今儿个晚上你就这么办，咱们相互保着。你放心，绝对没问题。”

这位演员千安万谢后离开，这天晚上果然词儿很“拱嘴儿”，不仅演出没错，而且还很富有感情，把昨天的不是补得圆圆满满。

黑龙江省陈雷省长爱看戏，也懂戏，酷爱书画，写得一手好字，时常在看戏后和李万春长谈。在黑龙江的这段时间里，李万春除了看戏、教戏、演戏，剩余时间就画画。在李万春离开时，陈省长送给他一幅裱好了的书法作品，上题“艺扬万春”四个大字。

在河北省，李万春先后到石家庄、保定两个城市。石家庄的河北省京剧团主演祝元昆，是李万春的弟子，同马少良一样，也是先拜师于李少春。祝元昆既有好嗓子，善唱善做，又有扎实的武功，能翻能打。率团到北京演出新编历史剧《唐太宗》，成功地刻画了文采风流的皇帝，又以动听的唱腔，受到内外行观众的好评。保定市京剧团团长李伯培也是李万春的弟子，同样文武兼备，他在老生方面师从奚啸伯先生的弟子张荣培，是“奚派”的再传弟子。李万春选了《桃园三结义》和《猴王游月宫》给他排演。前者是发扬唱、做的红生戏，后者是以武功取胜的，剧本都经过重新整理。

自“文革”后，留下无政府主义后遗症，多是各说各的理，谁也不听谁的。长时间以来，兴留长发、大鬓角、小胡子。这些在生活里没关系，因为人各有爱好，但在艺术上就不应该使自己的性子了。传统戏的化妆讲究干净、整齐，马连良先生就要求“三白”、“三光”，的确能显出角色的精气神来，使戏增色。过去有句老话：“勤剃头，常刮脸，有点倒霉也不显。”这话有道理。现在不然了，特别是青年以长头发、大鬓角、小胡子为时髦，越来越多的演员把这些带到舞台上，带到戏里，也带到电影、电视剧里。这样的不利之处，一是显得肮脏、芜杂，二是脱离特定生活。演戏讲究符合生活真实，演电影、电视剧更得强调真实。在戏剧、影视里出现违反生活真实的景物、道具，肯定有人指责：“那个时候哪有这样儿的呀？”“唐朝的事儿怎么搁在汉朝啦？”中俄战争、抗日战争时的军人如果个个长发盖颈、连腮大鬓，说话的就不多了，说了也不起作用。当然也有人指出：“国民党统治下，这样的军官还敢跟蒋介石坐在一起吗？早让蒋介石给枪毙了！”可是不论谁说什么，戏剧、影视里的人物依然故我。

在保定给李伯培排戏时，李万春就明确地跟大伙儿说：“咱们就不能为艺术做点儿牺牲？”还举例子说：“早年唱花脸的演员大都剃光头。侯喜瑞先生不剃，留背头，可是脑袋前方剃出个‘月亮门儿’，不妨碍勾脸，这是职业需要。演员要尽忠职守，就应该这么办！”青年人也是通情达理的，正确的要求多能为大家所接受。李万春说：“也许是我这个远来的和尚好念经。第二天所有花脸演员都剃成光头。有的人见了我还特地摘下帽子，冲我一低头，说：‘李老师，您瞧！’”李万春颇为高兴，他感到这些青年可爱，祖国的艺术都寄托在他们身上！其他行当的男演员，也都刮了胡子和鬓角，推去盖颈长发。“大家一条心，黄土变成金”，戏排得很顺利，演出效果极好。

李万春到太原讲课是1984年5月，当时与袁世海、厉慧良和魏喜奎等同行，主要是应当地之邀给太原市实验晋剧团讲课。这个团拥有一批新中国成立后培养起来的优秀演员，当时都已人到中年。这个团1981年由该团杨秋实团长率领，首次到北京演出通力合作的新编历史戏《三关点帅》，李月仙、阎慧贞饰演杨六郎和八贤王，以唱功取胜；郭彩萍饰演杨宗保，以做工取胜；高翠英饰演穆桂英，以开打取胜，各尽其妙。这次，她们分别演出自己的代表作：李月仙的《杀驿》，以帽翅、髯口功夫和唱、做取胜；阎慧贞的《芦花》，以动听又饱含激情的唱赢人；郭彩萍的《小宴》，吕布的翎子功得老艺术家郭凤英亲传，运用自如，极具功力，美感十足；高翠英的《凤台关》，由演唱此剧出色的晋剧前辈名家筱吉仙（张宝魁）亲传，以矫健的武功和细微的刻画人物见长；武忠的《跑城》，不仅帽翅、圆场极见功夫，做戏也满具内心，把徐策这个人物和这出戏演活了。

看了他们的戏，李万春、魏喜奎等人都很激动，从此同太原晋剧团建立了深厚的友情，并且还在北京报纸上为太原市实验晋剧团发表评论文章，使他们很受鼓舞。1984年，太原市借这个团又排出一批新戏，通过举办汇演的机会，把李万春、魏喜奎，连同袁世海、厉慧良一同请去。按照当地领导的说法是："外地演员提高艺术有两种办法：一种是'送出去'——到北京高级学府或名师那里学；一种是'请进来'——把老师请到当地来教。前者只利于少数人，后者可以使多数人受益。把李万春等名家请来，不仅可以通过看戏为提高戏的质量出主意，还可以使整个太原市晋剧团的演员，包括省级剧团的演员、演出团体大多数人受到教益。"在这里，李万春、袁世海于5月10日，分别收了武忠、苗秀茂、胡润宝、薛春盛和薛维艺、戴占寿、张家盛为徒。

1985年春节，李万春应邀到沈阳讲学，此时正赶上李万春的大女儿李淑媛、女婿周洪武来北京探亲，为了照顾高龄的父母，李淑媛夫妇随同父母一同前往。李淑媛小时随母亲李砚秀学戏，后来进入北京市京剧一团做演员，跟着转到西藏、内蒙古。周洪武是上海著名武生周瑛鹏的长子。周瑛鹏以勇猛、翻跌、灵巧著称，曾经被李万春邀约到北京演出，后来参加中国京剧院，为该院一团演员。周洪武承其父艺术，演《伐子都》总是从四张桌上翻下。周洪武参加南京市京剧团为主演，李淑媛和他结婚后，也从内蒙古调到南京市京剧团为主演，兼演青衣、刀马旦，翻跌、出手都很出色，在全本《十三妹》中演何玉凤，后半出扎大靠，能从两张桌上翻下来。

沈阳京剧院前身是1947年在哈尔滨成立的东北文协平剧工作团，剧团迁到沈阳后改称为东北戏曲研究院京剧实验团，1954年东北大区撤销后改称为辽宁省京剧团,1959 年 11 月又与沈阳市京剧团合并建成沈阳京剧院。该院人才济济,除了享有“关东唐”盛名的唐韵笙先生任领衔主演外,秦友梅、徐菊华、张世麟、诸世芬等都是极有号召力的演员。徐菊华、张世麟、李春元等人创演的《雁荡山》,把各种武功技巧穿插其中,成为一出专以武技和舞蹈动作取胜的京剧哑剧,1952 年参加全国戏曲汇演时荣获一等奖。周恩来总理在汇演闭幕式上说:“东北的《雁荡山》给京剧武戏开辟了一条道路。”此后《雁荡山》不仅在国内广为流传,成为所有剧团都演出的一出叫座戏,同时也是出国进行艺术交流必不可少的剧目。在这些有突出成就的老一辈名家的熏陶和点拨下,这个剧院里一批又一批的优秀青年演员接连不断涌现。

1983 年,沈阳京剧院来北京演出,不仅担当主演的“程派”传人吕东明的戏为众所瞩目。大家还发现了一位极有光彩的青年武旦李静文,那时她只 23 岁,在翻打扑跌方面有了相当深的造诣,内外行一致认为她极有艺术前途。1985 年,她随辽宁省青年京剧团二次来京,在民族文化宫礼堂演出《虹桥赠珠》。由于台毯的原因,左脚跟腱折断。她居然咬住牙,把最后一段戏坚持演下来。大伙儿都很心疼、惋惜,认为她即使恢复演出,也不能再演武旦戏了,可惜她一身过硬的功夫了。在北京治疗和休养时,李万春常鼓励她不要灰心,跟她说:“盖叫天先生年轻的时候演《狮子楼》,在舞台上摆楼片。武松与西门庆先是在搭出来的楼景上开打,然后‘翻’到台上。有一回演出,由于楼景搭得不牢,他翻下来时,摔折脚腕骨。经过治疗接骨,痊愈后,发现接骨不正,大伙儿都劝他不要再做手术啦,以后少演点翻跟头的戏。可他还是以艺术为重,自己狠心把接好的脚腕骨重新折断,又接了一次。由于他有毅力,使得再接的脚腕骨完好如初。经过刻苦锻炼,又恢复了以前的武功。”李万春以此劝李静文不要操之过急,耐心疗养。李静文听得十分认真,深受感动,说:“李老师,我一定学习盖老的精神,争取重新演武戏。”半年后,她的脚伤逐渐好转,已经开始练功。李万春坚信这位青年今后一定成为非常优秀的武旦演员。

这次,李万春在沈阳住了一个多月,院长李麟童特别请求李万春在示范演出《闹天宫》、《古城会》之后,再演一两出青年们不易看到的戏。李万春演了一场在北京被极“左”思潮否定了的《白袍薛礼》,又演了一场自 1957 年以来一直没动过的《虮蜡庙》。《虮蜡庙》又名《捉拿费德功》,此剧出自《施公案》,讲的是巨盗费德恭霸占水龙窝。其人劫财好色,趁庙会期间抢夺民女兰英,兰英因不从而被棒打到

《虮蜡庙》，李万春饰褚彪

死。后黄天霸奉命查办。在老英雄褚彪的策划下，巧妙地将费德功拿获正法。在《虮蜡庙》中李万春仍然饰演褚彪，并特邀沈阳京剧院的一批老演员为之助阵，其中李春元饰演费德功，赵世璞饰演金大力，黄云鹏饰演黄天霸，周仲博饰演施世伦，汤小梅饰演张桂兰。演出之后，李万春不仅把褚彪这个角色的演法传授给青年，也把这出戏里其他重要角色，如费德功、黄天霸、贺仁杰、关泰等几个重点角色的演法，一一传授给了顾景荣等青年演员。李淑媛则在父亲的几出戏前加演了由她母亲亲传的“尚派”名剧《昭君出塞》和《失子惊疯》。

李万春离沈阳前，还收了汪庆元、黄少鹏、顾景荣等为弟子，被聘为沈阳京剧院的名誉院长。

三〇 精心录影　希图音像留后世
抱病传艺　唯望京昆得振兴

在京剧里，黄天霸这个人物很有特点，演法不同于一般武生，不全以武打为重点。唱、念、表演在黄天霸的身上都很重要，甚至有些戏重要的程度超过武打。从武打上说，又是各戏有各戏的打法。涉及黄天霸的戏最出名的当属“八大拿”。

关于“八大拿”的具体剧目历来说法不一，李万春先生认为：“八大拿”是指《莲花院》拿九黄、七珠，《霸王庄》拿黄隆基，《独虎营》拿罗四虎，《任丘县》拿毛如虎，《东昌府》拿郝文僧，《骆马湖》拿李佩，《鄚州庙》拿谢虎，《里海坞》拿郎如豹。这八出的打法，一出戏一个样儿，毫不雷同。花脸前辈侯喜瑞先生认为“八大拿”指的是“拿”八个反坐人物，具体剧目是：《霸王庄》拿黄隆基、《独虎营》拿罗四虎、《里海坞》拿郎如豹、《东昌府》拿郝文僧、《殷家堡》拿殷洪、《骆马湖》拿李佩、《淮安府》拿蔡天化、《招贤镇》（即《虮蜡庙》）拿费德功。前辈京剧研究家翁偶虹认为：“八大拿”是著名武生演员沈小庆根据评书“五女七贞”所编演的。“八大拿”是《鄚州庙》拿谢虎、《虮蜡庙》拿费德功、《薛家窝》拿薛金龙、《殷家堡》拿殷洪、《河间府》拿“一撮毛”侯七、《东昌府》拿郝文僧、《霸王庄》拿黄隆基、《落马湖》拿李佩，术语简称“双庙单窝堡、两府一庄湖”。

杨小楼先生以“武戏文唱”演黄天霸，对人物刻画非常细微，武打也精彩。李万春说：“可惜我只跟杨先生学了属于‘八大拿’的《骆马湖》和不属于‘八大拿’的《连环套》、《恶虎村》。其他戏都没有得到杨先生亲自指点。我很喜欢黄天霸这个人物，因为演这个人物有琢磨的地方。体会深了，表演细微了，特别有戏。从扮相上看，是正面人物，但是表演出来，得让人体会出绝不是完全正面的形象。演员得把他阴险、狡诈和市井无赖、要‘光棍’的劲儿演出来。从外形上看，与武松有相同处，都以干净、利落、挺拔为特点，都有英武之气。不过武松偏重于粗犷、豪放，有狠劲儿，遇事不在乎，凭的是血气方刚和一身武艺；黄天霸偏重于骄横，有傲劲儿，遇事不在乎，凭的是要‘光棍’、逞英雄。两个人的舞台动作都得脆、快，不能拖泥带水。”黄天霸的服装，过去都是白地绣花，白色表示纯洁、清白。李万春鉴于这个人物投靠官府，有不讲绿林义气的缺点，把服装改为淡黄色，比白色略显火气，也意味着人物浮躁、骄横。

涉及黄天霸的戏是否能演出，新中国成立后争论了多年，到了1956年才准重演。经过十年灾劫，过去曾经争论求得解决的问题又重新提起，继续争论。《四郎探母》和黄天霸的戏是否能演出？均各执一词。中国戏曲学院史若虚院长认为完全可以演，并且学院已经演出，北京京剧院张梦庚院长却坚决反对演出。有代表性的黄天霸戏《连环套》是武生、花脸的“对儿戏”，念、唱、做并重。早年，杨小楼与郝寿臣、侯喜瑞分别合演，堪称为绝响。如今留有杨、郝二位的唱片，后辈可以学到这二位的念、唱、声腔、气口，可算是极为珍贵的艺术资料。可惜当时没有录像设备，表演没能记录下来。在1978年，李万春刚回到北京，袁世海向中央文化部申请由他和李万春把这出戏拍成电影，虽得文化部黄镇部长的批准，电影局却没执行。1982年，中央人民广播电台举办春节晚会，经中央文化部同意，李万春、袁世海二位演出这个戏。当时李万春已归北京京剧院领导，未获院方许可。只有1980年，北京电视台导演吕亚林约周桓共同举办“猴年谈猴戏”的专题节目，请来姓“侯”的侯喜瑞、演猴的李万春、画猴的李燕、属猴的歌唱家殷秀梅等录像。九旬高龄的侯老和李万春做了《连环套》“拜山”中，窦尔墩与黄天霸见面时的“比粗”和“挽手而行”的身段动作，可为后辈学习借鉴。可惜播过后没有保留。这些都属于无法弥补的损失。

侯喜瑞先生一生勤于艺术，积八十年的舞台经验，且善言谈。每次见到他，都能受到教益。他所说的掌故、看法、心得都能写成文章，这是一般演员不能做到的。那次录像中的休息时间，侯老和李万春闲谈，问：“你说曹操是文的、武的？”

李万春不知道曹操有武打戏，就反问：“您说曹操有武戏吗？”

“有！”侯老回答得十分干脆，接着说，“《战濮阳》前头，叫‘前濮阳’，这出戏里，曹操和吕布开打。”

接着，侯喜瑞又问李万春："你想想，曹操使什么兵器？"

见李万春摇头，侯先生说："使槊！就是'横槊赋诗'的那个槊，他跟吕布开打很有特点。"

"这时曹操穿什么？是箭衣吗？"李万春再问。

"对！箭衣，白的，戴白'将巾'！"

李万春点头，说："曹操穿白的，也挺新鲜！"

"还有穿白蟒的时候！"

李万春又好奇了，他只知道《探阴山》里包拯穿白蟒，就问侯："您说哪一出？"

"一出是《许田射鹿》穿白蟒，扮相类似《下河东》的欧阳芳；一出是二本《走麦城》，曹操祭关羽坟的时候。后来得病，请来华佗，又把华佗下狱。这些情节都在这出戏里。"

侯喜瑞不仅知识丰富，会的戏多，而且有戏德。有自知之明，一向不争主演，不争主角，不争排位。他总说："把戏唱好了，比什么都强。不用管来什么活儿，来好了都露脸，抢着来主角的，唱不好，不但不会得好儿，还兴许挨骂。"他总是大轴、压轴，甚至再前面的戏都演，演什么角儿都出色。由侯喜瑞先生主演的《取洛阳》的马武、《闹江州》的李逵，不仅把人物演活了，而且他的曹操戏有"活曹操"之称。除此之外，在旦角戏《春秋配》里，他扮不大重要的侯尚官，生旦戏《打渔杀家》里他扮演完全属于陪衬人物的倪荣，都接连获掌声，使戏生色，却又不夺主角的戏。戏曲界常说："衣抬人，鸟抬林。"大伙儿公认侯喜瑞是"抬林的鸟"，都愿意请他合作。

在《失街亭·空城计·斩马谡》中，侯喜瑞先生演司马懿和马谡都非常出色。他认为自己的嗓音发沙，演马谡更为合适。尽管比司马懿的地位稍次些，他还是常把司马懿的活儿让给别人。梅兰芳深知他能使戏锦上添花，一次邀他合作演出《霸王别姬》，虽然和梅兰芳演出是很露脸的事，但侯先生却婉言谢绝了，他说："不是我不愿意唱，而是觉得我这么矮的个儿，这么瘦小，来霸王不合适。到台上，我不像霸王，可就把您也带累减色啦！"梅兰芳说："您跟杨（小楼）先生唱《连环套》，杨先生那么高的个儿，您可一点儿没让他比下去呀！""那是仗着一点儿'术'，一会儿的功夫；唱一整出就不成啦！"

侯老这话不假。《连环套》里，窦尔墩戴上翎子，从形象上就显着高大，演霸王形象上却不能弥补。窦尔墩跟黄天霸刚见面时"比粗"，侯喜瑞如果按一般演法，跟杨小楼往一块儿站，立刻会显出矮小。侯喜瑞所说的"术"，是在出场时以欠脚和做大幅度的身段，先给观众一种气势磅礴的感觉。在“比粗”时不仅不往前上一步，跟杨小楼站平，反而后退半步，跟杨小楼站成八字儿。杨小楼靠前他靠后。这种情况下，他再以分向左右上方高举双臂的动作，大张声势，观众就会觉得他气魄大，不显矮小，不会有被杨小楼比下去的感觉。在侯喜瑞以后，身材瘦小的裘盛戎也采取这种办法。他扮的包拯出场时，总是以把靴子立起来，用靴子尖着台，如同跳芭蕾舞的演员脚底下一样，使人物形象高大起来。给观众的头一个印象是人物高大，先入为主，以后的戏就好演了。

都说“事在人为”，戏也如此。戏在人唱，同样一出戏，一般演员演得平平淡淡，甚至让观众感到没有可看之处，好角却能演得非常出色，处处打动观众。早年《战太平》是出开场戏，被余叔岩先生演成大轴。《甘露寺》的乔玄、《四进士》的宋士杰，都是二路活儿。前一出以刘备为主，后一出以毛朋为主，马连良把这两个次要活，演成主角。其原因一是在念、唱上提高了，二是在做、表上细致了。从整体上说，是演出了深入细致的内心感情。早年《战宛城》的“马踏青苗”不过是曹操带兵进发的一个大过场，主要交代曹操攻打宛城、攻打张绣的缘起。侯喜瑞把它演成一出精彩的小折子戏，也生动地表现出了人物的内心感情。

侯喜瑞跟李万春说：“外人都说我唱‘马踏青苗’以身段动作抓人，有些小青年跟我说；‘您这出戏里的舞蹈动作太美了！’我的确在这方面下过功夫，也搭着从小时候练就的腰腿功夫。不过我觉得光仗着身段、动作，没有内心的东西，也难演得感人。演出马踏青苗前后曹操的内心，把他的奸诈演给观众，比身段动作还重要！”对此李万春点头，深表同意。

侯喜瑞接着说：“行军前曹操下了军令，不准马踏田地禾苗，曹操一派凛然正气，要有威，表现出内心的傲。行军中他自己的马惊了，表现马惊的慌乱无法控制，这时身段动作固然重要，不过也还得注意有内心活动，表现曹操的着急。要是演完这一段算是大功告成，底下全‘官中’就成了技巧表演。底下，曹操跟众将的对话很重要。这里表现曹操的奸诈。”

李万春听得入神，他一向主张对白得有充分感情，可是对曹操这个地方的念白，却从没细想过。这时候侯喜瑞继续说：“曹操召回众将，念‘老夫马踏青苗’时，语气低沉，表现自责。话说完了，拿眼光扫众将的脸，心里的话是，瞧瞧众将对这件事的态度。众将说‘马踏不多’他放下一半心。往下再念，就比刚才调子高了一点儿。念‘吾传将令，竟自先犯，不能正己，焉能责人’时，还比较压住点儿，最后道

‘待我自刎了吧!’时,语气加重,调门提高。随念间,还要用眼睛的余光扫众将的脸。语气加强,为的是唤起众将注意;余光扫视,是看众将有没有拦的意思。等众将说出‘法不加于尊’、‘战马之过’,他找到台阶,心全放下来。先用低沉的语气念‘尔等陷曹于不义乎’,接着话锋一转,提高声音叫‘夏侯惇’,命令他把马头砍下来。从这儿又恢复行军开头时的严肃劲儿。这么着曹操的奸诈就出来了,能让观众看出这个人物的内心,不单是相貂、红蟒、大白脸的外形。自然感觉有戏。”李万春深感“闻君一席话,胜读十年书”,对曹操有了更深、更清楚的理解。

《连环套》自从1985年谭元寿正式对外公演,才算又恢复起来。李万春见有带头的,也就往这方面想了。正巧6月初,《光明日报》邀请名演员为他们组台义演。请来刘玉玲演河北梆子《状元打更》,刘萍演《评剧皇后》,魏喜奎演《啼笑因缘》,京剧由刘长瑜演《豆汁记》,毕谷云演《贵妃醉酒》,李宗义、袁国林演《除三害》,由于时间限制,都演的是选场。大轴由李万春担任。当时他就想演《连环套》“拜山”或《骆马湖》“酒楼”。经与在内蒙古京剧团的三弟李庆春电话商量,庆春同意演《骆马湖》“酒楼”。正巧这时北京京剧院的马玉璋准备演《骆马湖》,向李万春求教。李万春就跟他说:“我这出得演到你前头,你还能先瞧瞧。”过去演《骆马湖》,李庆春扮李佩,也扮过酒保。他的酒保跟《打虎》里的异曲同工,表演内容和方法不一样,却同样有哏。不想由于来京的车票不易买到,他来晚了,没有排戏的时间,只好又演了一回《打虎》。

北京市京剧昆曲振兴协会负责人钟鸿,想趁李庆春来京的机会,由她协助把李万春的代表作留下录像资料。最后决定录《恶虎村》、《骆马湖》、《林冲发配》等十出戏的选场。李万春自1978年就想留录像资料的事,终于在七年后实现,心情十分激动。他想:自己已经75岁了,虽然身体还好,毕竟一年不如一年,在舞台上活动的时间不会太久了,应该把所会的留给后人,供后人学习、借鉴。他自己谦说:自己并不一定有多大艺术成就,不过对于前辈的艺术看得多、学得也多,总算能够继承下一些来,也还算在前辈的艺术基础上,有一定自己的创造。以前没有录像设备,老一辈名家的表演只能从文字上了解一点儿。在自己的晚年总算赶上了录像,把老一辈名家的表演保留下来,做个再传工作,也是责无旁贷的。

《骆马湖》和《连环套》这两出,李万春想自己已经做过准备:前一出刚给马玉璋说完,自己还想演出;后一出,先后看过石长英、谭元寿和自己的徒弟王鸣仲于近时的演出。李小春特地到北京向父亲重学,此前他在呼和浩特和上海京剧院著名

《连环套》,李万春饰黄天霸(1985)

花脸王正屏演出过。李万春的弟子马少良、董文华也为恢复这出戏曾来京求教。他已经看过、教过无数次,现在仍在教,立刻录像不成问题。《骆马湖》的"酒楼",李庆春扮演酒保,对一两遍戏就成了。《连环套》的"拜山",李庆春扮演窦尔墩,由于多年不演,必得有个熟练过程,所以就从《骆马湖》开始了这次录像,"酒楼"一场是这出戏的重点。这场戏里,黄天霸在跟酒保的长谈中,表演出机警、精细,脸上表情、眼神,身上动作、手势,都得紧紧配合念白。听到施公过湖的消息,有担惊的表演,得十分关注地向湖心望去。听酒保说:"湖里上有铜闸,下有铁网,外人没法过去。"立刻想到问问他们自己人如何出入。这里一是得有"想"的表示,二是得有手势配合,辅助问话,以吸引观众注意。问酒保话时不能总瞧着酒保,而是得用眼睛注视湖水。等酒保回答时,要表现出迫切的心情,念白一定要清楚有力。戏演得深刻不深刻,能不能抓住观众,都在这些小过节上。

演出中的念、唱、做,人跟人不会有太大区别,但是差之毫厘却能失之千里。细致、准确了,观众注意力就全被抓过来;反之则变成了温吞水,把观众唱腻了。像《连环套》从头到尾全仗着念白和做表吸引人,扮演黄天霸的演员表演的细腻,有内心感情,观众就会觉得这个角色处处有戏。这出戏唱的就是黄天霸,如果念做粗枝大叶,点到而已,没有内心感情,观众会觉得:"这出戏里黄天霸没什么事呀?"反而会认为窦尔墩的戏多。拿戏班的话说就是"这出戏给窦尔墩唱啦"!

《骆马湖》"酒楼"从见李大成开始,黄天霸就需要流露出要"光棍"的劲儿,但表演不能过分,不要过于撇唇咧嘴、横眉立目,要寓于英武之中。暴露黄天霸忘恩负义、"用人朝前,不用人朝后"的劣性,是在最后一场擒李佩。之前万君兆就向黄天霸有言在先,让黄天霸不要伤害自己岳父李佩性命,这是黄天霸求万君兆里应外合帮助他救出施公时,已经答应下的。也正是有了这样的承诺,万君兆才同意在给岳父拜寿时带黄天霸进入骆马湖,黄天霸才得以救出施公,拿住李佩,否则黄天霸根本无法靠近骆马湖,更不用说救施公、拿李佩了。但是当黄天霸一切如愿后,便自食其言,用手一挥,转过身去,高仰脸,表示对万君兆不理不睬,再把嘴微撇,脸上流露出不屑于与万君兆说什么,公事公办的神气。这样,就把黄天霸的心灵表露给观众,也就是对这个人物的揭露和批判。这里的感情必须要演得细致、深刻,既暴露当前黄天霸的丑恶,又是后文的铺垫。《骆马湖》后还有一处《侠义英雄图》,演的是:万君兆因黄天霸负前言杀死李佩,要寻机报仇,与于亮等一同去劫施公。黄天霸得祝青宁帮助救出施公,擒住万君兆。这是黄月山的戏,又名《拿万君兆》,但不在"八大拿"之中。

《恶虎村》里"进庄"一场是重点,继《骆马湖》"酒楼",李万春录的是这场,也以念和做为主。这场戏中黄天霸心理活动很多,既要察言观色、听话听音,了解施公情况,又要同濮天雕、武天虬等假意周旋,这些都得清楚地表达给观众。后面弟兄反目的念白更得干净、脆,像"俺就是负义忘恩的黄天霸"、"九黄七珠一十二家盗寇",不仅得让观众字字入耳,还要在重点字上加强,使之突出。黄天霸的"天"字,要用丹田气催出来,稍拖长,到"霸"字上,有力顿住,收到"啊"字上。"盗寇"两个字出口也是如此。"天霸"俩字念出表示理直气壮、自鸣得意。"盗寇"俩字念也需有力,为的是表示与濮、武二人的观点鲜明不同,并为下面的"斩者无亏"做铺垫。这出戏最后,黄天霸"杀兄烧庄"之后,握刀低头叹息,应该做出有悔恨的意思,这跟王梁批判的"猫哭耗子假慈悲"并不矛盾。两者都是事实,这样才说明黄天霸性格的复杂,也说明黄天霸最后还是做官的思想占了上风,跟他"走边"时念的"忠孝仁义信为高,身入公门为哪条?不该希图凌烟标,只为县尊两开销"相吻合。

《连环套》没来得及改,李万春说,这出戏分为头、二、三、四本。头、二本《连环套》从梁九公"行围射猎"经朱光祖"插刀盗钩",到窦尔墩认输为止。三、四本是清逸居士续编,从施公将窦尔墩入狱,窦尔墩的友人梁大刚等人乘着押他进京途中劫夺,不想反遭窦尔墩斥责,至黄天霸求得梁九公宽免窦尔墩的死罪,窦尔墩在麒麟削发为僧结束。杨小楼、郝寿臣二位演过三、四本,李万春也演过,但效果都不如头、二本,演得极少,今已失传。这出戏同样暴露黄天霸的性格,仅从"拜山"来说,黄天霸出场做悠闲地观看山景，实际上是查看山里情况，探明出入路径。李万春这里不用“四击头”，既有程式动作，又不为程式局限，自自然然出场，以求符合特定情景。黄天霸和窦尔墩初见，要跟前场他与大头目说“与你家寨主之交好深厚”的话呼应。李万春把过去演出中由大头目给双方引荐的情节取消，改为黄天霸笑着迎上前去，主动与窦尔墩寒暄，这都表示黄天霸的细致、精明、机警。两人较量，相互试力，先由黄天霸用力，再由窦尔墩用力，最后再由黄天霸用力。两个人各自领略了对方膂臂力，而后挽手同行。黄天霸见到御马，口称“见马如同见主，愿太尉千岁、千千岁”时躬身施礼，表示其奴才相。随说“待俺乘骑”，急于上马。嘴里念的与身上的动作要一致，表示乘骑的跨腿要利落，但幅度不能太大，大了，人物的“份儿”反而就小了。再跟窦尔墩说：“身旁寸铁未带，依仗连环套的人多，将你黄老爷碎尸万段。皱皱眉头，算不了黄的后代。”此时脱褶子、拍肚子就是表现“光棍”劲儿。尽管如此，却不能出现丑的形象。外在要以英雄气概表现，内藏着丑，这个丑又得从外在稍流露。这就靠演员经过充分理解，掌握合适的分寸了。

这出《连环套》跟《骆马湖》相同的地方，也在最后流露出黄天霸自食其言，出尔反尔，表现出在他身上无信义可言。当窦尔墩交出御马，表示“甘愿到官认罪”

《拜山》，李万春饰黄天霸，裘盛戎饰窦尔墩

时,“朝廷王法,焉有不戴之理”刚刚出口,黄天霸立刻从朱光祖手里拿过锁链,给窦尔墩带上。这个地方,过去演法都是听到窦尔墩的话,朱光祖拍黄天霸的肩膀,随之把锁链递给黄天霸,是表现朱光祖机警。李万春认为:还是黄天霸主动拿,更能刻画出黄天霸内心,戏也丰满。

继《恶虎村》之后,李万春录的是《林冲发配》、《棒打洪教头》和《火并王伦》。不想在录像过程中,李万春先生忽然坐在台上起不来了。在场人急忙把他搀起来,这时才发现他肚子显大,于是督促他去友谊医院检查。经检查,得知是肝硬变产生腹水,必须住院治疗。李万春录制心切,自己并没有感觉有什么大病,便要求拍完一个段落,不要半途搁下。他带病坚持着,总算把林冲戏的几个片段录完了。

李万春的肝硬变是1962年发现的。那年在北京演出时,肝病专家关幼波大夫告诉他:“往后再不要喝酒。”但是他从年轻时已养成很大的酒瘾,得知马德成、小孟七和李多奎三位都用白干酒饮场,李万春很羡慕他们的海量,也就学着用酒饮场。李永利老先生制止他之后,李万春就改为喝冰镇啤酒饮场。在排演《十八罗汉收大鹏》前后都如此,且喝的次数和数量都很多。他父亲严厉斥责,并强令改过来。但他喝啤酒饮料已成习惯,只能改喝冰镇凉开水。这个习惯一直保留下来。演员大多在演戏中不喝凉的,因为正在充血的热嗓子被凉水一激,很容易把嗓子激回去,再唱就不出音了。但是李万春却不怕,直到他晚年演《闹天宫》这样连唱带舞的戏,仍然下场就喝带冰块儿的凉开水。平时也都是凉开水和茶两喝着。家里的冰箱,一年四季不断地冻冰块儿。关大夫说不让喝酒,李万春觉得比不让他吃饭还难受。大夫的话又不能不听,开始一段时间不喝酒了。过了些日子,思想上放松了,自己给自己出道儿:一次少喝一点儿,一次是在酒里兑上凉开水喝,还不忘往里面加冰块儿,以减低酒的浓度。又过了一个阶段,自己觉得身体各方面都没有病态,就逐渐增大酒量,慢慢地又故态复萌、照饮如初。

1978年春回北京,李万春还跟友好们说:“关大夫不让我再喝酒,可是我喝到现在,18年了,什么事没有!”不想这次发作起来。主要原因是近一阶段,从准备到录影比较劳累,又加上不断看学生们演出《连环套》,还一拨儿一拨儿的总有人来学这出《骆马湖》。所有的时间都在教戏,并且仍然按过去老的习惯——不到凌晨三四点钟绝不休息,由此过度疲劳。他是个嗜戏如命的人,只要谈起戏来,一切都忘了,外界人不易发现他身上的病痛。但现在不行了,必须得住医院,由于医院没有床位，从8月底等到9月11日，病又加重了。11日下午，从家门口坐上开往友谊医院的卧车。虽然已知道病情不一般，但他仍然觉得自己会很快出院，便向送他上车的周桓说：“抓紧把《关公收姚斌》的本子弄弄，等我回来，咱们就研究这出。我得演，这是我早就想恢复的一出戏，我想早一点儿让它重见于舞台，为丰富当前的演出剧目做些贡献。”

住进友谊医院，医嘱静养，李万春也觉得自己精神欠佳。但是学生们来看他，他仍然愿意跟他们谈戏，觉得教戏是他的责任。应该利用一切时间，把自己的艺术传给后辈。他经常说的一句话是：“三分气在千般用，一旦无常万事休。”谈戏是他的乐趣，谈起戏来可以减轻病痛，提起精神。

马少良从天津来看他，坐在病床前，他主动想起来，马少良的《连环套》还没学完呢，不久还要演出。就半坐起来，给马少良说最后几场戏。马少良恐师父劳累，一再说：“师父，您还是好好养病，等您出院，我再跟您学吧！”李万春却一挥手，拦住他的话，说：“刚刚住进来哪儿能马上出院呢！趁着这会儿有精神，把最后这场戏给你说了。你回天津好早点儿演，也省得往后再来一趟！”

的确，谈起戏来，李万春顿觉精神万倍。只是大伙一再拦着，护士还把大夫搬来，向李万春提出警告，李万春只好叫马少良到床边，简短解说，告诉他几处重点。

李万春心想：黄天霸的戏还得由自己演，振兴京剧、昆曲的事，还得由我来做。我的任务还很多，不能死！应当把黄天霸的戏一一演出来给大伙儿瞧瞧，满足友好和广大观众的期望，也给弟子们做个示范。尤其青年演员和正在学戏的学生们，应当让他们知道黄天霸应该怎么演。往后我们的京剧、昆曲还得振兴起来，要想振兴，就得有丰富的剧目、优秀的演员，我也得从这两方面来做。

尾声　风悲雨泣　堪叹宗师谢世早
继往开来　但愿李派后学多

李万春先生的愿望没有能够实现，住院不到三天，李万春先生宝贵的生命就被病魔夺去。时间是1985年9月11日凌晨4点25分，享年74岁。

“人生七十古来稀”，从年纪上看，万春先生算是高龄了，但是从他的艺术上说，他的确去世太早了。在戏上，他知道得多，会得多，当前振兴京剧、昆曲确实需要他，但他却离开了他毕生所热爱的京剧，把许许多多有价值的好东西都带走了，这的确是京剧艺术和京剧界无法弥补的一项重大损失。他的去世使在现场的人泣不成声、悲恸不止，得知消息的人也伤心不已。

9月14日下午，《北京晚报》头版登出了《京剧艺术大师、著名艺术教育家李万春逝世》的消息。北京人民广播电台于17点的新闻里，播出同样的消息。看到晚报、听到广播的人们，无不大吃一惊，含泪落泪者十有八九，这的确是出乎所有人意料的噩耗。有人说：“六月初，他还演《武松打店》呢！”有人说：“七月底，他还在为圆明园恢复旧观‘福海之波’的演出中，清唱了《古城会》和《连环套》的唱段呢！”更有人说：“八月二十几号，还在剧场见到他高高兴兴地看戏呢！怎么这么快就去世了？”大家以悲恸呜咽之声，共同提出疑问。了解内情的人说：“就是由于他太爱戏了。只要涉及戏，他便废寝忘食，当然也就忘了病痛。就是守在病床前的亲人，医院里为他诊治的医生、护士，看到他说戏时的精神劲儿，也都想不到几小时后，他便与世长辞。”李万春先生可谓：生于戏中，逝于戏上，一生一世鞠躬尽瘁。他的心血和精力，都献给了京剧艺术。

李万春先生的追悼会于1985年9月20日上午在北京八宝山革命公墓大礼堂举行。礼堂内外满布花圈，高悬寿素、挽联。数百人出席了追悼会，隆重程度，不可多见。与会人员无不为他过早离去惋惜，还有一个共同的感觉是：大家谁都不相信他真的去世了，真的永远不能再见到他了，感觉他仿佛还健在，音容笑貌历历在目，似乎不久还能看到他的演出。李万春先生确是虽死犹生，活在热爱他艺术的广大群众心里，并且永远活下去。

半个世纪以来，李万春先生对京剧艺术贡献极大。众所公认：他是在杨小楼先生之后，在武生中唯一持牛耳者。据不完全统计，他一生演出剧目480余个，其中有些是经过他整理改编的传统戏，有不少是他新编、自导和主演的新戏。他成功地塑造了黄天霸、武松、林冲、猴王、关羽、马超等艺术形象，至今仍可称为典范。李万春先生文武兼备、唱念俱佳，尤其具有一条响亮的好嗓子，白口铿锵，吐字清晰，极为传神。他的念白无人可以媲美；他的表演紧紧结合生活，既沿袭传统程式，又不为所限。他在一些戏里出场时不用"四击头"锣鼓，别人这么出场出不来，即使出来也觉勉强；他的动作、"亮相"有些是"一顺边"的，这本为表演中的大忌，可在他身上却非常漂亮。正因如此，能学李万春的后辈演员更是凤毛麟角，为数的确太少。

李万春的长公子李小春既得父亲传授，又受其二舅李少春教导，集两家前辈艺术于一身，但艺术上偏重于唱工，似其舅父之处更多一些。李万春的二公子李卜春，由于学艺和登台时赶上所谓"样板戏"的时代，传统戏基础较弱，念唱似其兄处居多，因其父的念、唱、做、武不好学之故。李卜春自调进北京，久随父亲身边，才逐渐向"李派"过渡，先后演出《武松》、《古城会》、《连环套》等剧，并在近年"音配像"中为其父担任配像者。万春先生的长孙李继春（原名李晶），自幼随父亲李小春学艺，后入中国戏曲学院学习，毕业后回内蒙古京剧团工作，2001年在全国京剧优秀青年演员评比展演中以《林冲夜奔》获二等奖，可惜乃父早逝，加之身处塞外，使其艺术未能得到应有认可和重用。万春先生的次孙李阳鸣（原名李磊），自幼受祖父艺术熏陶和精心教导，念、唱、做已见祖父神韵，如果能再得祖父系统传授，会成为"李派"艺术的得力继承人，只可惜李先生去世过早。如今内外行人士以及李先生的亲朋好友，都希望李阳鸣能切切实实地走祖父的艺术道路。

在李万春先生的弟子中，以姜铁麟追随时间最长，深得"李派"要领，念、唱、做、打可谓近似。唯以嗓音条件不及乃师，韵味受些影响，惜过早去世。吴鸣申、王鸣仲、张鸣禄等出身于"鸣春社"的弟子，均得要领，惜吴鸣申早逝，张鸣禄也已去世；

《古城会》,李阳鸣饰关羽

《恶虎村》,李阳鸣饰黄天霸

王鸣仲在艺术上又逐渐向李少春的“少派”靠拢。石庆福是“文革”前李先生收的年纪最小的弟子,酷爱其师的艺术,肯于精心学习,念、唱、做、打,极具“李派”神韵,唯以身体较弱,嗓音乏力。李万春认为他担任导演和传授艺术,成绩甚于演出,他协助老师辅导韩增祥、李卜春,使得韩增祥的猴戏、关羽戏、黄天霸戏,大见“李派”成效。韩增祥自万春先生调回北京后开始向其问艺,深得万春先生赏识,演《闹天宫》等猴戏,《古城会》等关羽戏,《骆马湖》、《连环套》等黄天霸戏,表演大气、细腻,念、唱喷口有力,均能体现出“李派”艺术的神采。2010 年,为纪念恩师诞辰一百周年,韩增祥又自费举办专场,演出了师父亲授的《古城会》和《骆马湖》,从化妆到表演、念唱,都被内外行许以“像”字的赞美。

私淑李氏艺术得力者有黄元庆、常长升两位,既有本身的精湛“四功”,又融“李派”特点于其中,念白有力,身手脆帅,很得观众赞誉。上世纪 80 年代以后,北京和外地不少中青年演员,包括艺术已有成就的老演员,久慕“李派”艺术,而且李万春爱才惜才,肯于精心施教,平易近人,故而不断有人向他提出拜师请求,而且学后取得成就。马少良、董文华、顾景荣、汪庆元、黄少鹏等,俱都如此。兄弟剧种中,郑州市越调剧团的杨百泉，一出《走麦城》可谓实授，演出了“李派”特点。太原市晋剧团的苗秀茂，拜师晚于杨百泉，却也取得成就。该团1981年到北京演出时，苗秀茂为著名女老生李月仙助演《杀驿》的官差，戏虽不多，念白气口，举手投足，都具有李万春气势，很传神。李万春在香港收的粤剧弟子罗家英，之前已是当地著名的演员，文武均佳。拜师后也大有长进，深具“李派”三昧。

1988年，李万春先生逝世三周年时，他生前所在的北京京剧院演员安晓峰由曾与李万春合作多年的鼓师杨振东陪同，来到万春先生故居，拜见李夫人李砚秀，说：“晓峰在1985年8月初，得李先生同意收为弟子。那时李先生正忙于录像，原定忙过后再行拜师礼，不想李先生去世。今年是李先生逝世三周年，趁着清明节怀念先辈的日子，在李先生的遗像前，补行拜师礼，请师母代收为李门弟子。”李砚秀知道早在上世纪50年代，安晓峰就曾到大吉巷问艺，当时他在赵燕侠的燕鸣京团担任当家武生。赵燕侠不演时，就由他挑班主演。自1978年李万春落实政策回北京，他又不断向李万春学戏。1985年，李万春还传授了《武松》、《林冲夜奔》等戏，确实同意收他为弟子。李砚秀想，都说“势在人情在”、“人走茶就凉”，如今李万春已经离世千日之久，安晓峰竟还有拜师之念，愿继承“李派”艺术，绝不能拂其盛意，便慨然应允。

的确，如今怀念李万春先生、惋惜其离去过早、愿意继承他的艺术和愿意看到有人继承他艺术的，大有人在，不因李先生离去年深而减少。可以说：凡是热爱戏曲艺术、懂得戏曲艺术的人，都愿意“李派”艺术后学者多。希望今后在舞台上看到按照李万春先生的演法塑造的关羽、马超、猴王、林冲、武松、黄天霸等众多的光辉的艺术形象，享受到李先生那种铿锵的念白、脆帅的表演，亟愿李万春先生的艺术流传久远。这虽是很不容易实现的希望，却又是大家迫切希望实现的事情。

谨以芜词《西江月》一阕，敬悼李万春先生这位京剧艺术大师：

髫龄习艺刻苦，稚子一举成名。武戏宗“杨”技法精，文得“余”“马”校正。
改革向为人首，出新独步先行。承上启下有赤诚，桃李芬芳繁盛。

附录一　李万春大事年表

1911 年(清宣统三年八月十二日)

生于哈尔滨。

1912 年(民国元年)　1—4 岁

住哈尔滨。

1915 年(民国四年)　4 岁

随父李永利从哈尔滨到上海。

1916 年(民国五年)　5—6 岁

练功学戏。

1918 年(民国七年)　7 岁

在上海以“客串李”为艺名,在白牡丹(荀慧生)主演的《三戏白牡丹》中扮演仙童。

1919 年(民国八年)　8 岁

以“客串李”为艺名在芜湖、扬州、苏州演戏。

1920 年(民国九年) 9 岁

在杭州演出,始用“李万春”为艺名。

1921 年(民国十年) 10 岁

在上海向马连良学戏。

1922 年(民国十一年) 11 岁

在天津演出,到北京参加溥仪大婚堂会。

1923 年(民国十二年) 12 岁

参加“斌庆社”演出《战马超》,获“童伶奇才”誉称。

1924 年(民国十三年) 13 岁

在“斌庆社”排演《佟家坞》。

1925 年(民国十四年) 14 岁

继续在“斌庆社”演出。

1926 年(民国十五年) 15 岁

随梅兰芳赴上海演出,与李桂春之女李纫秋订婚。

1927 年(民国十六年) 16 岁

在北京参加梨园公义演。二弟李桐春降生。

1928 年(民国十七年) 17 岁

在北京梨园参加公义演。

1929 年(民国十八年) 18 岁

随梅兰芳二次赴上海演出,三弟李庆春降生。

1930 年(民国十九年)　19 岁

被挽留于上海演出。

1931 年(民国廿年)　20 岁

在上海参加杜月笙堂会后回北京与李纫秋结婚。

1932 年(民国廿一年)　21 岁

组建“永春社”。

1933 年(民国廿二年)　22—26 岁

带班巡回演出。

1938 年(民国廿七年)　27 岁

在北京建立“鸣春社”科班,李少春来北京,收姜铁麟为徒,长子李小春降生。

1939 年(民国廿八年)　28 岁

由“二李之争”到“二李合作”。

1940 年(民国廿九年)　29—34 岁

带班演出。

1945 年(民国卅四年)　34 岁

抗日战争胜利,打“汉奸”官司。

1946 年(民国卅五年)　35 岁

遭陷入狱。

1947 年(民国卅六年)　36 岁

获得自由,恢复演出。

1948 年(民国卅七年)　37 岁

在上海演出,与二弟桐春、五弟圜春分手,两弟赴台湾演出。

1949 年　38 岁

新中国成立,在南昌演出。

1950 年　39 岁

从南昌回到北京,建立"首都实验京剧团",任主演、团长。

1951 年　40—41 岁

带团演出。

1953 年　42 岁

建立北京市京剧一团,任主演、团长。

1954 年　43—45 岁

带团演出。

1957 年　46 岁

值"反右派"斗争,被错划"右派"。

1958 年　47 岁

与徐东明、徐东来合团,改建为"新华京剧团"。

1959 年　48 岁

剧团下放北京崇文区,继续公演。

1960 年　49 岁

赴西藏,建立西藏自治区京剧团。

1961 年　50 岁

由西藏转内蒙古,建立内蒙古自治区京剧团。

1962 年　51 岁

率内蒙古京剧团到北京演出。

1963 年　52—54 岁

带团演出。

1966 年　55 岁

“文化大革命”开始,由北京“扫地出门”,押回内蒙古。

1967 年　56—59 岁

在内蒙古遭受“文革”中的批判斗争。

1971 年　60 岁

初步落实政策,回北京认领查抄物品。

1972 年　61—65 岁

在内蒙古继续参加“文革”,抽暇练功和辅导“样板戏”。

1977 年　66 岁

到北京参加谭富英追悼会,后再次到北京为李小春出国演出作指导。

1978 年　67 岁

应中央文化部黄镇部长之邀,到北京以北京市京剧团为班底,演出《闹天宫》。

1979 年　68 岁

落实政策,调回北京。

1980 年　69 岁

在新建成的北京京剧院任二团主演。

1981 年　70 岁

应邀到天津演出，收马少良为徒；与赵松樵合作演出《白马坡》。

1982 年　71 岁

在北京，与辽宁省本溪市京剧团团长、主演毕谷云合作，演出《平贵别窑》。

1983 年　72 岁

赴香港探亲，与久别的五弟李圜春见面；在新光戏院演出《武松》、《古城会》。

1984 年　73 岁

赴太原讲学。

1985 年　74 岁

元旦，应邀赴沈阳授课，并作示范演出。

2 月，到天津参加联欢演出。

6 月，为《光明日报》义演。

7 月，为圆明园义演。

8 月，拍摄舞台艺术录影。

9 月 11 日，逝世于北京。

附录二　李万春源流谱系

同辈艺术传承者

李桐春（1927—　），京剧武生、红生演员。河北雄县人，满族。李万春二弟。幼入兄主持的北平"鸣春社"科班习艺，排名李鸣俊，工武生兼红生。擅演《古城会》、《汉津口》、《华容道》、《水淹七军》、《走麦城》等关羽戏及武松戏，同时也擅长《霸王别姬》等戏。1949年初，与弟李圜春随王振祖率领的中国剧团，与李蔷华、言少朋等赴台演出，后未能回归，落户台湾。曾搭顾正秋京剧团，后又转入大宛、陆光、海光等剧团，并于海光、国光等剧校任教。在台湾享有"活关公"之誉。李桐春与夫人李学彬生有三子二女，次子义民，工武老生，于复兴剧校任职。

《单刀会》，李桐春饰关羽

李圜春（1932—　），京剧武生演员。李万春五弟。随兄在"鸣春社"科班练功习艺，工武生。功底深厚，长靠、短打皆能。常演《打虎》、《夜奔》、《三岔口》、《两将军》、《翠屏山》、《伐子都》、《挑滑车》等，更擅演猴戏。1949年，与兄李桐春赴台演出。除在剧团演出外，亦到剧校任教。1983年，为去新加坡路经香港，得与阔别34年的兄嫂会晤。

夫人沈涪，生有二子为双胞胎，兄名李志希，弟名李志奇，均从父艺工武生，后改入影视界。

弟子传人

李小春（1938—1990），京剧武生、老生演员。河北雄县人，满族。学名菊申，乳名福来，李万春之长子。自幼受祖父、父亲教益，并得舅父李少春传授。在“鸣春社”学艺练功，打下了坚实的功底，11岁出台即红。曾得张世麟、鲍吉祥、朱家夔等教诲。1951年参加北京市京剧一团，后改为北京新华京剧团。随父及徐东明、徐东来演于首都实验京剧团、北京市京剧一团、新华京剧团，直到赴西藏、内蒙古，演于京津沪、河北、山东、东北及江南各地，颇受赞誉。1957年赴莫斯科参加第六届世界青年与学生和平友谊联欢节演出《哪吒闹海》，戏中耍圈、武打、枪下场令观者赞叹不已，荣获金质奖章。1960年随团调到西藏；1962年又随团赴内蒙，成立内蒙古京剧团，为该团主演之一。1978年赴美国纽约、华盛顿、洛杉矶、旧金山、明尼阿波利斯等地演出三十余场，演出《闹天宫》极受赞誉。除演《三岔口》、《武松》、《马超》、《挑滑车》、《长坂坡》、《铁公鸡》、《野猪林》、《猎虎记》、《十八罗汉收大鹏》、《智激美猴王》等武生戏外，亦演《失空斩》、《击鼓骂曹》、《定军山》、《将相和》、《四郎探母》等老生戏及现代戏《红灯记》、《智取威虎山》等。30多年间，演出剧目近百出，曾被选为全国政协委员。1990年7月29日，因肝硬变病逝，享年仅52岁。妻阎秀兰，生有一女一子，女李蕊未从艺，子李晶（李继春），亦工武生。

《打金砖》，李小春饰刘秀

李卜春（1951—　），京剧武生演员。河北雄县人，满族。京剧武生。父李万春，母李砚秀。扮相、嗓音酷似其父李万春。1962年入南京戏校习艺。“文革”时至湖北建筑工程部八局一公司宣传队。1982年调至北京京剧院一团，演出剧目有

《三岔口》、《古城会》、《武松打店》等。曾为其父录制《连环套》音配像。20世纪90年代后，除演出外，与妻子蔡晋萍将主要精力用于培养其子李磊（即李阳鸣），使其成为李门第四代传人。

姜铁麟（1921—1984），京剧武生演员。北京通州人。9岁随文春宝练功，10岁从钱富川学武生，11岁拜陈富康为师。1937年拜李万春为师，参加“永春社”演出。20世纪40年代先后与周信芳、张君秋、吴素秋、毛世来、梁秀娟等合作演出。1949年在北京参加京剧武生会演。1951年在天津组织青年京剧团，任团长。1952年任北京京剧四团副团长。1960年任辽宁京剧院副院长。1964年任北京新燕京剧团副团长。1978年参加北京京剧院，在二团挑梁主演。表演以身手矫健、勇猛凌厉著称，长靠短打均有较高造诣，经常演出的剧目有《白水滩》、《恶虎村》、《四杰村》、《嘉兴府》、《伐子都》、《挑滑车》、《铁笼山》、《古城会》、《走麦城》等。

张鸣禄（1921—2005），京剧武生、武净演员。自幼加入“鸣春社”科班，成为“科里红”的尖子生，担任主演。毕业后在京、津及江南演出，享名一时。20世纪80年代退出舞台，先后在保定、固安举办“小鸣春”戏校，培育出北方昆曲剧院主演哈冬雪等一批京昆接班人。

王鸣仲（1927—　），京剧武生演员。河南新乡人。12岁入“长升社”科班，随朱连顺、耿明义习武生，15岁转入“鸣春社”，师从李万春，得其精心传授。出科后，与师兄弟夏鸣喜、于鸣奎等搭班在全国各地演出。1949年后入沈阳京剧团，1955年随团赴西欧各国演出。1956年随梅兰芳东渡日本演出。后入中国京剧院一团，与李少春、袁世海、叶盛兰、杜近芳等同台演出，为该团主要武生及主要配角。此间曾多次出国访问演出。1976年拍摄艺术片《闹天宫》，主演孙悟空。后从事戏曲教学。他幼工扎实，功架稳练，长靠、短打、红生、猴戏均长。擅演剧目有《连环套》、《雁荡山》、《恶虎村》、《挑滑车》、《闹天宫》、《武松打店》等。

吴鸣申，京剧武生演员。武功矫健，惜嗓音欠佳。多演二路武生，并为其师李万春先生助演马童，起绿叶作用。

韩增祥，京剧武生演员，毕业于北京市戏曲学校。1958年考入北京市戏曲学校，在校期间从孙毓堃、王德禄学武戏，又向王少楼、李盛藻两位前辈学文戏，在校曾演出过武戏《神州擂》、《白水滩》、《石秀探庄》、《武松打店》、《快活林》、《卧虎沟》、《哪吒闹海》、《八大锤》、《挑滑车》，文戏《二进宫》、《断密涧》、《辕门斩子》、《打渔杀家》、《盗宗卷》等众多剧目。1966年韩增祥毕业后分配至北京京剧院，选

李万春、李砚秀夫妇与韩增祥合影

送“样板团”。1978 年加入北京京剧院二团，并拜李万春为师。从此随在李先生身边学习演出，深得李先生的赏识，刻苦学习李(万春)派艺术，并为李万春配演《闹天宫》的哪吒、《古城会》的马童、《武松》中的西门庆，得李派真传，主演的李(万春)派剧目《闹天宫》、《五百年后孙悟空》、《真假美猴王》和《武松》等剧目，取得恩师之首肯，并赢得广大观众的好评。在李万春逝世后为纪念恩师诞辰，曾多次自费举办纪念演出，演出了《平贵别窑》、《独木关》、《连环套》、《古城会》、《骆马湖》、《华容道》，以缅怀恩师，展示李(万春)派艺术。

马少良(1943—)，京剧老生、武生演员。父马玉良为京剧老生演员。1958 年参加天津市京剧团，曾向程正泰、曹世嘉、徐盛昌、郭仲麟等学演老生戏，并曾向厉慧良等问艺。1961 年拜李少春为师，学习《响马传》、《定军山》、《战太平》等剧。1980 年拜李万春为师，学习《火并王伦》、《走麦城》、全部《高宠》、《古城会》、《武松》、《闹天宫》、《连环套》等剧。

董文华(1938—2008)，京剧武生演员。河北霸州人。出身梨园世家，祖父董玉山为河北梆子文武老生名家，父亲董志斌、姑父崔盛斌均为京剧武生、文武老生名家。自幼随父学艺，工武生、文武老生，8 岁登台，11 岁搭班演戏，13 岁即成为挑班主演。1954 年，在北京成立京剧团，渐以猴戏享名。1955 年，主演《水帘洞》获北京市戏曲展览奖。1956 年，在北京怀仁堂与周信芳、俞振飞等大师同台为中央领导演出。后曾在河北省京剧团、北京市春秋京剧团、天津建华京剧团等院团任主演。1957 年拜李少春为师。20 世纪 80 年代，任天津京剧二团副团长、主演兼艺术指导。1981 年拜李万春为师，深受教益，结合自身特点，不断创新，突出表演个性，艺术上步入了新境界。1981 年参加拍摄由中国新闻社与香港合拍故事影片《人猴》。1987 年随天津青年京剧团赴香港参加地方戏曲展，并参加香港联合交易所成立一周年纪念活动，演出《水帘洞》，获银盘奖。1990 年随中国京剧艺术团赴香港参加“纪念徽班进京二百周年”演出。1994 年随北京京剧院赴香港参加“第二届神州艺术节及纪念梅兰芳一百周年”演出，均誉满香江。

李伯培（1939— ），京剧老生、武生演员。生于河北省衡水深县窦王庄。原名李玉声。上世纪 50 年代拜张荣培为师，在石家庄地区京剧团陪奚啸伯演出并得其传授。60 年代后在湖北孝感京剧团、河北保定京剧团任主演。擅演剧目有《失空斩》、《杨家将》、《范进中举》、《珠帘寨》、《白帝城》、《二堂舍子》等。后拜李万春为师，由李万春亲授并排演了《桃园三结义》和《猴王游月宫》。

裴伟如，京剧武生演员，久慕李万春先生表演艺术。“文革”后，李万春落实政策回京，建立北京京剧院二团。裴得以拜李万春为师并随师父身旁学艺、演出。

石庆福，京剧武生演员，久慕李万春先生表演艺术。“文革”后，李万春从呼和浩特回到北京认领查抄物品。石庆福把李先生接到家里，以师礼相待，并提出拜师请求。经李万春先生首肯，成为“文革”后李万春所收的第一位弟子，深得“李派”三昧。但因体弱，后以教戏为主，韩增祥等均经其教导。

汪庆元（1938—2008），京剧老生、红生演员。祖籍山东文登。1955 年 1 月参加凤城京剧团学戏，专工文武老生和红、黑二净，主演关公、包公戏，拜冯世奎为师，1969 年 2 月调入辽宁省样板戏学习班，1978 年回凤城京剧团担任团长、主演。1980 年 6 月调入沈阳京剧院，拜唐韵笙弟子李刚毅为师，学演唐派关公戏，演出剧目有《灞桥挑袍》、《千里走单骑》、《斩颜良》、《华容道》、《走麦城》、《青石山》等。1985 年拜李万春为师，得其亲授《水淹七军》。

黄少鹏（1946— ），京剧武生演员。祖籍杭州嘉兴，生于赣州。出生梨园世家，父黄云鹏为著名京剧武生演员，母黄玲玉为京剧旦角演员。自幼随父学艺，1958 年考入辽宁省戏曲学校京剧科。1963 年在天津京剧团工作，得厉慧良指教。1963 年调至沈阳京剧院，演出剧目有《战冀州》、《三岔口》、《挑滑车》、《青石山》等。1985 年在沈阳拜李万春为师。

顾景荣（1947— ），京剧老生演员。辽宁朝阳人。1957 年入阜新京剧团，1962 年拜北京梅兰芳剧团李元瑞为师，1978 年调入沈阳京剧院。演出剧目有《四郎探母》、《逍遥津》、《群英会》、《借东风》、《辕门斩子》、《汉宫惊魂》、《斩黄袍》等。1985 年拜李万春为师。

地方剧种弟子

武忠(1938—),晋剧须生演员。1938 年出生于山西省文水县,1953 年考入太原市戏曲学校。他先师从晋剧前辈张宝魁,后拜晋剧大师丁果仙为师,专攻晋剧须生。1984 年拜李万春为师,又向厉慧良、蒲剧名家闫逢春、河北梆子名家王玉磬请教。武忠在继承前辈的基础上又自我创新、借鉴、吸收、探讨,逐渐形成、发展了有独特风格的表演形式。如他在《徐策跑城》中扮演的徐策,就是以晋剧表演为基础,又大胆吸收、借鉴了蒲剧大师闫逢春、京剧大师周信芳的表演特点,形成了自己独特的表演体系。武忠表演细腻深刻,尤善于塑造人物。同时,他的戏路宽广,文戏韵味无穷,武戏功力刚劲。中年之后在舞台上表演的关公戏受到各界高度评价,有“活关公”之称。代表剧目有《卖画劈门》、《徐策跑城》、《古城会》、《走雪山》等。

苗秀茂(1940—),山西太原人。原名苗福生。1961 年毕业于山西省太原市戏剧学校。历任太原市实验晋剧院演员、演员队长、副团长,太原市文化艺术学校副校长、太原实验晋剧团团长、晋剧院艺术室主任等。先后主演了剧目《文成公主》、《评雪辨踪》、《截江》、《访白袍》、《杀驿》、《红色娘子军》、《智取威虎山》、《穿时装的女郎》等。1981 年,《门当户对》晋京演出,得到好评,1987 年再度进京演出,并与李月仙合演了《杀驿》,受到好评。

杨百泉(1941—),粤调武生演员。郑州新郑郭店人, 1953 年进团学戏,师从刘振庭,开蒙戏为《两将军》、《白水滩》、《九江口》、《长坂坡》等武生戏,后入郑州越调剧团,擅演剧目有《长坂坡》、《芦花荡》、《忠烈千秋》、《关羽斩子》、《关羽月下赞貂蝉》、《关羽走麦城》等。1981 年冬随团巡演到焦作,与李万春相遇。李万春得知杨百泉演出《关羽斩子》,便主动前来观看,并在后台为杨百泉勾脸谱。杨百泉于 1982 年 2 月 9 日在北京民族文化宫举行拜师仪式,正式拜李万春为师。1982 年冬,李万春应邀到郑州市越调剧团为之排《关羽走麦城》,公演后颇受好评。

罗家英(1947—),粤剧文武生演员。原名罗行堂,祖籍广东顺德。出身粤剧世家。1949 年跟随父亲罗家权(罗仕干)往香港定居。8 岁时跟随父亲罗家权、伯父罗家树学习粤剧基本功架,21 岁演出文武生,早年与李宝莹合作。后拜李万春为师。近年成为内地观众熟知的香港演员。

李门再传子弟

李继春(1972—),京剧武生演员。满族,原名李晶。祖父李万春,父亲李小春,内蒙古自治区京剧团演员。自幼随父练功,文武并重,后被选送到中国戏曲学院深造,毕业后回团,为繁荣内蒙古的文化事业、推进民族团结奉献艺术青春。李继春擅演剧目有:《挑滑车》、《三打祝家庄》、《丧巴丘》、《洗浮山》、《猎虎记》等。

李阳鸣(1976—),京剧武生演员。满族,原名李磊。祖父李万春,父李卜春。3 岁在家中跟随祖父李万春学艺并同台演出,6 岁演出《闹天宫》(饰哪吒),7 岁演出《闹天宫》(饰马童),9 岁演出《闹天宫》(饰小猴),均受到观众好评。12 岁入中国戏曲学院附中表演系,主学武生、老生。1995 年分配到中国京剧院(国家京剧院)一团。常演剧目有:《挑滑车》、《小商河》、《闹天宫》、《武松打店》、《火烧裴元庆》、《杀四门》、《十八罗汉斗悟空》、《三岔口》、《野猪林》等。曾多次随团赴港、澳、台参加艺术节,赴美国、日本、欧洲等地出访演出,得到了国内外观众的好评。

《十八罗汉收大鹏》,李阳鸣饰金翅大鹏

附录三　李万春研究资料索引

《童伶李万春之四出戏》《申报》1924 年 1 月 17 日

《李万春〈劈山救母〉已开演》《申报》1924 年 1 月 26 日

《李万春之〈劈山救母〉》《申报》1924 年 1 月 28 日

《童伶李万春之两出戏》《申报》1924 年 3 月 3 日增刊

《红氍毹》《申报》1929 年 2 月 16 日

《李万春今晚出演共舞台》《申报》1935 年 9 月 11 日

《共舞台排演历史名剧〈投笔从戎〉》《申报》1935 年 10 月 17 日

《共舞台公演二集〈红莲寺〉盛况》《申报》1935 年 12 月 19 日

《李万春真假孙悟空》　睦翁　《立言画刊》1938 年 11 月 12 日

《古都梨园界之不幸事件》《申报》1938 年 11 月 26 日

《迎新舞台邀李万春》《申报》1939 年 6 月 3 日

《李万春毛庆来拆伙》《申报》1939 年 10 月 14 日

《现代名伶小史——李万春》　一得轩主　《立言画刊》1940 年 1 月 20 日

《李万春灌片经过》　樵峰　《立言画刊》1940 年 3 月 23 日

《现代名伶小史——李永利》　一得轩主　《立言画刊》1940 年 5 月 11 日

《鸣春社发展极速——所聘教授均系当代耆宿》　亚云　《立言画刊》1940 年 5 月 25 日

《菊部杂咏》　娑诃　《立言画刊》1941 年 6 月 28 日

《名伶访问记李万春》　编者　《立言画刊》1942 年 1 月 17 日

《鸣春社学生简介》《立言画刊》1943年7月3日

《漫谈今日武生》 红叶 《立言画刊》1943年11月6日

《程永龙入鸣春社执教——排四十本〈铁公鸡〉》《立言画刊》1944年10月7日

《好热闹的〈探母〉》《立言画刊》1945年6月9日

《李万春的艺术生活》 小岭 《人民戏剧》1981年第4期

《“艺扬万春”——李万春东北讲学随记》 王冬青 《人民戏剧》1981年第10期

《京剧表演艺术家李万春的养生之道》 陈小梅、冯大彪 《北京体育》1983年第5期

《李万春的艺术》 周桓 《戏剧报》1985年第11期

《京剧艺术家李万春逝世》 周桓 《戏剧报》1985年第10期

《李万春在〈狮子楼〉中的表演》 马铁汉 《戏剧报》1986年第2期

《一出酸苦涩辣的〈古城会〉》 何玉麟 《戏剧报》1986年第2期

《我所知道的李万春》 孔小亭、常立胜 《戏曲艺术》1986年第10期

《谈李万春、李少春艺术道路的异同》 奚延耆 《戏剧报》1987年第5期

《李万春捡闺女》 周桓 《中国戏剧》1989年第8期

《从“两春”相争到“二李”合作》 周桓 《中国戏剧》1990年第4期

《李万春纪念活动四月在京举行》 周桓 《中国戏剧》1990年第6期

《李万春的舞台生涯》(一～五) 毅冰 《今日中国》(中文版)1990年第8～12期

《李万春演武松》 马铁汉 《中国京剧》1992年第4期

《纪念鸣春社创办57年暨李万春艺术研讨会在京举行》 桓公 《戏曲艺术》1995年第1期

《李万春纪念演出在京举行》 顾曲 《戏曲艺术》1995年第4期

《满族京剧表演艺术家李万春》 兰音 《满族研究》1995年第3期

《两家子——记李万春和魏喜奎的两家情》 崔陟 《健康》1996年第8期

《一代猴王李万春后继有人》 孙宇静 《电影评介》1997年第1期

《李万春的童年世界》《中国电视戏曲》1997年第1期

《武生泰斗李万春的爱国情怀》 刘书祺 《党史博采》1997年第12期

《漫谈李万春的艺术》　周桓　《中国戏剧》1998 年第 4 期

《李万春京剧艺术》　周桓　《中国戏剧》1998 年第 5 期

《漫谈李万春的艺术》　周桓　《中国戏剧》1998 年第 6 ~ 8 期

《艺融南北第一家——为纪念李万春先生 90 诞辰而作》　周桓　《中国京剧》2001 年第 1 期

《李万春先生纪念演出圆满闭幕》　冀礼　《戏曲艺术》2001 年第 2 期

《好学李万春》　北海翁　《中国京剧》2003 年第 2 期

《忆李万春排演的〈野猪林〉》　马铁汉　《前进论坛》2003 年第 4 期,《中国京剧》2003 年第 9 期

《李万春的〈打店〉与猴戏》　祁吴萍　《中国京剧》2005 年第 6 期

《李万春的〈夜奔〉》　傅学斌　《中国京剧》2005 年第 8 期

《韩增祥虔心传承李万春艺术》　周桓　《中国戏剧》2005 年第 11 期

《锐意革新谁比肩——谨以此文纪念原农工党中央委员、京剧表演艺术家李万春诞辰 95 周年》　马铁汉　《前进论坛》2005 年第 12 期

《李万春故居》　马铁汉　《中国京剧》2006 年第 5 期

《李万春和他的猴戏》　祝行　《海内与海外》2007 年第 11 期

《视戏至上,老当益壮——武生宗师李万春晚年不怠》　周桓　《薪火相传三十年——北京京剧院三十年纪念文集》,北京出版社 2009 年 3 月版

《李万春“斩子”》　周桓　《幸福(悦读)》2010 年第 7 期

《给李万春先生画肖像——纪念李先生逝世 25 周年》　邓元昌　《中国京剧》2010 年第 10 期

(索引中 1949 年前资料由陈志明先生提供,1949 年后资料由刘新阳同志整理。)

后记

在这里，我以十分激动的心情、百分炽烈的热情、千分执着的豪情、万分真诚的感情，编写这部传记。盖因传主并非一般的京剧武生演员，而是自幼年、青年、中年到老年，一直享有不同誉称的艺术名家。他十三岁就荣获“童伶奇才”的美名；同年，被列为全国“八大老爷”（即关羽）之中，名为“小老爷”；二十岁就被誉为“‘武生泰斗’，‘国剧宗师’杨小楼先生之后，在武生界唯一持牛耳者”；其后被誉为“艺融南北第一家”，塑造出有自身独特风格的关羽、马超、猴王、林冲、武松、黄天霸等六大艺术形象，不足花甲之年，已经享有“武生宗师”的名号。他就是李万春先生。

今年痴长八十岁的我，在七十四年前，六岁时，就执着于先生的艺术。那年，在北京的第一舞台看了李先生的戏，先生演出的是《甘露寺·美人计·回荆州》及《佟家坞》。在这两出戏中，先生先后扮演乔玄、赵云、马玉龙三个角色，属于老生、长靠武生、短打武生三个行当；而且每出戏、每个角色，先生都有独特之处。例如，先生演的乔玄，在“劝千岁”一段中第一句唱的后三个字不是“休出口”而是“慢开口”；扮演赵云时，突出英武之气。先生在《回荆州》中用脚踢马鞭时，竟把马鞭上的绒球踢得飞了出去，功力正如书法家力透纸背！《佟家坞》中的马玉龙手使的是“剑里加七节鞭”，这是从未见于舞台上的！自此，我对先生的艺术留下了极深的印象！只以难得一睹庐山真面目为憾！

不想二十年后，机会来了！1956 年 10 月，我从北京解放之初、新中国成立之前就已参加的中国人民解放军复员，转业到北京市文化局戏曲科工作；李万春先生正巧是文化局下属的北京市京剧一团的主演，兼任团长。我们有了较多的接触机会。更巧的是,1972 年 7 月末,李先生从内蒙回京,被安排在前门西大街新建的单元楼居住;我于 1980 年 10 月也迁来此处。于是我同先生便成了近邻,先生住四层,我住三层,因此我可以经常上楼向李先生请教,听先生谈戏,看先生课徒,由此我同先生的关系也就更近了!

本书作者周桓与李万春长女李淑媛合影(2005 年 12 月)

先生嗜戏如命,以谈戏、排戏、演戏为乐。1985 年 9 月初,已因前一段时间录像课徒、积劳成疾,形成肝腹水。在录《林冲发配》、《火并王伦》时,忽然坐在地毯上,站不起身,经人搀起,发现肚腹鼓胀,到友谊医院检查,医生说是由于肝硬化产生腹水,必须马上住院治疗。但是先生认为,自己没有什么大碍,而且正在录像,不能半途而废,功亏一篑,于是坚持录完了再去。因此,医治从 8 月下旬拖至 9 月 21 日。当日下午,从家坐上去友谊医院的车时,他还对我说:"你抓紧把《关公收姚斌》的本子整理出来,等我回来,咱们研究。我得唱这出,让它重现于舞台,为丰富当前的演出项目作点儿贡献。"

先生住进医院,尽管精神欠佳,但是每有学生探望,仍然给他们说戏。时常说:"教戏是我的责任！都说'三分气在千般用,一旦无常万事休',眼下我还有三分气在,就得把它用上!"还跟前来看他的马少良说:"黄天霸的戏,我不仅今天给你说,以后我还要争取演,向弟子们示范,让大家知道这个角色应该是怎么个演法!"

以上这些,就是我为先生写传的基本保障。在此也要特别感谢中国戏曲学院戏文系研究生刘新阳,为此书做了大量资料整理、录入和校对工作。

2011 年是万春先生的百年诞辰,作为先生艺术的崇拜者,如今能在先生百年诞辰之际为先生撰写传记,并将其奉献给亲爱的读者,这使我倍感欣慰和鼓舞。惟愿万春先生的“李派”艺术之树常青,光彩永照后人!

周　桓

2011 年 3 月于北京

图书在版编目（CIP）数据

艺融南北第一家：李万春传／周桓著. —上海：上海古籍出版社，2012.6
（中国京昆艺术家传记丛书）
ISBN 978-7-5325-6424-8

Ⅰ.①艺… Ⅱ.①周… Ⅲ.①李万春(1911~1985)—评传 Ⅳ.①K825.78

中国版本图书馆CIP数据核字（2012）第057690号

中国京昆艺术家传记丛书
艺融南北第一家
——李万春传
周　桓　著

上海世纪出版股份有限公司
上　海　古　籍　出　版　社　出版
（上海瑞金二路272号　邮政编码200020）
（1）网址：www.guji.com.cn
（2）E-mail:guji@guji.com.cn
（3）易文网网址：www.ewen.cc

上海世纪出版股份有限公司发行中心发行经销
上海丽佳制版印刷有限公司印刷
开本787×1092　1/18　印张12 12/18　字数 230,000
2012年6月第1版　2012年6月第1次印刷
印数　1-2,300
ISBN　978-7-5325-6424-8/J·389
定价：38.00元

如有质量问题，读者可向工厂调换